KB262816

너무의 생각

질량으로 승부한다

| 강응구 |

'균형된 응축된 생각'이란 '진정어린 열정'을 갖고 '일관하는 마음'을 통하여 '맞춤된기'로 춤 직이는 자세를 말한다. 생각과 움직임은 파동적으로 불이(不二)의 관계로서 춤 없는 생각은 생각이 아니다. 그저 오늘 이 순간에 내가 하는 일에 전념하고 그 일에 편 사람들과의 공명을 증폭시키는 일에 총력을 기울여라.

세창미디어

나만의 생각질량으로 승부하라

초판 1쇄 발행 2010년 4월 20일
초판 2쇄 발행 2010년 6월 20일

지은이 강응구 | **펴낸이** 이방원

편집 김명희 · 김종훈 · 손소현 · 안효희 | **마케팅** 최성수

펴낸곳 세창미디어 | **출판신고** 1998년 1월 12일 제300-1998-3호
주소 120-050 서울시 서대문구 냉천동 182 냉천빌딩 4층
전화 723-8660 | **팩스** 720-4579
이메일 sc1992@empal.com
홈페이지 http://www.scpc.co.kr

ISBN 978-89-5586-108-2 03320

ⓒ강응구, 2010

값 16,000원

잘못 만들어진 책은 바꾸어 드립니다.

나만의 생각질량으로 승부하라 / 강응구. ― 서울 : 세창미디어, 2010
  p. ; cm

ISBN 978-89-5586-108-2 03320 : ₩16000

자기 성장[自己成長]

189-KDC5
158.1-DDC21   CIP2010001328

미리 읽는 장

우리가 사는 세계는 물리학적으로 보아 2개의 세계로 구성되어 있다고 할 수 있다. 그 하나는 뉴턴 물리법칙이, 다른 하나는 양자물리법칙이 적용되는 세계다.

건물을 짓는 데 사용되는 철 구조물의 강도와 시멘트의 양, 투수가 던진 공의 속도 측정, 포탄이 날아가는 궤적, 수만 개의 부품이 들어가서 완성되는 자동차, 한 개당 1kg짜리 수박 10개를 모았을 때의 전체 수박의 무게 등 우리네 일상생활에 직간접으로 영향을 미치는 세계는 뉴턴 물리법칙이 적용되는 세계이자 거시세계다. 이와 같이 우리 주변의 실물 세계는 1 더하기 1은 꼭 2가 되는 등식이 만들어내는 세계이기 때문에 이러한 거시세계에서 일어나는 상황은 정확한 계산에 의해 향후 전망을 예측할 수 있다.

경제 순환의 주기, 주식의 가격, 생활습관의 변화, 전쟁의 발발 및 양상, 미래 문명의 양태, 지역 문화 간의 갈등, 미래의 나의 모습 등 우리에게 일어나는 상황이나 사건들의 발생과 전개는 양자물리법칙이 적용되는 세계이자 미시세계다. 이러한 세계에서 일어나는 사건이나 상황은 정확한 예측이 불가능하고 다만 확률적으로 추측할 수 있을 뿐이다. 이러한 사건이나 상황의 세계는 1 더하기 1은 3도 되고 4도 되는 세계이기 때문이다. 바로 에너지-파동-입자-질량의 원리에 의해 지배되는 사람들의 생각이 만들어내는 세계이다.

아는가? 컴퓨터는 애초에 단순히 수학적 계산을 위해 만들어졌고, 인터넷은 군사적 용도로 고안되었으며, 레이저는 그 발명자가 장난으로 광선을 쪼개고 싶어서 만들었음을. 최초의 콜라는 도시의 작은 약국에서 가슴이 답답하다고 하소연하는 동네 주민의 가슴 통증을 해소하기 위해 만들어졌고, 자동차의 내비게이션은 군사용도로 만들어진 GPS로부터 응용되었으며, 남성 발기 치료제인 비아그라는 고혈압 치료제에서 나왔음을.

이 책을 통해서 독자는 알게 된다.

에너지-파동의 세계이자 양자들의 세계인 미시세계는 정밀하게 관측하거나 미래를 예측할 수 없고 오로지 확률상태로만 파악할 수 있음을 알게 된다. 파동함수의 붕괴, 불확정성 원리, 파인만의 경로합 이론 등이 이를 입증했음도 알게 된다. 우리의 생각도 바로 우주 에너지로부터 생성된 파동이요 입자요 질량을 갖는 미시세계의 산물임을 알게 된다. 수많은 과학적 실험이 이를 증명하고 있다.

또한 우리들은 알게 모르게 물리적으로 얽혀 있어서 직간접적으로 서로 영향을 주고받고 있음을 알게 된다. '양자적 얽힘' 현상이 이를 설명해준다. 이 얽힘 현상은 사람들이 필연적으로 공명하며 살아야 함을 일깨운다.

이 책의 결론은 말한다.

내가 원하는 것을 성취하기 위해서는 (1) 나의 뇌와 몸을 일관하는 올바른 기운을 생성하여 내 몸 전체에 에너지의 흐름을 원활하게 해야 하고, (2) 타인과의 관계에서 나를 낮추고 상대방을 높여 공명증폭의 터전을 만들어야 하며, (3) '정돈되고 균질하게 응축된 생각'으로 나의 생각이 갖는 에너지의 밀도와 질량을 크게 한 후, 관계된 사람들을 배려하며 내가 처한 현실을 개선하는 일에 매진해야 한다. 그래야만 파동-질량의 원리와 전자기력-중력 원리에 따라 타인의 생각질량을 끌어들이거나 공명증폭시켜 그에게 영향을 끼칠 수 있고 그로 인해 협력을 얻을 수 있다. 나에게 유리한 상황의 변화도 이끌어낼 수 있다.

'균질하게 응축된 생각'이란 '진정어린 열정'을 갖고 '일관하는 믿음'을 통하여 '멈춤 없는 끈기'로 움직이는 자세를 말한다. 생각과 움직임은 파동적으로 불이(不二)의 관계로서 움직임 없는 생각은 생각이 아니다. 그저 오늘 이 순간에 내가 하는 일에 전념하고 그 일에 관계된 사람들과의 공명을 증폭시키는 일에 총력을 기울여라.

이 세상의 그 어떤 상황, 사건의 전개도 내가 가만히 있는데 도움을 주지는 않는다. 내가 나의 힘을 키우지 않는 한 그 어떤 현상도 나에게 도와줄까 하고 다가오지 않는다. 자연현상이 다 그렇다. 우주의 인력-척력의 원리가 그렇게 작동하고 있기 때문이다.

현재의 주변에서 일어나는 상황을 정밀하게 관찰하고 나의 주체를 정립한 후, 시야를 넓혀 미래의 가능성으로 눈을 돌리되, 세세하게 예측하려 하지 말고 자질구레한 일에 함몰되지 말라. 입자의 성질상 세세하게 예측할 수도 없고 세세하게 예측하려 할수록 오류는 커진다. 그러나 파동-입자의 원리는 반드시 내가 장악할 수 있는 일만을 목표로 삼을 것을 주문한다. 따라서 나의 일을 장악하고 사태를 장악하라.

경험으로부터 배우고 감각과 이성의 결합을 통해서 결정을 내리는 훈련을 하라. 시냇물 위의 돌다리는 두드릴 필요가 없다. 빠져본들 신발이나 무릎까지밖에 더 젖으랴. 그러나 강물의 깊이가 대략 얼마인지는 눈짐작과 간단한 도구로 감을 잡을 수 있다. 배를 타고 건널지 수영을 해서 건널지 이성과 감각을 조합하여 결정하라. 관찰직감을 활용하라.

작은 위험성에 비해 큰 가능성이 있는 우연의 기회를 놓치지 말라. 내일을 걱정하지 말라. 대신 오늘 주어진 일에 꾸준히 진력하라. 그리하면 예상하지 못했던 곳에서 기회가 찾아온다. 이런 기회는 자주 찾아오지 않지만 내가 꾸준히 진력하여 나의 총질량을 크게 하면 기회는 반드시 찾아온다.

기회를 찾았다고 생각되면 실패를 두려워 말라. 실패를 끌어들여 포용하라. 실패로부터 배움이 생기고, 그 배움이 또 다른 기회를 만들며, 그 기회가 나의 운명을 바꾼다. 세상은 갖가지 실패사례들의 누적이 '임계상황'을 축적하였고 그 끊임없는 시행착오가 '상전이 현상'을 일으켜 급격한 발전으로 연결되었음을 명심하라.

성공에 집착하지 말고 성취에 전념하라. 성공은 타인과의 상대적 비교에 의해서 목표를 세우고 그 비교에 의해서 달성 여부를 판단한다. 그러나 성취는 자신이 진정 원하는 바를 이루는 데 목표를 두고 자신에 의한, 자신을 위한, 자신의 측정에 의해서 그 달성여부를 판단한다.

그리고 이 모든 것을 위해서는 무엇보다도 먼저 나의 내부 기력(氣力)을 공고히 함을 결코 잊지 말라! 나의 뇌와 내 몸에 흐르는 에너지(기운)의 흐름이 원활해야 '나'라는 존재의 에너지의 총합이 커지고 질량이 커져서 나에게 유리한 상황조성의 터전을 닦는다. '신념다지기'는 내부 기력을 공고히 하기 위한 첫 단계로서 실행하기가 쉽고 간편하나 그 효과는 크니 이를 적극 활용하라.

나무의 **생각 질량**으로 승부하라

01

심리를 위한 양자물리:

생명체는 전자기파동을 통해서 동조同調현상을 일으킨다

전자기파동의 동조(同調) 작용은 생명체 존재의 필연이다

한여름 저녁, 시골 논길을 따라 걸어갈 때 개구리들이 집단으로 개골개골하며 우는 소리를 들으면 독자는 어떤 생각이 드는가? 과학계에서는 이 개구리들의 집단 울음(사실은 집단 소리)을 각각의 개구리가 서로 어떤 신호를 주고받아서 집단 전체가 동조하는 현상으로 풀이하고 있다. 독자는 의문이 생길 것이다. 개구리들이 동조한다니, 개구리에게 무슨 의식이 있어 동조한단 말인가? 개구리들이 무슨 생각이 있어 '애들아, 이제 우리 같이 울어보자'며 이 녀석 저 녀석에게 의사를 전달하여 집단으로 떼 지어 운단 말인가?

나는 이러한 동조를 '생물과 무생물을 통틀어 서로 다른 개체의 어떤 움직임이 밀어내고 끌어오는 영향력을 행사하면서 궁극에 가서는 협력과 조화를 이끌어내어 전체적으로 같은 움직임을 발생시키는 현상'이라고 정의내리고자 한다. 다시 말해서 서로 다른 개체가 모여 둘 이상의 집단이 되었을 때 그 각각의 개체가 자신의 개체성을 유지하면서 자신의 움직임을 척력(斥力)과 인력(引力)의 작용을 통해서 서로 간의 동작이나 행태에 변화를 주거나 받아서 집단적으로 같은 동작이나 행태를 보이는 것이라고 할 수 있다.

이를테면, 반딧불이가 여럿이 모였을 때, 처음에는 두세 마리가 불빛을 동시에 깜박이다가 점점 동시에 깜박이는 수가 늘어난다. 그러니까 두세 마리에서 네다섯 마리가 동시에 깜박, 깜박 박자를 맞추다가 예닐곱, 나중에는 한 장소에 모여 있는 반딧불이들이 전부 동시에 불빛을 깜박이게 된다는 것이다.

미국 코넬대 응용수학과 교수이면서 카오스와 복잡계 이론에서 뛰어난 업적을 남긴 스티븐 스트로가츠는 《동시성의 과학, 싱크SYNC》라는 저서에서 '반딧불이의 반짝임 리듬은 시간을 고쳐 맞출 수 있는 내부 진동자의 통제를 받는다'라고 말하면서 '반짝이는 반딧불이의 무리는 모두가 지속적으로 신호를 보내서 남의 리듬을 조절하는 한편 자신도 남의 신호를 받아들여 주기를 조절한다'라고 밝히고 있다.

여기서 신호를 보낸다는 말은 A가 자신의 신호인 내부 진동신호를 외부로 발산해서 B의 내부 진동신호를 자기 쪽으로 끌어오려고 하는 작용을 말하고 한편으로 남의 신호를 받는다는 말은 A가 자신의 진동신호를 내보내다가도 B로부터 진동신호가 오면 그 진동신호를 밀어내다가도 일정 접점에서 그 진동신호에 조율하여 받아들인다는 뜻이다. 그 역인 B와 A의 관계에서도 마찬가지이다. 이때 보다 큰 힘을 갖고 있는 진동신호를 내보내는 쪽으로 신호가 몰리기는 하지만 그 진동신호도 자신의 힘을 일정 부분 양보를 하게 된다. 이를테면 A가 10이라는 진동신호를 내보냈고 B가 5라는 진동신호를 내보냈다면 서로 진동신호를 주고받으면서 7이나 8에서 서로의 진동신호를 맞춘다는 뜻이다.

스트로가츠에 의하면 매미들의 집단 맴맴 소리, 새 떼나 물고기 떼가 한데 모여서 동시에 한 가지 대형을 이루는 현상, 수억 마리의 정자들이 난자를 향해 나아가면서 일치된 꼬리 움직임을 보이는 현상도 이와 같이 서로 진동신호를 주고받는 동조작용에 의한 것이다. 심지어는 생리주기가 서로 다른 여성들을 2명씩 짝을 지어 기숙사의 같은 방에서 생활하게 하면 일정 기간이 지나서 두 여성의 생리주기가 서로 비슷해지는데 이 또한 서로 간에 진동신호를 통해서 밀어내거나 끌어오는 동조작용이다.

그럼 이 진동신호란 무엇인가? 어떤 '파동'이다. 파동? 파동이라면 집단동조의 측면에서 볼 때, 결국엔 각각의 개구리가 파동을 발산하고 이 파동이 점차 주변 개구리들의 파동을 건드려 서로의 파동을 끌어오거나 밀어내는 작용을 거치면서 일정한 수준에서 전체적으로 비슷한 진동수의 파동을 발산하게 되는 현상이라는 말인데, 여기서 파동이 갖는 의미는 무엇일까?

이러한 파동의 의미를 파악하기 위해 노벨물리학상 수상자이자 아인슈타인 이후 최고의 과학자라는 명성을 얻고 있는 리처드 파인만이 《파인만의 여섯 가지 물리 이야기》에서 말하는 전자기파동의 종류와 속성에 대해 알아보자.

파인만이 말하는 이 전자기파동의 스펙트럼은 우리에게 아주 경이

전자기파동의 스펙트럼

1초당 진동횟수(진동수)	이 름	대략적인 외형
10^2 (100회)	전기적 진동	장(場, field)
$5 \times 10^{5-6}$ (50만~500만 회)	라디오파	파동
10^8 (1억 회)	FM, TV	파동
10^{10} (100억 회)	레이더	파동
$5 \times 10^{14-15}$ (500조 ~ 5000조 회)	빛(눈에 보이는 광선)	파동
10^{18} (1억×1억 회)	X-선	입자
10^{21} (1억×1억×1천 회)	핵에서 방출된 감마선	입자
10^{24} (1억×1억×1백만 회)	인공 감마선	입자
10^{27} (1억×1억×1억 회)	우주선 속의 감마선	입자

로운 세상을 보여준다. 우선 전자기파의 초당 진동수가 100회 이하에 있을 때는 전자기파의 외형적 형태가 '장(場:field)'의 모습을 띠고 있다는데 장이란 무엇인가?

과학계에서는 장 안에서는 '우주 에너지'가 운동이나 질량의 형태로 존재하고 있다고 말한다(에너지/질량에 대해서는 이 책 〈에너지는 질량으로 전환된다〉 장 참조). 이 운동이란 바로 전기적 진동을 뜻한다. 즉 전기적 성질을 가진 파동 에너지의 출렁거림을 말한다. 일반적으로 전자와 양성자가 모여서 전기가 만들어지고 그 모인 전자와 양성자의 수가 전기량을 결정하므로 그 전기적 진동의 출렁거림은 바로 전자와 양성자가 만들어내는 전기적 파동이라는 의미가 된다.

다시 말해서 전기적 진동의 출렁거림이란 아직은 파동처럼 그 진폭이 그다지 크지 않은 상태에서, 넓은 바다에서 파도가 출렁거리는 것과 같은 움직임을 보이는 '미미한 진동'이라고 할 수 있다. 뒤에 설명하겠지만 전자나 양성자는 입자로서 알갱이의 형태를 갖고 있기도 하지만 한편으로는 파동으로서 무형의 움직임과 에너지를 갖고 있기도 하다. 우주에너지가 운동과 질량의 형태로 있다는 말은 이러한 전자나 양성자가 지구 생명체를 포함한 물질을 구성하는 92원소를 만들고도 우주에 무수히 남아 있어서, 알갱이로서 질량의 형태를 갖거나 파동으로서 쉬지 않고 움직이는 에너지의 형태로 존재하고 있다는 뜻이다.

그렇다면 이 전기진동이 어떻게 전자기파동으로 전이가 되는 것일까? 전자는 태생적으로 전기를 띠고 있다. 이 전자가 양성자를 에워싼 원자핵 주위를 돌면서 움직이면 둥그런 고리 상태의 전류를 만들어낸다. 이렇게 해서 전류가 생성되면 주변 공간에 전기장이 생겨난다. 전자가 원운동을 하므로 공간의 어느 지점에서든 전기장이 일정하지 않고 시간에 따라서 변하게 되고 이 전기장이 변하면서 또한 자기장을 만들어낸다. 마찬가지로 전기장에 의해 생겨난 자기장이 시간이 지나면서 변하게 되고 그 변함에 의해 또한 전기장을 만든다. 이처럼 '전기장이 변하면서 자기장을 만들고 자기장이 변하면서 전기장을 만들고' 하는 식으로 전기장과 자기장이 서로 번갈아 생겨나면서 공간으로 퍼져나가는 전자기파를 만들어낸다. 그래서 과학계에서는 전기와 자기를 하나의 체계인 전자기파로 통합하였다. '전기가 흐르는 곳에 자기도 함께 흐른다'라고 이해하면 될 것이다.

잔잔한 연못 중앙에 돌을 한 개 던졌을 때 연못에서 일어나는 물결파동을 상상해보라. 그 물결파동이 작은 원에서 시작하여 점차 큰 원을 그리며 퍼져나가는 모습을 그려보라. '작은 원에서 큰 원으로, 큰 원에서 보다 큰 원으로' 하는 형태로 여럿의 물결파동이 출렁이면서 사방, 팔방으로 퍼져가고 있지 않은가. 이처럼 출렁이는 '미미한 진동'들이 나의 주변에 공기와 같은 모습으로 입체적으로 빽빽이 차 있는 상태를 그려보라. 이러한 공기가 출렁이면서 사방으로 퍼져나가는 상태를 그려보라. 이것이 '미미한 진동'의 형태로서 전기적 진동이라는 이름을 갖고 있는 장의 모습이다. 안개가 자욱할 때 우리가 안개 속에 들어가 있는 것처럼 우리는 이러한 전기적 진동의 장 속에 파묻혀 살고 있다고 보면 된다. 이러한 전자와 양성자가 만들어내는 전자기진동의 장을 과학적으로는 전자기장이라고 부른다.

전자기적 진동이 초당 100회 이하의 미미한 진동의 상태에서는 그냥 느슨하게 출렁이는 자의 모습을 보이다가 서서히 그 진동수가 많아져 50만 회가 넘어가면 파동으로, 다시 5천 조 회가 넘어가면 입자로 그 형태를 바꾼다. 파동으로 생각했던 것들이 입자처럼 움직이고 입자로 생각했던 것들이 파동처럼 움직인다는 이 사실이 중요하다. 파동이 나타내는 대표적인 특징은 형체를 갖지 않은 상태가 운동을 보이는 것이고, 입자가 나타내는 대표적인 특징은 형체를 갖는 알갱이가 운동을 보이는 것이다. 그런데 어떻게 형체가 없는 것이 형체가 있는 모습으로 바뀔 수가 있단 말인가?

입자니 소립자니 양자(量子)니 하는 말은 다 전자, 양성자, 중성자, 쿼크 등을 포괄하여 일컫는 말이고, 이들 입자는 사람을 포함한 우주의 모든 물질을 구성하고 있다. 입자라는 말 자체가 의미하듯이 이들 입자(粒子)는 있는 듯 없는 듯이 아주 작은 알갱이로 인식되어 왔다. 그런데 양자역학의 태동 이후 물리학계의 수많은 실험 결과, 이러한 알갱이들이 파동의 성격을 동시에 갖고 있다는 것이 판명되었다. 그러니까 형체를 갖고 있는 물질이 형체가 없는 파동의 성격을 동시에 가질 수 있다는 참으로 이해하기 어려운 사실 아닌 사실이 과학적으로 증명된 것이다.

1800년대 초 영국의 물리학자인 토머스 영은 '이중 슬릿' 실험에서 빛(우주에는 태양 외에도 빛을 발하는 항성이 많음을 유의 바람)이 파동의 성격을 가진다는 것을 증명해 보였다. 그 이후 1887년에 독일의 물리학자 하인리히 헤르츠는 '광전효과'라는 실험에서 빛은 또한 입자의 성격을 갖는다는 것을 증명해 보였다. 결과적으로 빛은 이제 파동이자 입자인 것이 드러났고 이 빛의 입자 형태를 물리학계에서는 '광자'라고 부르고 있다.

하지만 더욱 놀라운 것은 입자이자 파동인 물질이 빛에만 국한되지 않는다는 점이다. 1920년대 중반, 미국의 벨 전화회사 연구원이자 실험 물리학자였던 데이비슨과 거머가 토마스 영의 '이중 슬릿' 실험을 본따서 전자를 대상으로 이중 슬릿 실험을 한 결과, 전자 또한 빛처럼 파동의 성격을 갖는다는 놀라운 발견을 했고, 이후에도 다른 유사한 실험들이 물리학자들에 의해 속속 진행되었으며 그 실험들의 결과는 결국 모든 물질들이 파동성을 갖고 있다는 사실을 입증시켜 주었다(《엘러건트 유니버스》, 브라운 그린).

그런데 또다시 의문이 생긴다. 전자가 빛처럼 파동성을 갖는 것에서 시작하여 모든 물질들이 파동성을 갖는다는 말은 우리 몸도 물질의 형태를 취하고 있으므로 물질파동을 발산한다는 말인데, 그렇다면 (1) 그 물질파동이란 구체적으로 어떤 파동이며, (2) 왜 나는 내가 보내고 있다는 물질파동을 의식하지 못하고 있을까?

우선 (1)에 대한 과학계의 설명부터 보자. 사람을 포함한 모든 물질은 원자로 이루어졌고 이 원자는 원자핵과 그 주변을 돌고 있는 음의 전하(전기적 성질)를 가진 전기로 구성되어 있으니 원자핵에는 양의 전하를 가진 양성자와 그 어떤 전하도 갖지 않은 중성자가 들어 있다.

원자 안에 전자와 양성자가 몇 개 들어 있느냐에 따라 여러 가지 원소의 형태로 나뉜다. 수소(양성자 1개, 전자 1개), 산소(양성자 8개, 전자 8개), 탄소(양성자 6개, 전자 6개) 등 100여 가지 원소가 바로 그렇다. 리처드 파인만의 《파인만의 여섯 가지 물리 이야기》에 따르면, 이러한 입자들의 전기적 성질에 따라 원자들도 양이나 음의 전하를 갖게 되고 이들도 양전하를 가졌느냐 음전하를 가졌느냐에 따라 서로 위치해 있는 거리를 기준으로 서로 끌어오거나 밀어내거나 하는 상호작용을 하고 있으며 이러한 전하의 성질에 따라 끌어오거나 밀어내는 힘을 '전기력'이라고 부른다(우주에는 중력, 전기력, 강력, 약력의 4가지 기본 힘이 작용하고 있다).

이런 식으로 인간을 포함한 모든 물질은 수많은 양과 음의 전하로 이루어져 있으며 엄청나게 강한 인력(끌어오는 힘)과 이에 못지않은 강한 척력(밀어내는 힘)이 서로 팽팽하게 균형을 이루어 전체적으로는 평온한 상태를 유지해서 물질의 모습을 갖게 된다. 우리의 뼈와 피부조직도 사실은 음과 양전하를 가진 원자들이 인력과 척력작용으로 팽팽한 긴장상태를 유지하고 있으며, 이런 상태를 통해 전체적으로는 뼈와 피부라는 형상을 이루고 있다는 사실을 알면 이해가 쉬울 것이다.

다시 말해서 모든 물질은 양이든 음이든 전하를 갖고 있으며 이 전하의 존재에 의해서 전기력을 발생시킨다. 음, 양의 전하를 가진 존재가 전자기장을 통해서 서로 전기력을 이용한 인력과 척력을 발휘하면서 양-음-양-음 상태로 전하가 바뀌게 되고, 이때 이동하는 신호가 전기파동이 된다. 따라서 앞에서 말한 모든 생명체의 물질파동은 바로 이 전기력에 의한 전기파동의 현상으로 나타나게 되고 이 전기파동은 또한 자기파동을 동반하니 전자기파동으로 현실세계에 그 모습을 나타내게 되는 것이다. 한 마디로 말해서 전자기력은 생명체의 탄생과 유지에 있어서 핵심적인 우주의 힘이다. 전자기력이 없다면 생명체의 탄생은 불가능하다.

다음 (2)에 대한 해답은 과학계에서 말하는 '미시세계'에 있다. 우리 몸이 내보내는 파동의 파장이 매우 미미해서 우리는 그 파동을 느끼거나 관측할 수 없다. 하지만 물체의 어떤 운동이 소립자 수준의 세계에서 일어나면 물질파동의 파장은 상대적으로 커진다. 즉, 미시세계로 들어가면 물질의 파동적 성질이 두드러지게 나타나고 물질의 운동량, 즉 물질파동의 움직임이 상호간에 '뚜렷한 흔적'을 남길 정도로 영향을 주고받는다. 이러한 미시세계는 우리 몸을 구성하는 전자와 양성자들이 움직이는 세계, 그리고 원자와 분자들이 움직이는 세계, 결과적으로는 우리의 생각을 만들어 내는 뇌의 전자기파동이 활동하는 세계이다. 나중에 자세히 설명하겠지만 우리의 생각은 우리의 뇌가 발산하는 전자기파동의 형태에 따라서 그 활동이 일어난다. 따라서 우리의 생각은 전자기파동이 기본적으로 갖는 인력과 척력의 성질을 갖게 된다. 이러한 인력과 척력의 법칙은 우리가 상호간에 또는 다른 생물에도 영향을 주고받을 수 있는 힘으로 작용하고 그 파장과 진폭이 갖는 에너지의 양에 따라서 다른 생명체와 동조 또는 부(不)동조를 일으키는 원천이 된다.

따라서 우리는 앞에서 말한 생명체의 집단동조현상을 각 생명체가 발산하는 전자기파동끼리의 동조현상으로 풀이할 수 있고 전자기파동의 동조작용은 생명체 존재의 필연이라는 결론에 다다르게 된다.

사람의 생각은 전자기파동의 동조현상이다

신경생물학에서는 우리의 생각이 사실은 뇌 세포 간 전기파동의 동조에 의한 현상이라고 설명한다. 우리가 어떤 생각을 하고자 하면, 우선 뇌 속 하나의 작은 영역에 있는 뇌세포들이 서로 전기파동을 주고받으면서 서로 동조를 일으켜 일정한 형태의 파동을 만들어낸다. 즉 하나의 일치된 파동의 움직임을 만든다. 이후 이웃 영역으로 일치된 파동의 세력을 확장하면서 그 이웃 영역에 있는 세포들이 만들어내는 전기신호를 자체 영역으로 끌어들여 동조시키는 과정을 통해서 전 영역에서 일치된 전기파동을 만들어낸다. 이렇게 해서 수백만, 수십억 개에 달하는 세포들의 일치된 전기파동이 이루어지면 하나의 인식작용, 즉 생각이 완성된다. 물론 이 과정은 1000분의 1초라는 지극히 짧은 순간에 이루어진다.

스트로가츠에 의하면 우리가 소위 통찰력이라고 하는 것도 사실은 뇌신경세포들 간에 전기적 동조가 폭발적으로 일어나는 것이고 뇌의 다른 여러 부분이 서로 화합하여 한 가지 파동으로 통일되는 순간이다. 그러니까 그의 말은 뇌의 보다 넓은 영역에 있는 뇌신경세포들이 서로 전기적으로 연결되어 한 가지 전기파동이 형성되어야 통찰력도 생긴다는 뜻이다.

'전기' 하면 집을 환하게 밝히는 형광등 불빛을 만들어주는 에너지로만 생각했는데, 그 전기가 우리의 생각도 만들어낸다니, '이 무슨 가당찮은 말인가' 하는 생각을 하는 사람도 있을 것이다. 사람의 생각이란 보이지 않는 어떤 영적인 힘에 의한 활동이고, 높고 높은 차원의 신비한 힘의 작용이라고 생각해 왔던 사람들로서는 이를 인정하기가 쉽지 않아 보인다. 게다가 세포들이 전기파동을 만든다는 것도 놀랍지만 그 세포들이 서로 상호작용하면서 조화롭게 일치단결된 진동을 통하여 무형의 생각을 만든다는 것이 또한 놀랍다.

그렇다면 뇌는 어떻게 전기파동을 발산하는 것일까? 현재까지 신경

과학계에서 밝힌 결과를 보면, 간단히 말해서 생각은 '뇌' 안의 각 신경세포, 즉 뉴런 사이의 전기적이고 화학적인 신호의 이동이 만들어낸 결과다'라고 할 수 있다. 뉴런 사이의 전기적 신호란 한 마디로 전하의 흐름이다. 사람의 몸이 지구상 모든 생물처럼 약간의 금속성분과 탄소, 산소, 수소, 질소, 유황, 인 등 화학원소로 이루어졌다는 사실을 감안하면 이 화학원소들 사이의 전기파동의 이동이 그렇게 신비한 현상은 아니라는 생각이 든다.

뇌과학 연구의 세계적 권위자이며 미항공우주국 산하 신경 과학연구단의 단장이기도 한 로돌프 R. 이나스는 그의 저서 《꿈꾸는 기계의 진화》에서 뉴런은 본질적으로 특정한 유형의 전기적 활동을 하게 되어 있다고 말한다. 이는 뉴런 자체가 기본적으로 미세한 양자들, 즉 전자와 양성자들로 구성되어 있고 이 전자와 양성자자들은 자체적으로 음전하 또는 양전하를 띠고 있으면서 끊임없이 밀거나 끌어당기고, 음전히는 양전히 쪽으로 양전히는 음전하 쪽으로 움지이고 있기 때문이다.

이 근본적인 움직임의 성질로 인해 세포들도 음과 양전하의 밀고 끌어당기는 법칙 속에서 끊임없이 전기적 움직임을 갖는다. 이를테면 평소에는 뇌신경세포의 내부는 음전하, 외부는 양전하의 상태에 있다가 그 뇌신경세포가 열, 빛, 압력, 화학물질 등으로부터 자극을 받으면 내부의 음전하가 양전하로 바뀌고 외부의 양전하는 음전하로 바뀌게 된다. 이렇게 해서 이웃세포에게 그 음양전하의 바뀜이 전달되면서 '음 - 양 - 음 - 양 - 음 -' 하는 식으로 각 신경세포 전하의 전위가 바뀌면서 파동이 일어나는 것이며 이것이 곧 전기파동이다. 이때의 파동은 생각하는 종류에 따라서 1초당 0.5Hz에서 40Hz까지의 파장을 갖는다.

가정에 흐르는 전기가 1초에 100Hz의 주파수를 갖고 있으니 그와 비교해 보면 뇌파의 주파수도 만만치 않다는 것을 알 수 있다.

게다가 로돌포 이나스는 "원하든 원치 않든 인간은 기본적으로 현실 세계의 가상모형을 건설하는 꿈꾸는 기계이다. 그것이 아마도 700g의 질량과 14kW의 '어둠침침한' 전력만을 가지고 우리가 할 수 있는 최선일 것이다"라는 표현을 사용함으로써 뇌가 뇌파를 발산하면서 14kW의 전력도 생산한다는 사실을 우리에게 전달하고 있다. 뇌파의 주파수와 더불어 뇌의 전력 생성 사실은 생각이 질량을 가짐과 동시에 에너지- 질량 전환법칙과 관련된 많은 의미를 갖는다. 독자들은 이를 주의 깊게 기억할 필요가 있다.

우리가 생각을 해서 어떤 운동을 하는 것도, 즉 근육을 움직이는 것도 세포 간 전기적 신호의 이동이라는 근원적 성격을 벗어날 수 없다. 이를테면 심장박동은 근본적으로 독자적 운동성을 갖고 있는 수많은 단세포들이 모여 전기적으로 연결되고 파동적으로 동조되고, 따라서 일체화된 집단의 운동으로 바뀌면서 이루어진다. 다시 말해서 심장은 수없이 많은 단세포들이 모인 집합체이고 이 단세포들이 전기적으로 연결되어 있어서 하나의 단세포가 수축을 일으키면 전기작용에 의해 다른 세포로 급속하게 전파되고, 이러한 전파가 심장 내의 많은 세포로 확장되면서 전체적으로 하나의 큰 진동을 만들어서 심장박동을 유도해낸다.

로돌포 이나스는 또한 《꿈꾸는 기계의 진화》에서 우리의 근육을 움직이는 모든 운동세포들도 심장세포들처럼 전기적으로 결합되어 있어서 한 근육세포의 수축을 일으키는 전기적 신호가 세포에서 세포로 빠르게 확산되어 근육조직 전체적으로는 일체화된 진동을 만들고 이 일체화된 진동은 근육의 운동성을 만든다고 주장한다.

그는 더 나아가 우리가 어떤 외부의 자극에 의해 느끼는 뜨거움, 차가움, 추움 등의 감각도 바로 신체 내 전기작용의 결과이고 우리가 본다는 것도 망막의 광수용체라는 세포가 햇빛이라는 광자를 붙잡아서 한 광자를 전기신호로 변환시켜 뇌에 보냄으로써 가능한 전기작용의 결과라고 말한다.

생각에서 발현된 전기신호가 계속 이어져 몸의 운동(움직임)에 이르러 끝나게 되는 우리 몸 내부의 전반적 전기신호의 이동과정에서, 그리고 이 전기적 신호는 무슨 무슨 분자니 무슨 무슨 세포니 하는 운동체들에 의해서 이동이 된다고 표현하고 있지만 보다 더 근원으로 파고들어가면 바로 전자나 양성자의 이동에 의해서 일어나는 현상이라는 점에서, 전자와 양성자는 또한 전기력을 만들어내는 근원이라는 점에서, 결국에는 우리가 보고 듣고 말하고 먹고 생각하는 모든 행위가 전기신호의 이동의 결과라는 점에서, 나는 우리 몸 자체는 그야말로 전기신호와 그 파동, 즉 전자기파의 총체적 결집체라고 생각한다.

결국 파인만의 '전기력에 의한 인력－척력 현상'과 스트로가츠의 '생각은 전기파동의 동조현상', 로돌포 이나스의 '뇌신경세포와 근육세포들의 본원적인 전기적 움직임 현상'을 종합해보면,

1. 우리는 태생적으로 우리 몸 안에 전자기력을 갖고 있음이 명백하고
2. 그 전자기력의 기본 성질에 비추어 볼 때, 우리 개개인은 각각 어

떤 형태의 전자기력을 가진 사람과 만나느냐에 따라 서로가 각각
생각이라는 전자기파동을 끌어오거나 밀어내거나 하면서
3. 어느 접점에서는 하나의 전자기파동으로 동조되거나 아니면 서로
의 조화될 수 없는 척력으로 인해 동조가 이루어지지 않는 부조화
의 상황에 처하게 된다는 결론에 다다르게 된다.

미국의 정신과 전문의 클리프 백스터의 '침' 실험 결과는 우리가 이
러한 전자기파를 발산하고 있으며 아주 먼 거리에서도 발산된 전자기
파가 전자기장을 통해 서로 영향을 주고받아 동조의 상황을 만들어내
는 현상을 여실히 증명해 준다.

백스터는 우선 피실험자인 한 남자의 침을 별도의 용기에 받아 놓고
뇌파검사기를 그 침과 연결했다. 그러고는 그 남자를 하나의 독립된
실험용 방안에 들어가게 했다. 그 방안에는 이미 피실험자 모르게 소
위 '몰래 카메라'를 설치해 놓았고 방 안의 탁자 위에는 《플레이보이》
같은 성적 흥분을 일으키는 성인 잡지를 몇 권 비치해 놓았다. 당연히
그는 잡지에 눈길이 갔고 성적 호기심을 갖고 그 잡지에 나온 사진들
을 보기 시작했다.

놀라운 사실은 이 남자가 사진을 볼 때마다 그 남자의 침과 연결되
어 있는 뇌파검사기에서 강렬한 파동이 감지되었다는 것이다. 사람의
뇌가 뇌파를 발산한다는 사실을 많은 사람들이 알고 있겠지만, 이 실
험에서 흥미로운 것은 아무리 내 침이라 하더라도 이미 내 몸에서 떨
어져 나와 몸과 일정한 거리를 두고 떨어져 있는 상태에서 뇌에서 보
내는 파동이 어떻게 전달될 수 있느냐는 점이다. 다시 말하면 내가 사

진을 보고 흥분되는 것은 나의 몸에서 일어나는 하나의 의식작용인데, 내 몸에서 떨어져 나간 침이 어떻게 나의 의식작용과 상호 교류할 수가 있느냐는 점이다.

헌데 더욱 큰 확신을 심어주는 다른 실험이 있다. 이번에는 한 숙녀를 피실험자로 선택했다. 물론 이 여자의 침을 받아 거기에 뇌파검사기를 연결하는 과정까지는 이전 실험과 똑같다. 백스터는 그 여자를 뇌파검사기로부터 8km 정도 떨어진 거리에 위치한 홍등가를 걷도록 했고, 그 여자가 홍등가를 지나갈 때, 포주로 가장한 한 여자가 피실험 여성에게 다가가서 수작(?)을 부리게 했다. 즉 그 가짜 포주가 피실험 여성에게 당신 얼굴도 예쁘고 몸매도 좋으니 이곳에서 매춘행위를 하는 것이 어떻겠느냐고 제의를 하게 한 것이다.

독자가 그저 평안한 마음으로 길을 걸어가다가 갑작스럽게 이런 얼토당토않은, 황당무계한 제의와 맞닥뜨리면 기분이 어떻겠는가? 그 순간 피실험 여성은 거부감, 수치심, 당혹감을 느끼게 되는데, 이 순간의 감정상태가 그대로 8km나 떨어진 침에 연결된 뇌파검사기에서 감지가 되더라는 것이다

이전의 남성을 대상으로 한 실험에서는 거리가 가까워서 그럴 수 있다고 해도 이 여성의 실험에서는 뇌파검사기가 무려 8km나 떨어져 있음에도 불구하고 어떻게 그 감정의 상태가 전달될 수 있었을까? 앞의 내용으로 보아 사람의 뇌는 전기신호 이동에 따른 뇌파를 발산한다고 우리는 알고 있다. 그렇다면 사람이 내보내는 뇌의 전기파동이 침과 서로 교신한다는 실험결과는 어떻게 이해해야 할까? 전자기파동은 전자기파동끼리만 교신이 가능하다는 물리원칙에서 보면 침에서도 어떤

형태이든 전자기파동을 형성하고 있음을 유추할 수 있고, 이렇게 볼 때 '모든 물질은 물질파동을 발산한다'는 물질파동의 원리가 현실세계에서 적용됨을 알 수 있다.

위 실험에서 '침'을 이루고 있는 구성요소도 양자들이고 물질파동을 발산한다는 것을 알 수 있다. 그리고 우리의 뇌파도 전자기파의 일종으로 파동의 형태로 이동한다는 것도 안다. 따라서 한 몸에서 나온 파동과 파동은 같은 파장의 형태를 유지하거나 또는 서로의 인력작용에 의해서 서로 동조를 일으킬 수가 있었고 뇌에서 발산된 파동이 8km나 떨어져 있는 침의 양자들이 갖고 있던 파동과 쉽게 감응할 수 있었다고 볼 수밖에 없는 것이다. 이것이 바로 미시세계에서 일어나는 현상이다.

침은 우리 몸의 일부분이었기 때문에 이러한 상호교감이 가능했다는 생각이 든다면, 우리 몸과 다른 물질과의 파동에 의한 교감현상을 살펴보는 것도 이에 대한 이해의 폭을 훨씬 넓혀 주리라 생각된다. 하나는 마이클 퍼싱어의 '전자기헬멧 실험'이고 다른 하나는 우리가 병원에 가면 자주 접하게 되는 'MRI(자기공명영상장치)'이다.

(1) 슈테판 클라인은 저서 《행복의 공식》에서 캐나다 로렌시아 대학의 뇌 심리학자 마이클 퍼싱어의 뇌파동과 자기파동의 밀접한 관련에 관한 실험결과를 소개하고 있다.

　　마이클 퍼싱어는 뇌파와 명상이 어떤 관련이 있는지 알아보기 위해 전자자석 헬멧을 만들었다. 이 헬멧은 자성을 지닌 코일이 설치되어 있어서 자기파를 발산할 수 있고 이 자기파가 뇌의 특정부분에 정확히 닿게끔 만들어졌다. 헬멧에서 발산되는 자기파는 자석에서 만들어진 자기장이 전자파를 조절하는 텔레비전과 유사한 방식으로 뉴런(뇌신경세포)의 전자행위에 작용했다(뉴런의 전자행위란 뉴런의 전자이동에 따른 전자기파동 현상을 말한다).

퍼싱어 자신이 피실험자가 되었고 그 자력으로 자신의 측두엽(뇌의 양 옆 부분)을 자극했다. 그 자극의 결과 퍼싱어는 신을 경험했다고 보고했고 이후 15명의 자원자에게도 동일한 실험을 했는데 그 중 9명이 비슷한 체험 결과를 보고했다. 여기서 신을 경험했다는 말은 명상가들이 경험한 깨달음, 즉 우주와 내가 하나가 되었다는 느낌을 갖는 것을 말한다. 외부세계에 대한 일체의 상념이 사라져서 하나로 통일되고 나의 몸체부분에 대한 감각이 없어지며 오로지 정신작용과 기운의 흐름 같은 것만을 느끼는 정신의 상태를 말한다.

이 퍼싱어의 전자기 헬멧 실험이 뇌의 전자기파동(뇌파)의 동조작용이라는 측면에서 우리에게 현실적으로 어떠한 의미를 전달하는지 살펴보자.

① 전자기 헬멧에서 만들어지는 전자기파는 기계가 인위적으로 만든 전자기파다.
② 기계에 의한 전자기파는 일정시간 동안 똑같은 파장으로 피실험자의 뇌를 자극했다.
③ 피실험자의 뇌에서 나오는 전자기파는 기계에 의한 전자기파에

동조를 일으켰다.

④ 피실험자는 기계적 전자기파의 인도에 따라 신을 경험하는 현상
을 체험했다.

⑤ 결과적으로 기계에 의해서 인위적으로 만들어진 전자기파가 피
실험자의 생각을 자신의 의지와 달리 별도의 영역으로 유도했다.

⑥ 이 현상을 뒤집어 말하면, "'나'라는 사람이 인위적으로 만들어낸
전자기파인 뇌파가 일정한 주파수로 어느 한 사람에게 지속적으
로 발산되면 그 사람에게 어느 형태로든 영향을 주어 그 사람의
생각을 바꿀 수 있다"라는 결론이 나온다. 우리는 자신의 뇌 전자
기파동(뇌파)을 통해 다른 사람에게 영향을 줄 수 있다!

다음엔 MRI 사례를 살펴보자.

(2) 자기장은 물체를 뚫고 지나가는 성질이 있어서 우리 몸속으로
들어갈 수 있다. MRI가 바로 이러한 자기장을 만들어낸다. 그런
데 MRI가 자기장을 만들어내기 위해서는 전자석이라는 기계가
핵심역할을 한다. 즉 이 기계에 전류를 통하게 해야 하고, 전류
가 흐르면 이 기계는 지구자기장보다 5000배 강한 자기장(고주파
의 자기파)을 만들어낸다. 이렇게 MRI가 만들어낸 자기장(고주파
의 자기파)이 우리 몸 안으로 들어와서는 몸 안에 있는 특정 원자
들로 하여금 회전운동 같은 반응을 일으키게 하고, 우리 몸의 원
자들은 자기장의 그러한 명령에 순응하여 자신만의 고유한 자기
장(MRI가 만들어낸 것과 똑같은 고주파의 자기파)을 만들어 MRI에

게로 되돌려 보내고, 그것을 수신한 MRI는 의사가 알아볼 수 있는 영상으로 나타내준다(《한국의 뇌 과학자, 세계의 정상에 서다》, 박방주).

위 내용에서 주목해야 할 것은 우리 몸을 구성하고 있는 원자들이 MRI가 발산하는 자기파에 영향을 받아 들뜬 상태가 되어 MRI처럼 고주파의 자기파를 만들어낸다는 사실이다. MRI에서 보내는 파장과 같은 파장의 자기파를 우리 몸속의 원자들이 만들어내는 현상은 우리 몸이 만들어내는 파동이 외부 파동과 동조하는 현상을 보이기 때문이다. 더 나아가 이러한 현상은 우리 사람이 MRI처럼 강력한 고주파의 자기파는 아니더라도 우리 몸 즉, 뇌가 만들어내는 전자기파가 타인의 뇌가 만들어내는 전자기파에 영향을 줄 수 있다는 사실을 역설적으로 입증하고 있다는 사례인 것이다.

사람은 타 생명체와 전자기파동의 동조로 소통할 수 있다

지금까지는 사람 자체에 국한하여 사람이 현실적으로 전자기파동을 발산하는지 여부에 대해 몇 가지 사례를 통해 살펴보았으나 이 장에서는 생명체는 다 전자기파동을 발산하고 있다는 현상에 기초하여 전자기파동의 동조를 통한 사람과 동물, 사람과 식물, 사람과 사람 사이에 소통하는 사례를 알아보고자 한다.

최근 미국에서 떠오르는 직업 중의 하나인 '동물 소통가(animal

communicator)'라는 직업을 가진 40대 여성 하이디 라이트가 'SBS 동물농장'이라는 방송프로그램에서 애완용 고양이와 소통하는 장면을 본 적이 있다. 그 고양이는 무슨 연유에서인지 자신에게 매끼 밥을 주는 주인아주머니 곁에도 가지 않는 것은 물론, 늘 구석진 곳에 숨어서 모습을 보이려고 하지도 않았다.

또 주인아주머니가 좀 가까이 오라고 손을 내밀면 앙칼지게 앞발로 막 할퀴려 하였고 주인아주머니의 손등엔 고양이 발톱에 할퀸 자국이 또렷이 보였다. 그날도 그 고양이가 방안에 길게 드리워져 있는 커튼 뒤에 숨어서 도통 나오려고 하지를 않고 있었다. 주인이 손을 내밀어도 여느 때와 마찬가지로 앞발로 내리치는 동작으로 공격자세만을 취할 뿐이었다.

그 순간 하이디 라이트가 방안에 들어섰다. 그녀는 조용히 방바닥에 앉아 아무 말도 없이 고양이를 지긋한 눈으로 쳐다보았다. 얼굴에는 다소 온화한 미소만을 지었을 뿐 아무 말도 없다. 그러기를 얼마가 지났을까. 잠시 뒤 커튼 뒤에 숨어서 옴짝거리지도 않던 녀석이 조용히 그리고 천천히 모습을 드러내는 게 아닌가? 그리고는 조용조용 걸어서는 그 '동물 소통가'에게 다가가기까지 했다.

내가 본 방송장면은 여기까지이다. 당시에는 별 생각 없이 그저 '참 신기하네' 하는 정도로 넘어갔다. 그러나 나중에 언론에서 그녀에 대한 기사를 접하고선 관심을 갖고 다시 생각하게 되었다.

하이디 라이트는 원래 고속도로 담당 경찰관이었는데 우연히 '동물 소통가'에 관한 책을 읽고는 그 분야에 빠지게 되었고, 관련 교육을 받고선 경찰관 일을 그만두고 동물 소통가의 길로 접어들게 되었다고 한다. 그녀는 자신이 동물과 말을 하고 소통할 수 있다고 말한다. 누가 쉽게 믿을 수 있겠는가? 그러나 그녀는 보여주었다. TV 방송에 출연해 싸움꾼 원숭이에서부터 식물 강아지와 다름없었던 버려진 개에 이르기까지 모두 동물과의 소통으로 문제를 해결하는 모습을 보여주었다.

서울에서 동물병원을 운영 중인 수의사 박정윤 원장도 처음에 비과학적이라는 생각으로 그녀의 말을 믿지 않다가 1년 전에 길에 버려진 개, '꽃님이'의 치료를 계기로 믿게 되었다고 한다. 자신이 1년 넘게 돌봐주었지만 '꽃님이'는 도통 눈길 한 번을 주지 않았고, 아무리 노력해도 안 되서 하이디 라이트에게 도움을 청했다. 그렇게 그녀가 며칠간 지극 정성으로 꽃님이 곁에 머물며 교감을 했더니 드디어 귀를 쫑긋하고는 그녀의 품안에 안겼다고 한다. 나도 앞서 말한 고양이와 교감하는 장면을 보지 않았으면 믿지 못했을 것이다.

그런데 이 '꽃님이'의 말을 전해주는 하이디 라이트의 말이 더 흥미롭다. 처음엔 '꽃님이'의 마음이 꽁꽁 얼어붙어 접근하기조차 어려웠으나 이제 '꽃님이'와 교감을 통해 소통되었다고 하면서 '꽃님이'의 말을 전한다. '꽃님이'는 자신을 버린 가족을 원망하지 않고 늙고 병들어 가족들에게 짐만 되는 자신이 오히려 버거웠으며 죽기 전에 한 번 더 볼 수만 있다면 소원이 없겠다'는 것이 바로 꽃님이가 그녀를 통해 전한 말이다. 이 동물 소통가의 해석을 사실 어디까지 믿어야 될지 나자신도 모르겠다. 어찌 개가 자신이 늙은 탓에 자신을 키우는 주인에게 부담이 되는 것까지 헤아릴 수 있단 말인가?

그녀의 자의적인 설명이 어느 정도 가미된 것으로 여겨지지만, 이를 전기파동에 의한 동조작용의 측면에서는 설명이 가능하다. 1989년에

찰스 그레이와 울프 싱어가 이끄는 연구팀은 실험에서 고양이도 어떤 사물을 인식하는 순간에 뇌의 뉴런들이 초당 30~60사이클의 율동으로 전기파동을 방전하는 것을 발견했다(《동시성의 과학, 싱크》, 스티븐 스트로가츠)는 사실은 동물들도 뇌파를 발산하고 있음을 알려주고 있기 때문이다.

이는 사람이 줄곧 하나의 생각이나 습관을 견지해 나가면 사람의 뇌에 전기파동에 의한 일정한 경로의 신경세포 연결 네트워크가 형성되는 것과 마찬가지로 개의 뇌신경세포에도 자신의 주인과 함께 생활하던 당시에 주인만 보면 꼬리를 치고 달려가도록 만드는 전기파동에 의한 뇌신경 연결 네트워크가 형성된다는 사실을 우리에게 알려주고 있다.

이 연결 네트워크는 개가 시신경을 통해서 주인을 볼 때 작동되는 신경 네트워크이다. 따라서 그녀는 개가 보내는 전기파동을 감지한 후 어떠한 형태의 파동인지를 읽었을 것이고 다음에 자신이 발산하는 뇌파의 파장을 그 개의 파동의 파장과 동조시켜서 어떤 흐름을 감지했을 것이며 최종적으로 그러한 흐름을 개의 마음으로 표현한 것이라는 생각을 할 수 있다. 어쨌든 우리가 두 눈을 뜨고 확인한 분명한 사실은 사람이 동물과 전기파동적으로 교감할 수 있고 영향을 줄 수 있다는 점이다.

영국 뉴캐슬대학교 농업대의 더글러스 박사가 이끄는 연구팀의 '젖소의 젖 생산량' 연구결과도 같은 '종의 차원을 넘은 전기파동적 교감'의 힘을 보여준다. 연구 팀은 영국 낙농업자 516명을 대상으로 집단 사육되는 젖소들의 우유 생산량과 개별적으로 사람의 애정과 관심을 받으며 자라는 젖소들의 우유 생산량을 비교했다.

실험 결과 516명 중 46%의 낙농업자가 각각의 젖소에게 이름을 지어주고 각별한 사랑의 마음으로 보살폈더니 평균 우유 생산량이 연간 285ℓ 더 많았다고 한다. 젖소들도 사람이 정성을 들여 따뜻한 마음으로 대할 때 스트레스도 느끼지 않고 행복감이 증대되어 더욱 많은 우유를 생산한다고 연구팀은 밝히고 있다.

나는 갓난아이가 부모 및 다른 사람들과의 얼굴을 익히는 과정, 돌고래 쇼에서 묘기를 보이는 돌고래가 훈련되는 과정, 사나운 야생 사자가 사람에게 조련되는 과정 등도 모두 이와 같은 파동의 점진적 동조현상이라고 생각한다. 동물과 우리는 이처럼 전자기파동의 동조로 서로 소통이 가능한 것이다.

그럼 식물은 어떨까? 법정 스님의 《살아 있는 것은 다 행복하라》라는 잠언집에 용담꽃과 관련된 이야기가 있다. 법정스님이 어느 가을날 개울가에 산책을 나갔는데 다른 꽃들은 모두 지고 없는데 유독 용담만이 한 그루 꽃봉오리인 채로 홀로 남아 있었다. 법정스님은 그 꽃 속이 어떻게 생겼는지 몹시 궁금해 용담 꽃봉오리에 다가가 나지막한 소리로 '나는 네 방안이 어떻게 생겼는지 궁금하니 한번 보여주지 않겠니?' 하고 청을 했다. 다음 날 법정 스님이 무심코 개울가에 나갔다가 그 용담을 보았더니 놀랍게도 꽃잎을 활짝 열고 속을 보여주고 있더란다.

용담꽃이 그렇게 하루 만에 활짝 피는 꽃이 아니기 때문이다. 용담꽃과 법정스님 사이엔 어떤 식으로 상호감응이 가능했을까? 위 이야기에서 우리는 사람과 꽃이 교감할 수 있는 길도 동물과 마찬가지로 파동에 의해서 가능하다는 결론을 유추할 수 있다.

옥수수나 호박과 같은 식물은 클래식 음악을 들려주면 그 음악이 들리는 방향으로 자라는 반면에 비행장 주변처럼 시끄러운 곳에서는 식물들이 잘 자라지 않는다는 미국에서 시행된 실험결과가 있다(《춤추는 뇌》, 김종성). 게다가 식물들이 가장 좋아하는 음악이 있는데 그것은 인도의 전통음악과 바흐의 오르간 소리라고 한다.

음악은 과학적으로 봤을 때 규칙적인 파장을 갖는 전자기 파동에 의한 전류를 전류증폭기로 증폭한 다음, 스피커로 연결시켜 우리 귀로 전달되는 화음이다. 이런 사실을 감안하면 식물도 파동에 감응한다는 사실이 자연스레 인정된다. 따라서 고양이나 개와 같은 동물이 동물소통가가 보내는 동일한 파동을 감지하여 그에 순응하는 태도를 보이듯이 용담꽃도 법정스님이 보내는 정감 어린 마음의 파동을 자신이 발산하는 물질파동을 통해 감응함으로써 꽃잎을 활짝 열었을 것이다.

식물이라는 물질의 구성도 따지고 보면 전하를 가진 원자, 분자들의 인력-척력에 의한 결합이고 그 결합체의 지속적인 생장은 다 전기신호의 연결에 의해 가능하다는 사실로 볼 때, 우리는 식물도 전자기파동에 감응한다는 사실을 쉽게 이해할 수 있다.

마지막으로 '사람'으로 눈을 돌려보자. 우선 미국의 시사주간지《타임》기사를《동아일보》가 인용 보도한 '행복의 감정은 전파된다'라는 제목의 기사를 살펴보자.

하버드대와 캘리포니아대의 공동연구진이 1983년부터 2003년까지 20년간 4,700명의 실험대상자와 이들의 가족, 친구, 이웃, 직장동료 들을 추적하여 한 사람의 행복이 다른 사람에게 어떤 영향을 미치는

지 조사했다. '가'가 행복하면 '가'의 친구인 '나'가 행복해 할 확률이 25% 상승하고, '나'의 친구인 '다'가 행복해 할 확률은 10% 상승하며, '다'의 친구인 '라'가 행복해 할 확률은 5.6% 상승했다(2008.12.5.).

위 실험결과로 볼 때 한 사람이 어떤 연유에 의해서 행복감을 느끼면 그 행복감이 주변 사람들에게 전파된다는 것이다. 멀리 사는 친구보다 가까이 있는 이웃에게 전파효과가 더 크다고 하는데, 이웃은 자주 보게 되니까 나의 뇌파가 자주 상대방 뇌파에 영향을 주게 되므로 그럴 것이다. 이는 전자기헬멧에 의해 발산되는 자기파가 뇌의 측두엽을 일정한 파장 형태로 일관성 있게 지속적으로 자극한 결과 신을 경험했다는 현상과 유사하다. 행복하다는 사람 '가'는 바로 전자기헬멧과 같은 역할을 한다고 할 수 있다. 만약에 전자기헬멧 실험의 경우처럼 행복한 'A'가 그렇지 못한 B를 집중적으로 오랫동안 가까이 그 행복의 느낌을 투사하면 B의 행복도는 훨씬 더 높아졌을 것이다.

02

성취를 위한
기력氣力강화의 길

1 | 작은 움직임들의 공명(共鳴)적 결합은 큰 움직임을 만든다

**35억 년의
지구생명체 발전은
공명(共鳴)의 역사다**

우리는 파인만의 전자기파동 스펙트럼을 통해서 형체가 없고 보이지 않는 우주에너지가 점차 진동이 커지면서 파동이 되고 입자가 되는 현상을 이해할 수 있다. 그런데 이 입자들이 모여 미세한 유·무기화합물을 만들고 이 화합물의 조합이 세포를 형성해서 다세포 동물로 발전한다. 이 다세포 동물은 장구한 세월에 걸쳐 발전하여 어류, 양서류, 파충류, 포유류 등의 척추동물로 이어지고 종국에는 인간이라는 생물을 만들게 된다.

이것을 우리는 생물학적으로 진화현상이라고 말하는데, 이 현상은 우주에너지-파동-입자의 발현 현상이 생명세계에 그대로 반영된 결과라고 바꿔 말할 수 있다. 입자들의 운동을 통해 원자에서 원소 그리고 분자를 거쳐 유·무기 화합물이 생성되고 이 화합물의 조합으로 세포가 이루어지는 진화의 과정은 우주에너지-파동-입자의 운동작용과 이 운동작용을 이끌어주는 전자기력을 근원으로 하여 이 지구상의 생명세계에 나타난 모습이기 때문이다.

그런데 이러한 세포들의 결합을 통한 생명체에로의 발전과정이 물리학적인 면에서 공명흡수(共鳴吸收)현상과 흡사하다. 공명흡수현상이란 무엇인가? A라는 파동이 동일한 파장대의 B라는 파동을 흡수하면 그 A가 큰 진폭을 갖게 되어 A 파동의 세기가 커지고 에너지도 커지는 현상을 말한다. 소위 힘을 합치면 커지는 현상을 말한다. 다시 말해서 어떤 물질을 구성하고 있는 분자가 동일한 파장대에 있는 원적외선을 투사 받으면 원적외선의 진동이 그 물질분자의 진동에 흡수되어 그 물질분자의 진동이 격렬해져서 보다 큰 에너지를 갖게 된다. 이렇게 해서 증가된 에너지 일부는 자기발열작용에 의해 열로 변하고 나머지는 자신의 분자운동을 활성화시키는 에너지로 이용된다.

이러한 공명흡수현상을 이용하면 약한 진동을 되풀이함으로써 보다 큰 에너지를 갖는 진동수를 얻을 수 있다. 여기에는 하나의 사전단계가 필요한데 바로 동조작용이다. 즉, 일단은 서로 간의 파동이 갖는 진폭의 높이 또는 파장의 길이가 같거나 유사해야 한다. 이렇게 파동의 형상이 같을 때 동조가 일어나고 점차 잦은 동조가 축적되어 합쳐지면 보다 큰 에너지를 갖는 공명흡수현상으로 발전할 수가 있게 된다. 이를테면 개구리들의 집단 울음소리나 매미들의 집단 맴맴 소리 등은 전체적 연합체로서의 동조현상이라 할 수 있지만 뇌신경세포들이 일부 지역에서 전기파동을 동조시킨 다음 그 파동의 크기를 뇌 전체의 단일 파동으로 공명시켜가는 생각의 발현과정은 공명흡수현상이라고 할 수 있다. 물리학적으로는 공명흡수라는 표현을 사용하고 있지만 나는 동조하고 흡수한 다음에 증폭시킨다는 의미에서 공명증폭(共鳴增幅)이라는 표현을 사용하고자 한다.

이와 같이 지구 생명체의 진화현상은 우주의 물리법칙이 인간을 포함한 생(生)의 세계에 반영된 결과이자, 장구한 세월에 걸쳐 지구 생명체가 실제 걸어온 역사적 사실로서 우리에게 인생 성취를 위한 대(大)원리를 제시하고 있다. 진화현상은 우주의 물리작용을 기본으로 해서 전 지구상에 나타난 생명체의 출현원리이고 무려 35억여 년이라는 기나긴 세월에 걸쳐 이루어낸, 사람을 포함한 전체 지구 생명체의 성취 역사인 까닭에 사람이라고 이 법칙에서 예외일 수는 없다고 본다.

따라서 지구 생명체에 기본적이고도 광범위한 영향을 미치고 있는 진화현상의 이해를 통해 우리네 일상생활의 성취를 위한 기본원리로 삼고자 함은 지극히 타당하다고 하겠다. 우선 거시적인 측면에서, 지구상에 인간을 포함한 생명체의 탄생 및 진화과정을 통해 그 정당성을 살펴보겠다. 단계별로 각 생명체의 자체 움직임과 '공명증폭'과정을 염두에 두고 읽는다면 좋을 것이다.

진화생물학에 의하면 지구가 생긴 지는 지금으로부터 대략 46억 년, 생명체가 나타난 지는 35억 년이 되었다. 즉 지구가 생겨난 지 수억 년이 지난 후인 지금으로부터 약 38억 년 전에 바다 속에서 일종의 유기물이 생겨나고 유기물의 조합으로 약 35억에서 36억 년 전에 박테리아와 같은 광합성 단세포가 바다 속에 나타난다. 그리고 약 32억 년 전에 박테리아성 세포는 아메바성 세포에 먹혀들어가 그 안에서 죽어 없어지지 않고 숙주상태로 아메바성 세포와 공생하게 된다. 이 공생이야말로 세포의 초기 공명증폭적인 결합이다. 왜냐하면 둘이 합쳐서 보다 큰 에너지 형태인 단일적인 결합으로 발전했기 때문이다. 이 각각의 세포가 만일 다시 분리된다면 그 각각의 힘은 결합했을 때보다 훨씬 약해지기 때문이다.

이로부터 발전하여 진핵세포가 출현하는데 이 세포는 핵막과 미토콘드리아를 갖고 있으며, 활동성과 유연성이 뛰어나고 원핵세포보다 10배나 크며 이때가 약 26억 년 전쯤 된다. 여기서 해파리처럼 먹이가 풍부할 때는 하나하나가 독자적으로 살아가다가 생존조건이 어려워지면 여럿이 합쳐서 하나의 생명체로 살아가는 군체 형태의 생명체가 생겨난다. 여기서도 세포 간의 공명증폭적인 진화의 현상이 두드러진다. 미물이지만 여럿이 같은 목적으로 힘을 합치면 보다 큰 힘을 얻을 수 있음을 체득하게 되는데 이는 되풀이되는 약한 파동이 갖는 에너지의 공명은 보다 큰 에너지를 산출한다는 공명원리가 그대로 적용되고 있음이다.

이 군체 형태의 생명체는 진핵세포가 출현한 지 20억 년 정도가 지나고, 22억 년 전부터 광합성 세포에 의해서 바다 속에서 생겨난 산소가 16억 년에 걸쳐 바다 속을 메우고 대기를 채웠을 즈음인 지금으로부터 6억 년쯤 전에, 이 진핵세포들은 진화과정을 거쳐서 다세포 생명체로 발전하고 이때부터 다세포 생명체의 활동이 두드러진다. 이때에 생명체의 폭발적인 공명증폭적 진화의 불이 당겨져서 5억 4천만 년 전부터는 여러 가지 다세포 동식물이 급속도로 생겨나고 이때를 소위 '캄브리아기 생명 대폭발' 기간이라 부른다. 이러한 다양한 생명체의 출현을 바탕으로 그로부터 2억 년 정도가 지나서 어류, 양서류, 파충류, 포유류 등의 척추동물이 출현하게 된다. 유사한 성질을 가진 생명체끼리 모이고 모여서 자체의 크기나 생명력을 증가시켜가는 과정이 동일한 파장대에 있는 파동끼리 합쳐서 보다 큰 진폭을 형성하는 공명 증폭적 물리현상을 원리 측면에서 그대로 따라간 것이다.

다음엔 미시세계로 들어가 우리가 어떻게 의식이라는 걸 갖게 되고 이 의식의 발전과정에서 공명증폭은 어떻게 영향을 미쳤는가를 살펴보자. 다시 《꿈꾸는 기계의 진화》에서 로돌포 이나스의 주장을 참조해서 정리해본다.

태초에는 양자들의 움직임이 있었다. 양자들의 움직임은 세포들로 규합된다. 그리고 그 세포들도 움직인다. 그 세포들은 단세포 움직임이다. 단세포 움직임이란 하나의 세포 몸체가 외부로부터의 자극에 대해 수용하는 기관과 그 수용의 결과로서 반응하는 기관이 동일하다는 것을 뜻한다. 한 기관이 외부자극이 어떤 것인가를 알아보고 그 자체가 어떤 행동을 취할 것인가를 결정한다. 소위 한 사람이 통반장 노릇을 다 한다는 말이다.

이렇게 단세포 또는 군체 생명체로 20억 년을 살다가 어떤 이유로 세포와 세포가 합쳐져 다세포 생물이 생겨난다. 오래고 오랜 인고의 세월을 거쳐 다세포 생물이 출현한 셈이다. 바로 군체 세포에서 보다 큰 단계로 발전한 공명적 결합이 이루어진 셈이다.

어떤 필요에 의해서 여럿의 단세포들이 모였다고 치자. 이들이 초기에는 자신의 원래 습관대로 외부의 자극에 대한 수용과 반응을 각자 한다고 생각해보자. 세포 A가 어떤 자극을 받았고 움직이고자 한다. 그러나 독자적으로 움직이려고 아무리 기를 써도 다른 세포 B, C, D 등이 따라주지 않으면 자기가 원하는 대로 움직일 수가 없다. 그러자

면 자기가 어떤 자극을 받았다는 사실을 다른 세포들에게 알려주어야
한다. '나, 지금 뭔가에 얻어맞았으니 빨리 도망가자'하고 군체를 이루
고 있는 다른 세포들에게 알려주어야 한다. 소위 세포들 간의 커뮤니
케이션이 필요해진 것이다. 이런 커뮤니케이션의 복잡성 때문에 이나
스는 단세포에서 다세포로 이어지기까지 20억 년이라는 기나긴 세월
이 필요하지 않았나 하고 생각한다. 그러니까 모였다가는 뭔가가 뻐거
덕거리니까 헤어지고 헤어져 있어보니 모여 있는 것만 못하고 그래서
다시 모였다가는 헤어지는 시행착오를 수없이 반복한 끝에 모처럼 커
뮤니케이션의 통합이 이루어지는 다세포 생물로 발전할 수 있게 된 것
이다. 여기에는 작은 움직임들의 줄기찬 반복이 있었고 서로 합쳐서
보다 큰 힘으로 현실의 여러 난관을 극복하려는 공명증폭의 노력이 있
었기에 가능했던 것이다. 생명체의 발전은 애초부터 공명증폭현상이
없었으면 불가능했을 것이다.

이렇게 해서 외부자극에 대해 좀 더 분업화된 수용기관과 반응기관
이 다세포생물에 나타나게 된다. 그리고 세월이 지나면서 수용기관은
감각기관으로, 반응기관은 운동기관으로 진화하게 된다. 감각과 운동
의 보다 효율적이고 즉시적인 일체적 연결을 위해서 아주 신속한 커뮤
니케이션 케이블을 깔 필요가 생긴 다세포 생물에게 신경세포라는 것
이 발달하게 된다.

각 세포와 세포들 간의 정보연결을 도와주는 신경세포들이 이곳저
곳에 생겨났고 그러다 보니 이곳저곳에서 산만하게 일어나는 정보연
결을 중앙으로 집중화시킬 필요가 생겨나 척수신경이 나타난다. 이 척
수신경은 다세포생물의 모든 곳에서 일어나는 정보를 다 수용해서 어

떻게 움직일 것인가를 각각의 운동기관에게 즉각적이고 효율적으로 지시하게 된다.

이렇게 해서 단세포 시절부터 가져온 세포의 앞으로 나아가고자 하는 움직임은 척수신경 세포다발이 생기면서 더욱 커진다. 전보다 훨씬 많은 곳에서 오는 정보를 수집하고 더 많은 곳으로 정보를 전달하거나 지시를 해주어야 하는 척수신경은 기본적으로 앞쪽으로 향하는 목표 지향적인 움직임에 의해서 앞쪽에 뇌를 출현시킨다. 앞쪽으로 나아가려다 보니 앞에서 일어나는 갖가지 변화나 자극에 대해 적극적이고 신속하게, 그리고 예측 가능하게 대응할 필요가 커지면서 신경세포가 앞쪽으로 집중화되어 모이게 되고, 앞쪽의 중앙으로 집중화된 뇌가 출현하게 된 것이다.

따라서 양자의 움직임과 유무기물로의 결합, 단세포 생물의 앞으로 나아가는 움직임, 단세포에서 다세포 생물로의 결합과 목표예측적인 움직임, 척추동물로 이어지는 중앙 집중화를 통한 일사불란한 효율성의 움직임 등의 총합이 우리의 생각을 탄생시켰음을 알 수 있다. 아울러 우리는 이러한 각각의 단계에서 파동의 동조를 통해서 보다 큰 진동의 세기를 얻으려는 물리적 공명증폭이 작용했음을 알 수 있다. 이는 모든 세포는 각기 나름대로의 전자기력을 갖고 있고 같은 파장대의 전자기력을 갖는 세포들끼리는 모일 수밖에 없었다는 물리법칙에서 쉽게 유추해낼 수 있다.

후술하겠지만 파동은 그 자체가 에너지로 변환이 가능하니 파동의 공명은 곧 에너지의 공명이 되고 따라서 에너지가 증폭된다는 뜻이다. 그러니까 개체로서 에너지의 부족이 느껴질 때마다 그 부족부분을 메우기 위해 서로서로 공감을 하고 동조에 의한 공명을 통해서 그 에너지 부족의 위험을 극복했음을 알 수 있다. 물론 공명을 일으켜야겠다는 어떤 의식적인 의도라기보다는 물리적 공명현상에 따른 자연스런 반응이라는 뜻이다. 결국 모든 생명체는 각기 나름대로의 전자기력을 생성 유지하고 있고 그 나름대로의 전자기력에 의해 각기 다른 의식의 수준을 나타내고 있다고 하겠다. 사람이란 정말로 고도로 복잡하면서도 정교하게 일체화된 무수히 많은 세포들(1경 개에 달하는 세포가 사람을 구성하고 있다함)이 만들어내는 전자기력의 총합이라는 것이 나의 생각이다.

결국 거시적인 측면에서 지구생명현상의 역사를 보거나 미시적인 측면에서 우리 인간이 생각할 수 있게 된 진화과정을 보거나, 우리는 생각을 포함한 우리의 인생 전체가 하나하나의 작은 움직임들이 점진적이면서도 끈기 있고 조화롭게 모이고 모여서 이루어진 공명증폭적 결과라는 사실을 확인할 수 있다. 정리를 하면, 끊임없이 움직이는 전자, 양성자, 중성자들의 조화로운 결합으로 탄생한 원자도 공명(共鳴)증폭적 결합이요, 원자와 분자들이 모여서 이루어진 아주 미세한 세포들도 공명증폭적 결합이요, 그 세포들이 좀 더 큰 움직임으로의 결합을 통해서 더욱 큰 생명체로 탄생된 것도 공명증폭적 결합이요, 유사한 성질을 가진 생명체들끼리의 결합을 통해서 주어진 현상의 조건에 적응과 극복을 되풀이하면서 끈질기게 그리고 점진적으로 보다 큰 생명체로 발전하여 결국엔 인간의 출현까지 가능하게 한 현상도 다 공명증폭적 결합의 결과인 것이다.

따라서 이러한 진화의 법칙에서 우리는 '작은 움직임들의 공명적 결합은 큰 움직임을 만든다'라는 인생의 성취원리를 도출해낼 수 있다.

이외에도 이 진화의 법칙은 '현재에 진력하는 움직임이 임계상태까지 지속되면 상전이 현상에 해당되는 폭발적인 발전이 일어난다'라는 성취원리를 도출해낼 수 있는데, 이에 대해서는 이 책 〈현재에 진력해야 상전이가 일어난다〉 편에서 자세히 설명하겠다.

현실세계에 드러난 증거를 살핀다

이 진화의 현상이 우리의 인생에 시사하는 바는 자명하다. 우리가 살아가면서 모든 상황, 모든 일, 모든 사람에 대하여 취해야 할 태도는 바로 작은 움직임부터 시작하고 거기서 공명적 노력을 더하라는 것이다. 내가 개인적으로 어떤 배움을 시작한다거나 운동을 한다거나 또는 직장에서 일을 맡아 처리한다거나 새로운 사람과의 사귐을 통해 인연을 이어간다거나 하는 모든 경우에 해당된다. 일의 문제이든 사람의 문제이든 현재 내가 처한 상황과 내가 갖고 있는 능력에 알맞게 한 단계 한 단계 차근차근 끈질기게 노력하되, 독불장군식으로 행동하려 하지 말고 관련된 사람들과 공명적 관계를 창출하여야만 보다 큰 성취를 이룰 수 있다는 우주의 계시인 것이다.

다음의 두 가지 사례를 통해서 이를 입증해보자.

연극영화과 학생시절에 4.5학점 만점에 0.92학점을 받은 위운미 씨는 탤런트 지원 – 낙방, 스튜어디스 지원 – 낙방 등의 우여곡절 끝에 미용실을 열었다. 처음에는 미용사 면허를 따지 않고 열었다가 지자체 검열 당국으로부터 영업정지 명령을 받는 등 곤욕을 치렀지만 면허시험에 도전하여 다시 영업을 시작했다. 영업시작을 알리기 위해 전단지를 돌리는 광고행위를 하자 또 주변 업체들로부터 집단 항의를 받는 어려움을 겪기도 했지만 꿋꿋하게 미용실을 계속해 나갔다.

미용실 사업이 어느 정도 안정기에 접어들 무렵 암에 걸려서 고생을 했지만 이에 굴하지 않고 일과 치료에 열중하여 암도 치유하게 된다. 위 씨는 미용실 운영에서 '손님을 반하게 한다'라는 원칙 아래 손님의 머리만 관리하는 곳이 아닌 마음까지 관리하는 곳이라는 운영철학을 활용하여 미용회사라는 조직으로 발전시켰고, 나아가 머리관리를 넘어서 두피관리, 스트레칭, 지압 등 종합 서비스를 제공하는 새로운 스타일의 종합미용회사를 설립하여 현재는 직영점 15곳, 가맹점 8곳, 디자이너 400여 명에 견습생 250여 명을 고용하는 'id헤어'라는 미용회사의 대표로 일하고 있다. 게다가 같은 건물 내에 피부과 병원을 유치하여 미용실과 피부과를 연계하는 토털 서비스를 계획하고 있다(조선일보, 2009.2.23.).

위운미 씨가 미용실을 개업할 당시, 자신이 id헤어라는 미용회사를 계획했겠는가? 우선은 미용실을 운영하겠다는 하나의 작은 목표만을 생각하고 일을 시작했을 뿐이다. 하지만 미용사 면허도 없이 시작했기에 얼마 되지 않아 가게 문을 닫아야만 했다. 그럼에도 불구하고 그녀는 실패를 발판 삼아 자격증도 따고, 더욱 열심히 미용 일을 하다 보니어느 순간엔가 손님들에게 단순한 미용 서비스만이 아닌 마음을 편하게 해주는 서비스를 해야겠다는 생각을 갖게 된 것이다. 이것은 바로 고객의 마음에 공명하겠다는 공명의 힘이 작동한 탓이다.

이것이 바로 작은 움직임에서 한 단계 더 나아간 과정이다. 단순히 생업을 위해 일하다가 어느 순간엔가 자신도 모르게 일을 넘어서 손님의 마음까지 반하게 해야겠다는 생각으로 나아갔다. 이는 바로 손님의 마음을 나의 마음으로 흡수해서 손님과 일체감을 형성하고자 하는 공명적인 움직임의 작동인 것이다. 다시 말해 자신의 뇌파를 손님이 발산하는 뇌파와 일차적으로 동조시킨 다음, 내부적으로 그 파동이 갖는 에너지를 흡수하여 자신의 뇌파의 에너지를 증폭시켜서 손님에게 정성 어린 서비스로 되돌려 주겠다는 공명흡수 작용이 아니면 불가능하다.

이를 위해 여러 가지 노력(움직임)을 하다 보니 더욱 나아가 스트레칭, 지압 같은 미용 이외의 서비스도 제공해야겠다는 행동의 또 다른 움직임으로 이어지게 된다. 이는 단세포 생물이 다세포로 다세포 생물이 군체생물로 점진적인 진화를 이루는 공명적 결합과정과 아주 흡사하다. 그리고 이러한 바탕이 있었기에 더 나아가 미용실을 피부과 병원과 연계하는 특별한 서비스까지 생각하는 것이 가능하게 되었다.

다시 말해 위 씨가 처음부터 큰 미용회사를 만들겠다는 생각으로 미용실을 시작한 것이 아니라 일단은 작은 미용실 운영이라는 작은 목표에 전념하였고, 고객의 마음에 공명하자는 점차 나은 '작은 움직임'을 찾고 노력한 끝에 지금의 큰 성취를 이룬 것이다. 각 단계마다 현재보다 나은 일이 무엇인가를 생각하고 고객의 마음과 공명할 수 있는 일은 무엇인가를 계속 고민하다 보니 점진적인 진화가 일어난 것이다. 처음부터 거창한 일을 계획하기보다는 지금 당장 이 순간에 할 수 있는 '작은 움직임'을 찾아 생각하고 공명시키는 움직임으로 이행하는 것이 성공의 지름길임을 위운미 씨의 경우가 잘 보여주고 있다.

우리네 일상생활에서 늘 발견할 수 있는 또 다른 작은 움직임의 공명적 현상의 사례를 살펴보겠다.

현재 62세인 문분선, 한식당 '전원' 사장은 처음엔 '멋'이라는 의상실을 운영하다가 음식을 만드는 손맛이 좋다는 주변사람들의 말을 듣고 1988년 식탁 5개를 들여 놓고 한식전문 음식점을 열었다.

문분선 씨의 음식 하나하나에는 지극한 정성과 솜씨가 들어간다. 이를테면 깻잎은 보다 깊은 맛을 내기 위해 양념을 해서 두 번 끓인 젓국으로 간을 하고, 소금에 절인 자반고등어는 보다 담백한 맛을 살리기 위해 쌀뜨물에 담가 짠맛을 우려낸 다음 물기를 빼서 굽고, 미역과 함께 먹는 멸치젓갈도 싱싱한 바다 향을 느낄 수 있도록 부산 기장에서 운반되어 온 것을 식탁에 내놓고 김치도 냉장고에서 갓 나온 싱싱한 김치만 내놓는다.

이렇게 해서 스무 가지가 넘는 음식의 재료는 '제철 음식이 가장 좋다'는 원칙하에 제철 음식만을 원산지에서 직송 해온다. '잘할 수 있는 것만 정성스럽게 내놓으면 된다'라는 소신에서 육류 음식은 만들지 않는다.

손님에게 아주 많은 정성과 신경을 쓰다 보니 일을 마치고 나면 힘이 다 풀려 아무것도 손에 잡을 수 없을 정도라고 한다.

20년이 넘었어도 여전히 식탁은 5개를 유지하고 있고 유명 호텔 등에서 분점을 내자는 제의에도 전혀 흔들림이 없이 오로지 자신이 직접 요리해 내놓는 방식을 고집한다. 분점을 내면 아무래도 자신만의 고유한 맛을 잃게 되고 결국에 가서는 다 잃게 되기 십상이라고 한다. 이 '전원' 식당에서 음식을 먹으려면 예약하고 한두 달은 기다려야 한다(중앙 SUNDAY, 2009.2.17.).

문분선 씨가 1988년에 식당업을 시작했으니까 20년이 넘었다. 음식 하나하나에 문 씨는 모든 정성을 기울인다. 그 정성은 말 그대로 고객과 공명하는 마음이다. 고객의 마음을 흡수하여 자신의 마음속에서 그

에너지를 증폭시켜 고객에게 정성을 다하는 서비스로 되돌려준다. 그 공명하는 마음을 바탕으로 그야말로 작은 움직임을 지속하여 이어갔다. 그는 20여 년을 한결같이 작지만 단단한 그리고 고객과 공명하는 움직임을 계속한 덕분에 이제는 그 식당에서 식사를 하려면 한두 달 전에 예약을 하고 기다려야 하는 탄탄한 식당사업을 만들어 놓았다.

그는 또한 62세의 나이에도 불구하고 아침 6시부터 헬스장에서 1시간 정도 달리기를 하는데, 이는 다음 내용으로 이어지는 이 책 〈신체의 바른 기운을 생성한다〉 편에서 소개되는 전형적인 '성취모습'의 예를 보여주고 있다. 뒤에 설명하겠지만 꾸준한 운동은 창의와 통찰하는 생각을 하는 데 아주 긴요한 역할을 한다. 이러한 몸의 꾸준한 움직임과 식당일에 관한 한결같고 공명적인 작은 움직임들이 결합된 그의 성취모습은 '진정한 성취가 무엇인가'를 우리에게 전달하고 있다.

인생에서 성취란 무엇인가? 자신이 하고 싶고 자신이 잘할 수 있는 것을 제대로 잘해내는 것이야말로 성취가 아닌가. 많은 돈을 벌고 높은 지위를 얻는 성취도 일종의 성취라고 할 수 있지만 이러한 성취도 다 작은 움직임들의 축적과 결합에 의해서만 가능한 법이다. 그러나 이 책에서는 이와 같은 돈과 사회적 지위에 따른 거창한 성취를 탐구하지 않는다. 사회의 일반적인 기준에 의한 성취를 탐하지 않는다. 외형적이고 과시적인 성취는 다루지 않는다.

문분선 씨와 위운미 씨의 경우처럼 자신이 하고 싶고 잘할 수 있으며 치열한 열정과 공명적인 자세를 바탕으로 일궈낸 잔잔하나 뜨거운 성취에 대해 말하고자 한다.

2 | 성취신념 다지기는 뇌파를 공명증폭시킨다

**나의 전자기파는
교란당하고 있다**

"우리가 흔히 접하는 일상적인 물체들은 엄청나게 많은 입자들로 이루어져 있으며 일상적인 물체들은 고립되어 있지 않고 관측자를 포함한 주변환경과 끊임없이 상호작용을 주고받고 있다. 지금 당신이 읽고 있는 책의 표면은 광자나 공기분자들과 매 순간 충돌을 겪고 있으며 책을 이루고 있는 분자와 원자들도 매 순간마다 내부적인 충돌을 겪고 있다.

…

결론부터 말하자면 광자나 분자는 거시적 '물체의 파동함수', 또는 '결맞음' 상태를 교란시키고 있다. 즉, 규칙적으로 배열되어 있는 파동함수의 마루와 골이 광자나 공기분자에 의해 변화를 겪는다. 간섭무늬가 나타나려면 파동함수의 규칙성은 반드시 유지되어야 하므로 광자나 공기분자에 의한 교란은 결코 무시할 수 없는 요인이다. 전자가 관측을 당하면 파동의 성질을 버리는 것처럼 주변으로부터 작은 입자들의 폭격을 받고 있는 물체들도 간섭현상을 일으키지 못한다."(《우주의 구조》, 브라이언 그린)

　여기서 광자나 분자가 파동함수의 결맞음 상태를 교란시킨다는 말은 공기분자나 광자가 어떤 물질파동이 갖는 일정한 규칙성을 교란시켜서 파동으로서의 성격을 잃게 하고 하나의 입자로서 그 모습을 드러내게 하는 현상을 일컫는데, 물리학적으로는 막스 보른의 '파동함수의 붕괴' 이론과 관련이 있다. 파동함수의 붕괴란 우리가 전자의 위치를 관측하고자 했을 때 전자가 관측이전에는 파동으로 존재하고 있다가 관측을 당하는 즉시 파동의 형태를 버리고 입자로서 그 모습을 드러내는 현상을 일컫는다.

　전자는 입자이자 파동이라는 사실을 독자는 기억하고 있을 것이다. 그렇다면 전자가 그 파동으로서의 존재를 유지하려면 파동의 고유성질인 결맞음 상태를 유지하고 있어야 한다. 결맞음 상태란 S자를 옆으로 뉘어놓은 것과 같은 형상으로 마루와 골이 규칙적으로 배열되어 있는 상태이어야 한다. 그래야 파동함수도 성립되고 파동의 결맞음도 형성이 된다. 그런데 이 '마루-골, 마루-골' 타입의 결맞음 상태가 우리의 관측행위나 다른 물리작용에 의해 발산되는 광자나 공기분자에 의해 교란을 당하면 그 결맞음 상태가 어그러지게 된다. 파동이 파동으로서 존재할 수 있는 유일한 힘의 근원이 마루-골 형태인데 그 마루-골 형태가 어그러지면 어떻게 될까? 더 이상 파동으로서 존재할 수 있는 힘이 없어지고 소위 파동함수의 붕괴가 일어나서 전자는 입자로 탈바꿈할 수밖에 없다. 이 현상은 물질세계에서 어느 물질이건 간에 교란을 당하면 자신이 본래 가고자 했던 길을 제대로 갈 수 없는 현상과 그대로 연결이 된다.

　이와 관련하여 우리는 이미 모든 물질이 물질파동을 발산하고 있음을 알고 있다. 또한 우리가 발산하고 있는 뇌파도 전자기파의 일종으로서 물질파동의 범주에 속하고 있음도 알고 있다. 따라서 물질파동이 교란당한다는 것은 뇌파도 교란당할 수 있다는 것이고 뇌파가 교란당한다는 것은 우리의 생각이 교란당할 수 있다는 것을 쉽게 미루어 짐작할 수 있다. 왜 그럴까? 우리의 생각이 발현되려면 뇌 세포들이 발산하는 전기파동 간에 마루와 마루, 골과 골이 만나는 공명증폭적 결맞음을 통해 서로 하나의 파동으로 일치시켜 나가야 한다. 이런 파동 간 결맞음을 통해 점진적으로 뇌세포 간 전체 전기파동의 통일을 이루어야 하나의 생각이 완성되는 것이다. 그런데 이런 뇌세포 간 전기파동을 통일시키는 작업이 광자나 공기분자 등에 의해 방해받으면 생각의 발현과 지속작용도 방해를 받게 되어 결국엔 내가 일으켰던 믿음이나 결심, 신념 등의 생각이 흔들리게 되는 것이다.

게다가 우리 인간은 먹고 마시고 병원가고 여행가는 등의 일상 활동을 하지만 바로 그 활동의 미시세계 속에서는 몸속에 평균적으로 100만 분의 1초마다 수조 개의 원자들이 꾸준하게 변하는 내부 격변이 일어나고 있다. 이와 동시에, 매초 수십억 개의 우주소립자와 우주 암흑물질이 우리 몸을 관통하고 있다. 이러한 미시세계 속에서 소립자들이 우리 몸을 관통하며 충돌하는 등의 상호작용활동은 우리의 생각활동이 만들어내는 파동의 세계로 연결된다. 우리의 몸이 갖는 거시적 세계에서의 몸의 정체성은 일정하게 유지될 수 있을지언정 미시세계에서 우리의 생각이 만들어내는 뇌의 전자기파동은 우주환경에 의해 계속해서 교란을 당하고 있는 것이다.

결론적으로, 우리의 생각을 낳는 뇌의 전자기파는 우리의 상호 관측과 관찰행위, 광자나 공기분자들의 영향, 우리 몸을 구성하고 있는 내부 원자들의 격변, 우주 소립자들과 암흑물질의 우리 몸의 관통작용 등에 의해 수시로 방해받고 교란 당함을 알 수 있다. 따라서 내부와 외부 요인에 의한 이러한 방해와 교란현상은 우리가 원래 발현하여 유지하고 관철하고자 했던 생각이 때때로 흔들리거나 바뀌게 되는 심리현상을 이해할 수 있게 해준다. 이를 근거로 볼 때, 우리가 한 세상을 살아가면서 필연적으로 자신만의 굳건하고 주체적인 인생의 주관을 확립해서 그 주관을 부단히 다지며 살아야 함을 깨우쳐 준다. 내가 발산하는 나의 뇌 전자기파동이 교란당하더라도 뇌파의 공명증폭적 기능이 지속적으로 복원되고 유지되고 강화될 수 있도록 하는 어떤 생각의 발현과 유지가 있어야 함을 깨닫게 해준다.

다시 말해서 우리의 생각이 흔들리게 만드는 우주의 교란 작용에 처한 우리는 그 교란 현상에 대비하는 '일관된 가치관'과 '흔들리지 않는 신념'을 지속적으로 갖고 움직여야 원하는 인생을 살 수 있음을 역설적으로 말해주고 있다. 인생의 신념을 확립했다 해도 한번 확립한 것으로 끝내서는 안 되고 그 신념을 부단히 다져 주어야 우주의 교란 현상에 의해 교란당하지 않고 신념대로 나의 길을 갈 수 있는 법이다. 여기서 소개되는 '성취신념 다지기'는 뇌파의 공명증폭적 기능을 유지시키고 강화시켜 주는 역할을 한다는 면에서 굉장히 중요한 의미를 갖는다.

**교란당하면
미루는 습관을
낳는다**

그렇다면 이제 자주 바뀌고 흔들리는 생각, 오래 가지 못하고 중단되는 결심 등에 의해 실생활에 나타나는 부작용에 대해 살펴본 후, 나의 뇌파를 꾸준히 공명증폭시켜 원래의 나의 신념을 유지시켜 줄 수 있는 '신념다지기' 기법에 대해 알아보자.

많은 사람들이 목표를 정해서 그 목표를 향해 단호히 발걸음을 옮기지만 몇 걸음 못 가서 이런저런 핑계로 중도에 포기한다. 매일 조깅을 하겠다고 결심한 사람이 날씨가 갑자기 추워지니까 따뜻해지면 하겠다면서 미룬다. 책을 일주일에 한 권씩 읽겠다고 한 사람이 갑자기 밀려든 업무가 너무 많아서 책 읽을 시간내기가 어렵다고 한다. 한 달에 얼마씩 저축하겠다고 결심한 사람이 물가가 오르고 생활자금이 빠듯해져서 저축할 여윳돈이 없다고 말한다. 매일 성찰할 시간을 갖겠다고 결심한 사람이 저녁마다 고객이나 직장동료와 술자리를 할 일이 많아져서 못하겠다고 말한다. 가족이 함께 주말마다 서로 대화할 시간을 갖자고 결심하지만 주말에 등산이다 결혼식이다 숙제다 공부다 뭐다 해서 서로 할 일이 생겨 몇 번 하다 흐지부지되고 만다.

이처럼 미루는 습관을 가진 사람은 재정, 건강, 인간관계 측면에서 잃는 게 많다는 것이 심리학계의 연구결과이다. 대체로 성인의 15~20%는 일상적으로 자주 자신이 해야겠다고 생각한 일을 자주 미루고, 이들의 40%는 금전적으로 손해를 본다. 또한 인간관계를 제대로 관리하지 못하여 소위 출세하는 데 많은 지장을 받는다.

캐나다 윈저대의 심리학자인 퓨시아 시로이스는 미루는 사람은 제

때 일을 처리하는 사람보다 스트레스에 더 시달리며 감기 따위에 취약하다고 말한다. 심지어는 정기적인 건강검진조차도 미루고 제대로 받지 않아 병을 키우기도 한다. 결국 미루는 사람들은 금전, 건강, 사회생활 등 모든 면에서 미루지 않고 제때에 일을 처리하는 사람들보다 많이 뒤처진다는 결론이다. 이것은 그 인과관계를 살펴보면 아주 당연한 결과라고 생각한다.

저축을 해서 돈을 불리는 것도 티끌 모아 태산이 된다는 믿음으로 미루지 않고 제때에 해야 될 일이요, 직장에서 보수가 높은 직위로 올라가는 것도 매사 맡은 일을 미루지 않고 제때에 끝내야 가능한 것이요, 건강을 지키기 위해 운동을 하거나 절식을 하는 것도 결심한 순간부터 행동으로 옮겨야 효과를 볼 수 있는 것이요, 인간관계도 서로 약속한 일을 약속한 기일 내에 잘 해주어야 서로 신뢰가 쌓여서 그 다음 단계로 발전할 수 있는 것인데, 이러한 금전, 건강, 사회생활 상의 기초적인 필요조건들을 맞추지 못하니 당연히 뒤처질 수밖에 없다.

스트레스도 당연히 더 쌓인다. 이렇게 미루는 자신이 한심하다는 생각이 들면서 나는 '왜 이렇게 말한 대로 실행을 못할까' 하는 자책감이 자신을 자주 괴롭힐 것이고 따라서 자신에 대한 스트레스도 증가할 수밖에 없다.

이렇게 생긴 스트레스는 부정적 감정의 악순환에 빠지게 만드는 동인이 되기도 한다. 스트레스가 점점 높아져 헤어나지 못하면 근심 · 걱정으로 바뀔 것이고, 이러한 근심 · 걱정은 자신을 더욱 부정적인 감정 속에 몰아갈 것이므로 결국엔 그 안에 갇혀서 가능성 있는 세상을 볼 여력이 점점 없어지게 될 것이다. 이와 같이 근심 · 걱정에 함몰되면 무슨 일을 새로이 시작하려해도 '안 되면 어떻게 하나'라는 걱정부터 하게 된다. '안 되면 어떻게 하나' 하는 걱정으로 일을 하니 제대로 된 일을 할 수가 있겠는가? 일에 대한 열정이나 집중도가 당연히 약할 수밖에 없고 결국 일의 질적인 성취에 있어 그 수준이 미약할 수밖에 없다.

자신을 부정적인 생각의 악순환으로 함몰시키는 원인인 미루기 습관은 단호히 근절시킬 필요와 이유가 바로 여기 있다.

**신념다지기 기법으로
교란을 뚫는다** 미루는 습관을 고치고 의지를 강화시키는 여러 방법들이 세계적으로 유명한 심리학자, 정신분석학자들에 의해 소개되었지만 나는 나의 실질경험을 통해서 체득한 방법이자, 실효적이고 실질적인 효과를 갖고 있는 방법이라고 생각되는 뇌파의 공명증폭을 통한 신념강화 방법에 대해 이야기하고자 한다.

우리는 앞에서 말한 바와 같이 우주환경의 교란현상에 노출되어 있으므로, 나에게는 내가 형성하고 발산하는 뇌의 전자기파동이 외부관찰자, 광자, 분자들에 의한 방해, 내 몸의 원자들의 격변, 우주소립자들의 내 몸 관통 등 우주환경에 의해 교란당하지 않고 일관된 파동을 견지할 수 있도록 해주는 힘이 있어야 한다. 나의 전자기파동의 공명증폭적 기능이 계속 살아 움직일 수 있도록 하는 힘이 있어야 한다. 내가 간절히 소망하며 성취하고자 하는 그 무엇에 대한 생각이 계속 강하게 유지될 수 있도록 하는 힘이 있어야 한다.

그 힘은 바로 내가 스스로 취할 수 있는 힘이어야 한다. 어떤 다른 사람도 나의 힘을 대신 끌어모을 수 없기 때문이다. 그 힘은 또한 어렵지 않게 끌어모을 수 있어야 한다. 어떤 일을 중도에 포기하는 사람들은 모두 그 일에서 발생하는 어려움에 부닥쳐서 포기하기 때문에 일단은 어렵지 않고 쉬워야 한다. 쉬운 상태에서 출발하여 점차 어려운 단계를 극복하는 힘이라야 한다.

생각이 먼저 뇌파를 형성시킨다는 측면에서 그 힘은 다름 아닌 나의 '매일매일의 맹세'다. '매일매일의 맹세'는 바로 일관된 뇌파를 생성하고 공명증폭시키는 데 있어 탁월한 힘이 있다. 왜냐하면 이 '매일매일의 맹세'는 그 맹세의 방향으로 생각을 일으키기 때문이요, 이것이 매일 지속됨으로 인해 그 생각의 뇌파를 공명증폭적으로 공고히 하여 의지를 강화시키기 때문이다. 그래서 이 '매일매일'의 맹세는 수천 년의 역사를 갖고 동서양의 문화차이, 지위의 높낮이, 나이의 많고 적음을 넘어 그 생명력을 유지해왔다. 그 네 가지 방법을 과거와 현재의 다양한 사례를 통해 소개한다. 이 방법은 누구나 쉽게 할 수 있고 현실적으로도 실현성과 효과가 높으므로 정말 주목해야 한다.

1:

고고하면서도 절제된 품격을 지닌 것으로 알려진 조선시대 남명 조식(1501~1572)은 낙동강을 사이에 두고 '좌퇴계 우남명'으로 불릴 정도로 퇴계 이황과 쌍벽을 이뤘던 유명한 성리학자이다. 중앙일보에 기고한 정진홍 씨의 칼럼에 따르면 그는 이치를 따지기보다는 실행과 실천을 중시한 학자였으며 항시 자신의 마음의 흐트러짐을 경계하고 결단력 있고 단호한 행동으로 흔들림 없는 자신의 길을 걸어간 실사구시의 학자이다. 임진왜란 당시 곽재우 등 많은 의병장들이 모두 그의 문하에서 배운 것으로 보아 생각이 정립되면 행동한다는 그의 행동 중시 사고를 가늠할 수 있겠다.

나는 그가 자신의 신념을 다짐하고 확인하는 데 사용한 두 가지 방법에 특히 주목한다. 그가 자신의 마음가짐을 조신하게 하고 자신의 행동을 성찰하기 위해 항상 허리춤에 '성성자(惺惺子)'란 방울을 차고 다니면서, 그 방울소리를 들으며 스스로를 돌아보고 삼가며 경계했던 것이 그 하나요, "안으로 마음을 밝히는 것은 경이요, 밖으로 행동을 결단하는 것은 의(內明者敬 外斷者義)"라는 좌우명을 새겨 넣은 '경의검(敬義劍)'이라는 작은 칼을 늘 허리춤에 차고 다니면서 자신의 마음을 살피고 칼 같은 단호한 행동을 결행하는 데 있어 자경물(自警物: 자신을 경각시키는 물건)로 사용한 것이 그 둘이다.

남명 조식은 성성자와 경의검을 차고 다니면서 매일매일 자신에게 경각심을 불러일으키는 데 사용했다. 다시 말해 남의 비방 대상이 되지 않고자 마음가짐과 행동을 조신하게 하기 위한 신념과 조신한 마음뿐 아니라 단호한 행동을 필요로 할 때는 결행한다는 신념을 지켜나가기 위해 그는 성성자와 경의검을 '매일매일의 맹세'를 다져나가는 도구로 활용했다.

매일 귓속으로 울려대는 성성자의 방울소리를 들으면서, 매일 허리춤에 달린 경의검을 만지면서 그 신념을 새록새록 다져 나갔음이 지금에도 생생하게 떠오른다. 요점은 어느 형식이나 방법을 사용하든 신념 다지기를 매일매일 한다는 데 있다.

2:

유교경전의 하나인 《대학(大學)》편에 다음과 같은 구절이 나온다.

"湯之盤銘 曰 苟日新 日日新 又日新(탕지반명 왈 구일신 일일신 우일신)

탕 임금의 반명에 이르기를 오늘 하루를 진실로 새롭게 하면, 나날이 새로워지고, 또 날로 더욱 새로워진다."

반명(盤銘)이란 중국의 탕왕이 제사 때 손을 씻기 위한 대야에 자신에게 경각심을 불러일으키고 자신이 갖고 있는 신념을 다지고자 자신이 처한 상황에 적합한 자경문을 적어 넣은 것을 말한다. 그러니까 중국 고대에 하(夏)나라를 멸망시키고 은(殷)나라를 세운 탕왕(湯王)이 매일매일 손을 씻으면서, 이 자경문(自警文: 자신에 대해 경고하거나 자신을 경각시키는 문장)을 보고 '오늘의 모습에 안주하지 말고 나날이 나 자신을 새롭게 하여 주변을 새롭게 하며 내일은 오늘보다 더 나아져야 한다'고 스스로에게 매일매일 발전을 위한 채찍질을 해왔음을 알 수 있다. 그런데 우리나라 임금들도 이런 면에서 예외는 아닌 것으로 보인다. 다음의 성종실록에 나오는 유사한 내용이 이를 잘 보여준다(이하 네이버 용어사전에서 인용).

경연에 나갔다. 경연의 공부가 끝나자 지평 김언신이 아뢰기를, "예로부터 처음만 있고 끝이 없는 것이 임금의 커다란 경계입니다. 그러므로 침소에다 훈계의 말을 써서 처음과 같지 않게 될 것을 경계한 사람도 있었습니다. 전하께서 만약 처음에 정치를 할 때의 마음과 같으시다면 요사이 신들이 하는 말을 분명히 가납하셨을 것입니다. 청컨대, 처음의 마음을 갖지 않으면 끝이 있기가 힘들다는 여덟 글자를 판자에 써서 옆에 두시고 출입할 때마다 보시고 잠시라도 잊지 않으신다면 반명(盤銘)과 같이 아름다운 일이 될 것입니다" 하였다. 임금이 말씀하시기를, "너의 말이 참으로 좋다. 다만 이미 침실에다 그렇게 해 놓았다" 하였다[성종실록 권제84, 21장 앞쪽, 성종 8년 9월 13일(정축)].

이 글을 읽으면서 '초심을 흔들림 없이 유지하면 초심의 깨끗함이 그대로 좋은 끝을 맺는다(靡不有初 鮮克有終, 미불유초 선극유종)'라는 말을 아침에 일어나자마자 한 번, 잠자리에 들면서 또 한 번 읽고 말하면서 스스로를 경각시키고 단련했을 성종의 모습이 생생하게 눈앞에 그려진다.

옛날 임금이 사용하던 자경문에 의한 신념다지기 기법이 오랜 역사를 뚫고 들어와 현대에도 그 생명력을 발휘하고 있다. 예나 지금이나 나이가 많거나 적거나 잘났거나 못났거나 사람들은 자주 신념이 흔들렸음을 보여주는 증거이리라. 이제 시야를 현재로 돌려 보자.

"내신 1등급을 유지한다. 수능 날 긴장하지 않는다. 후회 없는 하루를 보내자."

이 글은 교육청 모의고사에서 전 과목 1등급을 획득해 백분위 99.98% 안에 드는 성적을 낸 대구 경신고 3학년 나영신 군이 자신을 일깨우기 위해서 사용하는 자경문의 내용이다. 소위 '꿈의 쪽지'라 해서 자신의 교복 주머니에 늘 넣어놓고 다니면서 공부하기 힘들 때마다 끄집어내어 읽곤 해서 자신에게 원기를 북돋우는 데 사용했다 한다.

그는 생생하게 꿈꾸면 반드시 이뤄진다고 믿는 학생이고 '세상과 나 자신을 더 잘 이해하기 위해 공부하고 더 잘 이해하기 위해 좋은 대학에 가겠다'고 하는 공부에 대한 목표가 아주 뚜렷한 학생이며 '인류사에 보탬이 될 지성인이 되고 싶고, 새로운 사상도 만들고 싶다'고 말하는 야무진 인생목표를 갖고 있는 학생이다(조선일보, 2008.9.8.).

이러한 실천의지가 의지로만 끝나지 않고 실천으로 이어지도록 자신에게 끊임없이 신념을 북돋우기 위해 자기암시의 방법으로 나영신 군은 '꿈의 쪽지'를 사용하였다.

탕왕과 성종임금의 반명과 나영신 군의 꿈의 쪽지는 바로 자경문에 의한 신념다지기 기법이다. 소리 내어 말하기는 말하고 듣기의 두 가지 감각기관을 사용하는 것이지만 문장으로 된 내용을 보고 말하고 들으면 세 가지 감각기관을 사용하는 효과가 있다. 문장으로 된 신념의 내용을 보면서 소리 내어 읽으면 보다 또렷하게 자신에게 각인된다. 신념을 다지기 위한 어떤 모범적인 내용이나 자신에게 특별히 꼭 필요한 내용을 문장으로 표현하여 이 문장을 소리 내서 읽어보라. 느낌이 달라지고 기분이 달라지고 생각이 달라진다.

3:

그 날 나는 거의 눈물을 흘릴 정도의 극심한 통증(찢어진 신발 때문에 발에 심한 종기가 생겼다)을 겪으며 긴 행렬에 끼여서 수용소에서 작업장까지 몇 킬로미터를 절뚝거리며 걸어가고 있었다. 날은 추웠고 살을 에는 듯한 바람이 우리를 사정없이 내리쳤다. 나는 우리의 누추한 생활과 연관된 끊임없이 자질구레한 문제들을 계속 생각하고 있었다.

그러다가 매일같이 시시각각 그런 하찮은 일만 생각하도록 몰아가는 상황이 너무 역겹게 느껴졌다. 나는 생각을 다른 주제로 돌리기로 했다. 갑자기 나는 불이 환히 켜진 따뜻하고 쾌적한 강당에 서 있었다. 내 앞에는 청중들이 푹신한 의자에 앉아서 내 강의를 경청하고 있었다. 나는 강제수용소에서의 심리상태에 대한 강의를 하고 있었던 것이다. 그 순간 나를 짓누르던 모든 것들이 객관적으로 변하고 일정한 거리를 둔 과학적인 관점에서 그것을 보고 설명할 수 있게 되었다.

이런 방법을 통해 나는 어느 정도 내가 처한 상황과 순간의 고통을 이기는 데 성공했고 그것을 마치 과거에 일어난 일처럼 관찰할 수 있었다(《죽음의 수용소에서》, 빅터 프랭클).

빅터 프랭클은 유대인 정신분석학자다. 그는 나치 수용소에서 3년간 죽음을 넘나드는 고통스런 생활을 보내다가 나치가 패망하여 수용소에서 풀려난 사람이다. 자유의 몸이 된 후 나치 수용소에서 겪은 그 쓰라린 고통의 경험을 담은 책이 바로 《죽음의 수용소에서》이다. 그는 이와 같은 실현상상의 방법으로 극한의 절망상태에서 벗어나곤 했다. 어머니를 만나고 아내와 함께 지낸다든가 취미인 등산을 다닌다든가 하는 상상을 통해서 현실의 고통을 넘어 내적인 힘을 스스로 북돋우곤 한 것이다.

그는 아무리 어려운 상황이라 해도 자신이 마음을 어떻게 먹느냐에 따라 그 어려움을 극복하느냐 못하느냐가 결정된다고 믿은 사람이다. 이를테면 그는 책에서 그가 있던 수용소에서는 1944년 성탄절부터 1945년 새해에 이르기까지 일주일간의 수감자 사망률이 그 어느 때보다 급격히 증가한다는 수용소 주치의의 통계를 인용한다. 대부분의 수감자들이 이 기간 중에는 막연히 집에 돌아갈 수 있다는 희망을 갖게 된다. 그러다가 그 기간 중에 아무런 희망의 조짐이 보이지 않게 되면 절망감에 빠져 자포자기하게 되고, 육체적인 몸도 쇠약한데다가 정신마저 쇠약해져 질병에 대한 저항력이 약해져서 결국엔 사망에 이르게 된다는 것이다.

이를 근거로 프랭클은 수면부족, 식량부족, 그리고 다양한 정신적 스트레스를 받는 수감환경이 수감자 개개인에게 어느 정도의 영향을 끼칠 수 있음은 인정하지만 궁극적으로 자신이 어떠한 태도를 취할 것인가는 전적으로 본인 자신에게 달려 있음을 강조한다. 즉 인간이 어떠한 물리적 압박과 척박한 환경 하에서도 그 어느 것도, 그 누구도 제약할 수 없고 자신이 마음껏 사용할 수 있으며 자신의 정신활동만이 갖는 자유로서 인간이 가질 수 있는 '궁극의 자유'를 갖는 것이 중요하다고 말한다.

그는 사람이라면 누구나 다 지독히 어려운 환경에 있다 해도 이 '궁극의 자유'가 가진 힘으로 자기 자신이 정신적으로나 영적으로나 어떤 마음을 갖고 극복할 것인가를 결정할 수 있다고 본다. 그래서 그는 이 '궁극의 자유'를 통하여 자신의 마음이 가는 대로 교수가 되어 대학 강단에 서 있는 모습, 아내와 함께 지내는 모습 등 마치 실제의 상황에 있는 것과 같은 '실현상상'의 방법을 통해 살아가는 희망을 키웠고 살아남겠다는 신념을 키워서 결국엔 끝까지 살아남았으며 실제로 자신이 상상했던 그대로 대학 강단에 서서 강의를 하였다.

4:

자기암시법의 일종인 '자신에게 소리 내어 말하기' 기법이 있다. 스스로에게 끊임없이 말해보라. 하루에도 수십 번씩 말해보라. 자신이 한 말이지만 듣는 자신은 다른 자신이다. 누구든 남이 말하는 것은 잘 안 들으려 하지만 본인이 자신에게 말하는 것은 잘 듣는다. 말하는 자신은 능동의 의지를 발현하고 듣는 자신은 경청하는 겸손의 의지를 발현한다. 능동과 겸손의 의지가 혼합된 상태에서 자신은 하나의 자신이 말하는 인간이 되어간다. 내가 지시하고 내가 수긍하는 나는 혼연일체가 되어 내가 말하는 대로 나는 행동하게 되는 것이다. 능동과 겸손이 투합하여 만들어내는 상승의 인간이 된다.

나는 40대 중반에 들어섰을 때, '나는 29살이다'라는 말을 나에게 지속적으로 한 적이 있다. 40대 중반이 되면서 체력적인 면이나 사고방식의 차원에서 '나는 젊게 살고 있다'는 변화를 주기 위함이었다. 그래서 '나는 29살이다, 나는 29살이다'라는 말을 수시로 하루에도 몇 번이고 스스로에게 말했다.

이런 생활이 3개월 쯤 지났을 때, 어느 날 누군가와 이런저런 이야기를 하는데 상대방이 나보다 나이가 아주 많은 사람으로 보였다. 나는 그에게 공손하게 행동하고 말투도 극진한 존댓말을 사용했다. 이런저런 이야기를 하던 중에 각자의 나이를 알게 되었는데 놀랍게도 상대방은 나와 동갑이었다.

나는 정말 29살처럼 행동했고 그는 나를 한참 어린 사람으로 보았던 것이다. 이것이 바로 신념을 다지게 하는 한 방편이 아니고 무엇인가?

이상의 모든 예를 종합해 보면 신념을 다지기 위한 방법으로 자경물이나 자경문 이용하기, 암기한 내용을 스스로에게 말하거나 문장을 적어 놓고 그 내용을 소리 내어 읽기, 원하는 상황이 실현된 것처럼 상상하기 등의 방법이 있다. 그러나 무엇보다 중요한 것은 어떠한 방법이든지 매일, 하루도 거르지 않고 꾸준히 하는 데 있음을 잊지 말아야 한다.

1. 자경물 이용하기로는 남명 조식이 사용한 사물 이외에 사진도 이
   용할 수 있다. 자신의 역할모델인 인물의 사진을 늘 볼 수 있는 곳
   에 걸어 놓거나 지갑 속에 넣어 매일 그 사진을 보면서 자신의 각
   오를 새롭게 다져나가면 된다.
   이를테면 현대중공업의 민계식 부회장은 62세의 나이에도 불
   구하고 새벽 6시에 출근해서 새벽 2시에 퇴근하는 강행군의 일을
   하면서도 건강관리에 힘써 풀코스 마라톤을 200회 정도 완주한
   경력이 있는 사람으로서 성공을 꿈꾸는 직장인이라면 누구나 역
   할모델로 삼을 만한 사람이다. 이런 사람의 사진이나 보도기사 내
   용을 지갑 속에 넣어놓고 늘 생각하며 자신의 의지를 불태우면 새
   록새록 힘이 날 수 있다.

2. 암기내용을 소리 내어 말하기로는 이를테면 수줍음을 잘 타고 사
   교성이 부족하다고 생각되는 사람은 '나는 요청하고 요청하고 또
   요청한다'라든가 '나는 웃고 웃고 또 웃는다' 등과 같이 짧고 간결
   하면서 생생한 의미를 전달하는 문장이나 일에 적극적이라고 생
   각하지 않는 사람은 '누구라도 할 일이라면 내가 한다, 언젠가는
   할 일이라면 지금 당장 한다, 이왕 할 일이라면 아주 잘한다'와 같
   은 연결성이 있으면서 쉽게 암기해서 입 밖으로 내놓을 수 있는
   문장이면 좋다.

3. 자경문 상태의 긴 문장을 소리 내어 읽기로는 단문형태로 표현되
   는 신념내용을 1쪽의 종이 위에 10문항 정도 적어서 자주 보는 곳

에 걸어 놓고 아침저녁으로 소리 내어 읽으면 된다. 나영신 군과 성종 임금의 반명과 같이 자신이 추진하고 있는 일과 관련하여 자신의 끈질긴 의지가 요구되는 경우 그 일을 해내고 말겠다는 강한 집념이나 그 일을 이루게 하는 어떤 방법을 문장으로 적으면 된다. 짤막한 문장들을 여러 개 나열해서 적으면 좋을 것이다.

4. 실현명상기법은 빅터 프랭클이 나치 수용소에서 이용한 실현상상 방법에 명상의 요소를 가미한 방법을 말한다. 이는 내가 저녁마다 명상을 하면서 체득한 나의 체험의 산물이다. 명상을 할 때 마음의 집중과 평안을 유지하기 위해 고요한 호수나 푸르고 맑은 하늘을 마음속에 그리면서 호흡에 의식을 집중하는 호흡명상이 있다 (〈명상은 정신의 바른 기운 생성에 핵심이다〉편 참조).

　마음속에 그린다는 측면에서 보면 호흡명상과 실현상상은 일정 부분 공통분모를 가진다. 따라서 일정한 시간을 정해서 고요한 상태에서 정신을 집중해 실현상상을 하면 더욱 더 신념을 다지는 효력이 있다. 실현명상을 제대로 하려면 5분여 정도 호흡명상으로 자신의 마음을 평온하게 안정시키고 집중시킨 다음, 자신이 원하는 것을 실현시켰을 때의 상황을 생생하게 그려야 한다. 이때 이루어진 상황, 그 상황 안에서의 나의 모습, 희열과 흥분으로 들떠 있는 감정상태 등을 실제와 같이 그리고 느껴야 한다. 원하는 것들을 달성해서 기뻐하는 자신의 모습을 떠올리고 이루어진 결과에 집중해서 실제의 충만한 희열을 몸으로 그대로 느껴야 한다. 그래야 희열을 얻고자 하는 마음으로 더욱 일에 매진할 수 있는 동력을 얻게 된다.

위의 네 가지 기법을 하나씩 선별하여 자신의 상황에 맞게 활용해도 되고 두세 가지를 혼합해서 이용해도 좋다. 이를테면 자신에게 말하기와 실현명상의 핵심을 병합해서 활용할 수도 있다.

위에서 소개한 신념다지기 기법들은 과거에서 현재에 이르기까지 여러 사람의 실제 경험에 의해서 그 효과가 입증된 실제 사례이다. 처음으로 하나의 이론을 정립해서 실제 경험으로 활용하도록 권장하는 것이 아니다. 여러 사람들이 어려운 상황에 접했을 때 자연 발생적으로 직감에 의해서 떠오른 방법을 사용해본 결과 그 효과가 명백하여 그 활용을 권장하는 것이다. 그렇다고 실행하기가 어렵지도 않다. 누구나 쉽게 할 수 있다는 데 큰 장점이 있다. 반복하여 말하건대 과거의 왕들이나 현재 성공했다고 하는 사람들이나 평범하다고 생각되는 사람들 누구나 자신이 마음만 먹고 꾸준히 하면 그 효과를 볼 수 있는 탁월한 방법이다. '나는 안 될 거야'라는 생각을 추호라도 가질 필요가 없다. 일단 마음을 먹고 시작하라. 곧 효과를 체험할 것이다.

3 | 신체의 바른 기운을 생성한다

기운이란 무엇인가?

지금은 작고하신 불교계의 유명한 '탄허' 스님이 오래 전에 신문 인터뷰에서 한 말이 생각난다.

"우주에는 기운이 있고 이 기운은 만물을 움직이는 힘의 근원이다. 기운이 몸에 붙으면 강물에 빠졌다가 살아 나와도 양 허리춤에 잉어 두 마리가 붙어 나온다."

나는 기운을 인간 삶의 측면에서 볼 때 사람이 생각하고 활동할 수 있게 만드는 힘이라고 생각한다. 이 힘은 동양학에서 말하는 기(氣)와 같은 것이고 물리학에서 말하는 에너지와 같은 것이다.

현대의 물리학자들은 '모양도 없고 보이지도 않는 무언가'가 우주공간을 가득 채우고 있으며 이를 '공간 자체의 에너지' 또는 '암흑에너지'라고 부른다. 또한 암흑물질은 전 우주 공간에 두루 퍼져 있으면서 지금도 매 순간마다 우리의 몸을 관통하고 있고, 따라서 암흑물질은 거의 흔적을 남기지 않고 일상적인 물체를 투과할 수 있는 성분으로 이루어져 있을 것이라고 말한다.

아울러 이 암흑에너지가 우주구성 성분의 96%(암흑물질 23%, 암흑에너지 73%, 그러나 물질과 에너지를 같다고 봄)를 차지하고, 그 중 4%에서도 수소와 헬륨이 3.6%를 차지하며 그 중의 0.4%가 물질을 이루어 은하와 별, 그리고 우리 태양계와 지구를 만들고, 동·식물과 사람을 만든다는 것이다.

우주에너지는 그 광활함과 신묘함이 인간의 상상을 넘어선다. 이러한 현대 물리학자들의 견해와 탄허 스님의 기운에 관한 해석은 하나의 공통점을 갖고 있다. 인간은 이 에너지를 지금 이 순간에도 우리 몸속으로 받아들여 활용하고 있다는 사실이다.

에너지의 진정한 본질이 무엇인지는 아직 규명되지 못했다. 에너지는 장(場) 속에서 형태를 갖춘 질량의 상태로 존재하거나 형태 없이 시공간 속에서 진동하면서 움직이는 운동의 상태로 존재하는 등 매우 다양한 형태로 존재하고 있기 때문이다. 전자기파가 초당 100회 이하의 진동을 가질 때는 장(場)의 형태를 보인다(파인만의 전자기 스펙트럼 참조). 이때는 단지 에너지의 상태로 존재함을 알 수 있다. 그러다 어떤 연유로 이 에너지의 진동이 격심해지면서 점차 파동의 형태로, 양자의 형태로 나타난다. 앞에서도 설명한 바 있듯이 우주 에너지에 의해서 파동이 생겨나고 양자가 생겨나고 전자, 양성자, 중성자에 의한 물질이 생겨나는 현상을 독자는 기억할 것이다.

　우리 몸이 이러한 우주의 에너지 원리에 의해 형성되었다는 사실을 감안하면 우리는 우주 에너지와 직접적으로 교류할 수 있는 기본 체계를 갖추고 있는 셈이다. 우리 몸은 물질파동을 발산하고 있고 뇌는 전자기파를 발산하고 있지 않은가. 하지만 한편으로는 우리의 생활세계에서 이 에너지는 우리를 움직이게 만드는 힘이다. 기본적으로 물질을 구성하고 있는 입자들은 끊임없이 운동하는 힘을 갖고 있어서 생활세계에서의 에너지는 거기서 출발한다고 본다.

　모든 입자가 우주에너지로부터 에너지를 받아 움직이고 있듯이 모든 생명현상도 에너지를 받아야 움직인다. 그렇다면 생명현상이 에너지를 받는다는 말은 무슨 뜻일까? 한 마디로 전자나 양성자를 필요로 하는 우리 몸의 원자나 분자에게, 더 크게는 세포에게 그 전자나 양성자를 떼어주는 것이다. 전자나 양성자가 우리 몸 안에서 이리저리 움직이고 활동하는 것이다. 이 우주에 지천으로 깔려 있는 전자나 양성자가 우리 몸 안에서도 그 형상을 그대로 유지한 채 이리저리 움직이면서 우리 몸이 움직일 수 있는 에너지를 주고 있는 것이다. 이를테면 보디빌더들이 달걀흰자와 닭 가슴살만을 먹고 근육을 키우는데 이 음식의 구성성분이 미시세계로 들어가서는 바로 전자니 양성자니 하는 양자의 형태를 취해서 우리 몸 안에서 에너지의 상태로 분화하여 활동함을 말한다. 우리 몸 안에 들어가서는 다시금 우주에서 존재하는 그 모습 그대로 활동하는 것이다.

　이를 입증해주는 미토콘드리아 내의 '전자전달-양성자방출 시스템'의 활동상황을 살펴보자. 박문호의 《뇌, 생각의 출현》과 프랭크 헤프너의 《생물학 강의》에 나온 내용을 참조하여 설명하겠다.

미토콘드리아는 비타민제나 감기약의 캡슐과 같은 형체의 모양을 갖고 있고 내막과 외막이라는 2개의 막이 있다. 외막은 우리의 피부와 같이 자신의 전체를 보호하는 막이고 내막은 외막의 조금 안쪽으로 들어가서 하나의 미로처럼 외막 안을 구불구불한 형태로, 다시 말해서 작은창자가 우리 뱃속을 채우고 있는 것처럼 외막 안을 채우고 있다. 우리의 뱃가죽이 외막이라면 뱃속에 있는 창자의 겉 부분이 내막이 되는 셈이다. 미토콘드리아는 내막 안에 다량의 수소(수소는 양성자 1개와 전자 1개로 구성되어 있다), 즉 양성자가 있고 안에서 양성자의 농도가 높아지면 이를 내막의 밖이자 외막의 안으로 내보내야 한다. 이 양성자를 내보낼 때, 소위 고(高)에너지 전자로부터 에너지를 얻어서 내보낸다고 하는데, 이때 에너지를 전달해주는 방식이 아주 흥미롭다.

미토콘드리아 안에서 양성자를 밖으로 내보내는 역할을 하는 놈은 탈수소효소니 보효소니 하는 효소들이다. 그런데 에너지가 넘쳐흐르는 고에너지 전자가 미토콘드리아 안으로 들어와서는 그 효소들에게 자신이 갖고 있던 에너지를 얼마씩 떼어 준다. '포켓볼'을 생각해보자. 내가 당구봉으로 당구공 A를 때린다. 정지에 있던 당구공 A는 나로부터 에너지를 받아 고에너지 당구공으로 변한다. 이 고에너지 당구공 A는 그 힘을 이용해 다른 당구공 B를 때린다. 당구공 B는 그 에너지를 전달받아 다른 당구공을 때리거나 내가 원하는 구멍 안으로 굴러들어간다.

바로 이와 같은 원리로 고에너지 전자는 6단계의 과정을 거치면서 각 단계의 효소들에게 그 힘을 나누어 주고 에너지를 전달받은 효소들은 힘을 얻어 충실하게 양성자들을 밖으로 밀어 내보내는 일을 한다.

그러나 마지막 7단계에 있는 '시토크롬a'라는 효소는 양성자를 내보내는 일이 아닌 다른 일을 한다. 남아 있는 4개의 전자와 내막의 바깥으로 밀려나온 양성자 4개를 끌어와서는 호흡을 통해 들어온 산소와 결합시켜 물을 만들어 땀과 오줌으로 배설되게 한다.

한편, 효소의 작용으로 내막의 밖으로 밀려 나온 양성자들의 일부는 일종의 압력작용에 의해서 다시 내막의 안으로 밀려들어가서는 희한하게도 우리가 섭취한 음식물로부터 들어온 인산과 함께 ATP 분자를 만드는 데 쓰인다. 다시 말해서 ATP에게 에너지를 주는 것이다.

ATP는 우리 몸의 각 세포들이 1초에 약 천만 개 가까이 사용하는, 우리가 하루하루를 살아가는 데 아주 필수 불가결한 에너지원이다. 왜냐하면 ATP는 신경세포들의 전압파 형성에 의한 전기신호의 이동, DNA와 RNA 합성, 단백질과 당류의 합성, 세포구성 성분의 합성 등 매우 중요한 역할을 하고, 또한 우리가 음식물을 통해 흡수한 탄수화물을 포도당으로 분해하는 역할을 함으로써 고에너지 전자를 생성하기 때문이다. 여기서 생긴 고에너지 전자는 앞에서 설명했듯이 다시 양성자를 내막 밖으로 방출하는 일에 에너지를 주게 된다. 그랬다가 방출된 일부의 양성자는 다시 내막 안으로 들어가서 인산과 함께 다시 ATP를 만든다.

정리를 해보자. ATP는 우리가 섭취한 탄수화물을 포도당으로 분해하면서 고에너지 전자를 생산하고 이 고에너지 전자는 미토콘드리아 안에서 6단계를 거치면서 효소들에게 자신이 갖고 있던 에너지를 조금씩 떼어 준다. 효소들은 힘을 받아서 미토콘드리아 내막 안에 있는 양성자를 내막 밖으로 내보낸다. 그러나 7단계에 있는 효소는 전자와

밖에 있는 양성자를 끌어와 호흡을 통해 들어온 산소를 합쳐서 땀과 오줌이 되는 물을 만든다.

한편 밖으로 밀려 나온 양성자들 중 일부가 압력작용으로 다시 내막 안으로 들어가서는 음식물을 통해 들어온 인산과 함께 ATP를 만들고 이 ATP는 다시 탄수화물을 분해하여 고에너지 전자를 만들어 낸다.

어떤가? 참으로 신비한 유기적인 조화와 협조 체제가 아닌가? 이것은 앞에서 누차 언급되었다시피 원자, 분자 그리고 세포들의 공명증폭적인 결합이 아니고서는 설명될 길이 없다는 생각이 든다. 단일적인 결합체라는 면에서 더욱 그러하다.

이와 같이 에너지는 여러 가지 분자의 화합물인 고분자 형태로 우리 몸 안으로 들어오고 고분자는 우리 몸의 소화작용에 의해서 보다 작은 분자로 분해되고 이 분해된 분자들은 알맞은 거처를 찾아 세포 속으로 들어간다. 세포 속에서 이 작은 분자들은 더욱 작게 분해되고 때로는 단일 전자나 양성자 형태로, 때로는 수소, 탄소, 산소와 같은 원자 형태로 분해되면서 이동한다. 이 고분자 화합물은 분해되거나 이동을 하는 중에 유기적으로 조직화되어 있는 몸의 각 부분에게 에너지를 제공하여 활발하게 움직이게 하고 전체적으로는 신체와 정신을 포괄하는 몸 전체의 통일적인 에너지를 발산하게 한다. 몸의 각 부분 부분의 에너지의 흐름이 잘 이루어져야 몸 전체적으로 에너지의 흐름이 원활해진다. 부분이 유기적 흐름에 막힘이 없이 잘되어야 전체의 흐름이 왕성하다. 전체의 흐름이 왕성하면 소위 기운이 넘쳐흐르고 강건한 기분을 갖게 한다.

결론적으로 우리 몸에서 에너지의 흐름은 궁극적으로 양자(전자, 양성자, 중성자, 또는 양성자와 중성자 안에 들어 있는 쿼크)들의 이동이고 또한 파동의 이동이다. 아울러 신체 안에서 에너지의 흐름이 원활하다는 것은 몸이 건강하다는 의미 외에 그만큼 나의 에너지 총합이 크다는 것을 뜻하고 에너지가 크면 큰 만큼 왕성한 질량으로 흡인력이 작동해서 뭇사람들로부터 매력을 느끼게 한다. 이를테면 강건해서 활력이 넘치는 사람의 옆에 한번 있어본 경험을 상상해보라. 그러한 사람들은 무언가 싱싱하고 생생한 기운을 전달해서 그렇지 못한 사람들로 하여금 어떤 이끌림을 갖게 하지 않는가.

왜냐하면 에너지란 가만히 있을 수가 없고 끊임없이 움직이는 존재이고 그 움직임을 통해서 입자도 되고 질량도 되어 중력작용에 의해 다른 입자를 끌어들이는 힘을 갖게 되기 때문이고, 이러한 원리 측면에서 우리 몸의 에너지도 몸 안에서 막힘없이 흐른다면 그만큼 그렇지 못한 사람에 비해 몸의 질량을 높여서 다른 사람의 에너지 질량을 끌어들일 수 있기 때문이다. 우리가 신체단련운동을 해서 몸의 신진대사 작용을 원활히 하라는 것은 몸 안의 에너지, 즉 전자와 양성자가 몸 안의 곳곳에 막힘없이 원활하게 흐르도록 해서 이와 같은 몸의 에너지 총합을 높이라는 뜻이다. 몸의 에너지 총합이 높아지면 타인과의 관계에 있어 보다 높은 에너지의 왕성한 뇌파를 발산하고 이는 타인의 에너지 질량을 끌어들여 타인과의 공명증폭적 관계를 발생, 유지시키는 데 있어 단단한 기반을 조성하게 해준다.

다시 말해서 에너지의 총합이 높아지면 나중에 보다 자세히 설명이 되겠지만 에너지 – 질량 전환의 법칙에 따라 높아진 에너지는 전부 다 질량으로 전환이 되고 질량이 커지면 커질수록 흡인력도 커짐에 따라 상대방의 뇌파를 내 쪽으로 끌어오는 데 보다 주도적인 기능을 할 수 있고 이는 나로 하여금 타인과의 공명증폭적인 관계를 설정하는데 원천적인 동력을 제공해준다(〈에너지는 질량으로 전환된다〉편 참조).

신체기운과 정신기운은 하나다

살아가면서 가장 중요한 것이 무엇이냐고 물으면 거의 대부분의 사람들이 건강을 제1순위로 꼽는다. 그만큼 건강을 바탕으로 한 몸의 활동성이 삶을 살아가는 데 있어 매우 중요하다는 사실을 인정하고 있음이다. 우리가 몸이 아프면, 다시 말해서 몸의 기운이 허(虛)하면, 어떤 일을 실행하고자 하는 의욕이 생기지 않는다. 의욕이 생긴다 해도 그 질과 크기는 아프지 않을 때와 비교해서 형편없이 낮고 작다. 일례로 심한 독감에 걸렸을 때를 생각해 보자. 그저 약 먹고 따끈한 온돌방에 누워 있고 싶은 생각밖에 안 난다. 몸 따로 생각 따로 놀지 않고 몸과 생각이 일체화된 작용 속에서 존재하고 있기 때문이다.

이와 같이 몸과 마음이 아프면 희망, 추진, 열정과 같은 일상생활의 만족도를 높이는 생각의 질과 크기가 낮아지고 몸과 마음이 건강하면 높아진다. 많은 사람들이 자신들 생각의 질이 얼마나 높은지 낮은지 잘 모르고 살아가는 경향이 있다. 생각의 질이 높아야 그 생각을 실천하는 행동의 질도 높아지고 따라서 행동에 따른 결과의 질도 높아져서 일상생활의 만족도도 높아짐을 감안하면 우리가 생각의 질을 높일 수 있는 방법을 찾아 실행하는 것은 지극히 당연하다.

　　몸의 건강과 생각의 질과는 어떤 상관관계가 있는지 살펴보자. 몸의 건강상태에도 여러 수준이 있다. 예를 들어 ‘가’와 ‘나’라는 사람을 비교해 보자. 두 사람은 한 가지만을 빼고 다른 모든 점에서는 똑같은 조건을 가지고 있다. 음악을 좋아한다든가 책을 본다든다 하는 점에서 두 사람은 똑같은 취미와 지식을 갖고 있다. 그러나 ‘가’는 일상생활에는 불편이 없지만 산에 갈 수 있는 힘이 없고, ‘나’는 매주 산에 갈 수 있는 힘이 있다.

　　‘나’는 산에 감으로 인해서 ‘가’보다 더욱 큰 즐거움을 얻을 수 있다. 산에 있는 푸른 나무에서 나오는 싱그러움을 느낄 수 있고 형형색색의 예쁜 꽃들을 감상할 수 있으며 무엇보다 산의 정상에 올랐을 때 주변에 제각기 솟아 있는 산봉우리들을 보면서 크나큰 호쾌함을 느낄 수 있다. 그 호쾌함을 느낀다는 것이 바로 하나의 생각이다. 그 생각의 기운이 호쾌해진다는 뜻이다. 결국 ‘나’는 ‘가’보다 하나는 더 생각의 질을 높일 수 있다. 이처럼 몸의 활동성은 생각의 질을 높여준다.

　　마음의 건강상태도 마찬가지이다. ‘가’와 ‘나’가 똑같은 신체적 건강조건을 가지고 있지만 마음의 건강수준에서 서로 간에 차이가 있다고 가정해보자. 이를테면 ‘가’와 ‘나’는 신체적으로 양호하다. 자동차를 운전하거나 걷거나 뛰는 데 아무런 장애요인이 없다. 그런데 ‘가’는 우울하고 신경질적이다. 어떤 일을 할라치면 우선 ‘이 일이 안 되면 어떻게 하나?’ 하고 걱정부터 한다. 걱정을 품에 안고 생각을 하게 되니 좋은 아이디어가 잘 안 떠오른다. 늘 상황을 부정적으로 보고 항시 남이 자기를 어떻게 생각하는가에 아주 민감하다. 그러다 누군가가 자기를 비난하기라도 하면 그에 대해 신경질적인 반응을 보인다.

반면에 '나'는 대체로 걱정이 없고 낙관적이다. 어떤 일을 처리해야 할 경우 될 수 있는 방법부터 우선 시작하고 일이 잘 안 되면 부정적으로 걱정하기보다는 차근히 문제점을 파악하여 문제를 해결하고자 한다. 남이 자기에 대해 하는 이야기를 귀담아듣고 그로부터 자신이 개선할 점이 무엇인가를 찾아서 그것을 바탕으로 좀 더 나은 상태로 타인을 대한다.

'가'와 '나'의 행동이 어떤 결과를 초래할 것인지는 자명할 것이다. 우리가 항시 높은 생각의 질을 가지고 살아가기 위해서는 기본 바탕으로 신체와 마음의 바른 기운을 생성시켜야 하는 이유가 분명해진다.

정신신경면역학 측면에서 정신과 신체의 상호영향을 생각해 보자. 우리 몸에는 뇌의 활동을 통할하는 정신신경계와 여러 가지 질병에 대한 항체를 생산하는 면역계가 있다. 정신신경계는 바로 마음의 작용이 일어나게 해주는 역할을 하고 면역계는 신체의 여러 활동 기능이 정상적으로 진행되게 하는 역할을 한다.

정신신경계는 우리가 무엇을 창조하고 판단하고 결정하거나 어떤 상황에 대해 기뻐하거나 슬퍼하거나 고통스러워할 수 있는 인지적이고 정서적인 기능을 갖게 해준다. 면역계는 우리 몸에 박테리아 병원균이 침입해 들어오면 면역계를 구성하는 백혈구들이 성숙분열을 통해 급속히 개체수를 증가시켜 그 병원균을 둘러싸서는 용해시켜버려 질병으로부터 몸을 보호하는 기능을 한다.

정신신경계는 고정된 신경 연결망 또는 통로를 갖고 있어서 그 연결망을 통해 여러 가지 신호를 이동시켜서 인지와 정서기능을 작동시킨다. 면역계의 구성인자인 백혈구들은 우리 몸의 혈액을 따라 끊임없이 순환하면서 이단자가 침입해 들어오면 즉시 인식하고서는 가차 없이 달려들어 공격한다.

정신신경계의 신경세포는 일반적으로 오랜 수명을 유지하고 있지만 면역계의 백혈구들의 수명은 하루나 이틀 정도이다. 그들은 살아 있는 동안 새로이 태어난 백혈구들에게 자신들이 갖고 있던 정보를 다 넘겨준다. 2주일 이내에 백혈구들은 전원 교체되고 그렇게 해서 면역계는 자신을 끊임없이 강화시킨다. 한 마디로 정신신경계는 우리의 정신활동의 건강을 대변하고 면역계는 우리의 신체활동의 건강을 대변한다.

중요한 현상은 이 면역계와 정신신경계가 서로 독자적으로 활동하고 있는 것처럼 보이지만 사실은 쉬지 않고 서로 정보를 교환하면서 유기적으로 결합되어 있다는 점이다. 우리 몸의 각 부분에서 일어나고 있는 공명증폭적 결합기능이 여기서도 그 중추적 역할을 하고 있다는 점이다. 정신신경면역학계에 의하면 뇌신경세포에서 생산되는 베타엔도르핀이라는 신경전달물질을 면역계에서도 생산하여 서로 교환이 이루어지고 있고 스트레스 상황에서 뇌가 일종의 신경전달물질을 생성해서 혈류로 분비하면 혈액 속에 있는 백혈구들은 이에 반응해서 새로운 화학물질을 만들어 뇌의 신경세포에 전달함으로써 직접적인 영향을 미치는 등의 상호작용을 하고 있다는 것이다.

결론적으로 신체의 기운과 정신의 기운은 공명증폭적 결합관계로서 분리해서 생각할 수가 없다. 면역기능이 약해지면 정신신경계의 기능이 약해져서, 몸이 아프면 정신이 갖는 의지도 약해지고 그 반대현상도 마찬가지다. 정신의 기운을 바르게 해서 신체의 기운을 바르게 하거나 신체의 기운을 바르게 해서 정신의 기운을 바르게 하는 방법도 있을 수 있으나, 더 큰 효과를 얻고자 한다면 신체의 기운과 정신의 기운을 동시에 단련하는 훈련을 해야 한다. 다음의 예가 이를 잘 입증해 준다.

서울 강남 세브란스 병원의 이희대 박사는 현재 57세로 국내 최고의 유방암 전문의 중 한 사람이다. 이 박사는 2003년 1월 대장암 2기, 7월 대장암이 간암과 골수암으로 전이, 암 4기 진단 등 지난 7년간 모두 암이 11번 재발했고 간은 세 번 절제, 대장과 직장 한 번씩 절제, 골반 뼈 제거 등의 수술도 받고 방사선 치료와 항암제 투약도 계속하는 등 2003년 이후 한시도 암과의 싸움을 늦춘 적이 없다.

그는 암 발병 확인 후 계속 치료를 해왔지만 효용이 없음을 알고 2004년 2월 암과의 투쟁을 중단했다. 마음을 비우고 유서를 쓰면서 남은 살아 있는 기간 동안 주위 사람들을 위해 무언가를 하겠다는 결심을 한 후, 인터넷에 실린 암에 대한 잘못된 지식을 바로 잡고 올바른 치료법을 전하기 위해 인터넷 암 동호회에서 암 상담도 시작하고 라디오 채널인 극동방송의 의료자문 프로그램에도 고정 출연했다.

그렇게 마음을 비운 상태에서 식이요법과 30분 걷기운동을 한 지 반년이 지났을 때쯤 무언가 호전되는 것 같은 느낌이 들어 병원을 찾으니, 글쎄 멈춤 없이 악화 일로를 치닫던 암세포 가운데 커진 놈도 있지만 오히려 줄어든 놈도 있지 않은가! 여기서 힘을 얻은 이 박사는 다시 암 치료에 나서서 2004년 7월에 간에서 암세포 제거 수술을 받고 골반 뼈를 제거하며 암의 진원지인 대장암 세포는 항암제를 복용해서 암세포가 확산되는 것을 막았다.

이 박사는 2005년 6월 한국유방암학회 이사장에 취임하는 것을 필두로 강남 세브란스 병원에 복귀해 암센터 소장으로서 활동을 재개했고, 단 한 명의 암 환자라도 더 치료하고 세상을 뜨는 것이 자신의

사명이라는 생각 하에 암 수술을 집도하는 특수 의자를 개발하기도
했다.

예전의 활동을 재개하면서도 틈틈이 몸 상태를 점검하던 이 박사는
병세가 조금씩 호전되는 것을 발견했다. 1년에 두 번에서 세 번 커져
만 가던 암세포가 2006년을 넘어서며 줄어들면서 2007년에는 단 한
번의 확장된 세포도 없음을 발견하고 항암제 투약을 중단했다(중앙일
보, 2009.3.29.).

아직 완치된 상태는 아니지만 계속 호전되고 있음은 분명하다. 그는
암세포의 활동이 약해진 이유로 우선 현대의학의 힘을 들고 그 다음으
로는 몸의 면역기능을 강화시켜주는 식이요법, 규칙적인 운동과 마음
편하게 먹기를 든다. 운동의 경우는 30분간 땀이 날 정도로 걸어서 몸
에 쌓인 노폐물을 배출시킬 정도라야 하고, 마음은 좋아하는 노래를
불러서 편안한 상태를 유지시켜야 한다고 주장한다.

내가 볼 때 운동을 통한 신체 내의 원활한 에너지의 흐름과 이에 의
한 건강한 정신의 형성 및 죽음을 각오하고 암에 대한 집착을 벗어던
짐으로 인해 생긴 편안한 마음이 서로 상승작용을 일으킨 것이라는 생
각이 든다. 이는 바로 몸의 기운과 마음의 기운이 결코 분리될 수 없음
을 단적으로 설명하는 실례이지 않은가? 둘 중 하나만 신경 써서는 충
분하지 않음을 잘 보여주고 있다.

**운동은 건강한
신체 · 정신과 통찰력을
키운다**

우리는 운동을 단지 일반적으로 몸무게를 줄이거나 날씬한 몸매를 갖기 위한 것이라는 생각을 하는 경향이 있다. 그러나 사실 알고 보면 운동의 효과는 그보다 더 다양하고 고차원적인 데 있다.

운동은 근본적으로 우리 몸 안의 에너지 흐름을 원활하게 해준다. 앞에서도 말했지만 우리 몸은 전자와 양성자들이 마구 헤집고 다닌다. 우리가 음식물을 먹고 에너지를 섭취한 다음 남은 찌꺼기들은 에너지를 빼앗긴 저에너지의 전자나 양성자라는 사실을 생각해보자. 운동은 몸 전체적으로 이러한 저에너지의 전자나 양성자들에게 원활한 에너지를 공급하여 몸 전체 에너지의 총합을 높이는 효과가 있다. 그 유익한 효과들을 살펴보자.

첫째, 운동은 몸을 건강하게 만든다.

우선 우리가 숨 쉬면서 들이마시는 산소가 우리 몸 안에서 구체적으로 무슨 역할을 하고 있는지 알아보자. 우리가 먹은 음식물은 우리 몸의 위와 장 안에서 갈기갈기 분해되어 인체가 가장 좋아하는 에너지원 중 하나인 포도당으로 바뀐다. 이 포도당은 혈관을 타고 혈액을 따라 곳곳을 누비고 다니며 신체를 구성하는 세포 속으로 들어간다.

일단 세포 속으로 들어간 포도당 분자들은 세포들로부터 세포들이 움직이는 데 필요한 당 에너지를 빼앗기고 나머지는 폐기물로 버려진다. 이 버려지는 물질이 포도당 분자 속의 원자에서 떨어져 나온, 에너지로 쓰이지 못한 남아도는 전자더미다. 이 폐기물을 빨리 제거하지 않으면 이 전자더미는 세포 속의 다른 분자에 세게 부딪치면서 그 분자를 우리 몸의 가장 유독한 물질로 변환시킨다. 이 폐기물 전자더미를 '활성산소'라고 부른다. 이 활성산소는 세포 내부뿐만 아니라 더 나아가 신체의 여러 부분도 마구 헤친다.

다행스럽게도 우리가 호흡으로 들이마시는 산소가 우리의 구원자다. 호흡을 통해 들어온 산소는 이 활성산소를 빨아들여서는 분자 상태에서 이산화탄소로 만들어 버리고 이 이산화탄소는 혈액에 실려서 폐로 들어갔다가는 나오자마자 혈액에서 분리되어 호흡을 통해 우리 몸 밖으로 배출된다(《브레인 룰스》, 존 메디나).

요점은 운동을 꾸준히 하면 평소에 들이마시는 산소량보다 훨씬 많은 산소를 들이마시게 되고, 이 산소들이 운동을 하지 않고 있을 때보다 더욱 많은 활성산소를 제거함으로써 우리 몸의 세포들이 활동을 왕성하게 유지할 수 있도록 도와주어 결과적으로 우리 몸을 아주 건강하게 만든다는 것이다. 먹는 음식의 양은 일정하고 거기서 나오는 활성산소의 양도 일정한 상태에서 규칙적인 운동을 통해 매우 많은 양의 산소가 꾸준하게 들어가서는 활성산소들을 제거하는 장면을 상상해보면 이는 당연한 귀결이 아닌가?

존 메디나는 나아가 운동을 하면 혈액의 흐름을 조절하는 산화질소라는 분자가 만들어지고, 산화질소는 혈관을 자극하여 우리 몸속 조직에 공급되는 혈류량을 원활하게 하며, 혈류량이 원활해지면 원활해지는 만큼 새로 만들어진 혈관은 더욱더 조직 속으로 잘 침투하여 각 세포에게 더 많은 음식물, 즉 에너지를 공급함은 물론 더 많은 유독성 폐기물(전자더미)을 제거해서 전체적으로 몸의 기능을 향상시킨다고 말한다. 그러니까 운동을 하면 많은 산소가 들어오고 많은 혈관이 생겨서 양방향에서 활성산소를 제거함과 동시에 보다 많은 양분, 즉 에너지를 몸의 각 세포에게 제공하는 셈이니 어찌 몸의 건강이 좋아지지 않을 수 있을까?

운동을 하지 않아 몸의 전체적인 에너지 흐름에 장애를 받게 되어 건강을 악화시킨 조선시대 왕들의 예를 보자.

한 연구보고서에 의하면 조선시대 왕들의 평균수명은 47세였다고 한다. 당시 백성들의 평균수명과 별 차이가 없는 것으로 보이지만 평균수명의 계산법을 들여다보면 그렇지 않다. 국민의 평균수명 계산에는 전쟁, 질병, 전염병, 기아 등으로 사망한 나이도 포함이 되기 때문이다. 이러한 타율적인 생명단축의 위험요소들에 쉽게 노출되어 있는 백성들에 비해 상대적으로 그렇지 않은 왕들의 평균수명은 당연히 훨씬 길어야 한다. 그럼에도 불구하고 왕과 백성의 평균수명이 비슷하다는 사실은 상대적으로 왕들의 평균수명은 짧았다는 사실을 말해준다. 게다가 백성들과 달리 무소불위의 권한으로 세상에서 몸에 좋다는 음식과 보약은 다 먹었을 왕들의 수명이 왜 그렇게 짧았을까? 여러 가지 이유가 있겠지만 주된 이유로는 운동을 하지 않았기 때문이라고 생각한다.

왕은 이동할 때 늘 가마를 타고 다녔고 신하를 접견할 때도 앉아서, 공문서를 읽고 결재할 때도 앉아서 했다. 하다못해 옷 입는 행위조차 옆의 궁녀나 내시들이 시중을 들었으니 왕이 스스로 걷거나 움직일 기회가 거의 없었을 것이다. 결국 많은 조선의 왕들이 좋은 음식과 보약을 먹기만 했을 뿐 운동을 통해 이를 에너지로 환원해서 생물학적으로나 정신신경면역학적으로 신진대사 작용을 통해 몸 안의 활성산소를 제거하거나 몸의 면역기능을 강화시키는 기회가 일반 백성들에 비해 상대적으로 적었을 것이다. 따라서 몸의 순환기계통에 문제를 가져와 대부분의 왕들이 각종 질병(비만, 당뇨, 고혈압)으로 고생했고, 오래 살 수 없었던 이유도 바로 여기에 있다고 나는 단정한다. 물론 왕이란 지위에서 발생하는 여러 가지 스트레스 상황도 왕들의 수명을 짧게 만드는 한 요인이 되었을 것이다.

그러나 역설적으로 이러한 요인들 때문에 왕들은 더욱 더 규칙적으로 운동을 했어야 한다. 규칙적인 운동은 몸을 건강하게 할 뿐만 아니라 정신도 강건하게 만들어 갖가지 스트레스 상황에도 유연하게 대처하는 능력을 키워주기 때문이다. 운동은 생각의 질을 높여주는 첩경이라고 이미 말하지 않았던가?

둘째, 운동은 정신을 건강하게 만든다.

우울증에 걸린 환자들에게 치료요법으로 달리기를 시켰더니 우울증이 나았다는 20여 년에 걸친 연구보고도 있고 유럽과 미국에서 행한 80회가 넘는 설문조사에 따르면 규칙적으로 운동하는 사람들이 그렇지 않은 사람들보다 더 큰 행복감과 자기신뢰를 가지고 있었고 공포를 느끼거나 상심에 빠지는 경우도 드물었다고 한다(《행복의 공식》, 슈테판 클라인).

나의 경험으로 보아도 이는 사실이라는 생각이 든다. 돌이켜보면 나도 거의 33년을 하루도 빠지지 않고 유무산소 운동을 병행하고 있어서인지 사회생활하면서 사기를 당하거나 직장에서 심한 실패를 겪은 후 좌절할 수 있는 상황에 처해서도 그다지 절망하거나 낙담하지는 않았

고 어떻게 해서든지 그 난관 속에도 있을 수 있는 기회를 찾아 부지런
히 움직여 왔다는 생각이 든다. '어떻게 하나' 하고 근심이나 걱정을
한 적이 별로 없다. 걱정을 한다 해도 오랜 간 적이 없고 이상하게 하
룻밤만 지나면 그 다음부터는 마음이 안정을 되찾아 태평해지곤 했다.
또한 심한 스트레스 상황에 처해 마음이 초긴장 상태에 빠져 잠이 잘
안 오는 경우가 있었는데, 이때도 밖으로 나가 40여 분을 달리고 20여
분을 근력운동을 하고 나서 샤워를 한 후 잠자리에 들면 쉽게 잠이 들
곤 하였다.

셋째, 운동은 머리를 좋게 해준다.

캘리포니아 주 교육청에서 실시한 조사결과에 따르면 꾸준히 운동
을 하는 학생일수록 두뇌활동이 활발해지고 학교성적도 향상되었으며
특히 수학성적이 괄목할 만하게 나아졌다는 것이다. 많은 신경과학자
들이 이용하는 캘리포니아 솔크 생물학 연구소의 신경과학자 프레드
게이지가 쥐에게 행한 실험 결과도 운동하면 머리가 좋아진다는 주장
을 뒷받침해주고 있다. 쥐를 일정시간 동안 쳇바퀴에서 달리게 한 후
기억력 테스트를 해보니 훨씬 나은 성적을 보였고 잘 움직이지 않았던
쥐들보다 신경성장요소가 더 많아짐과 더불어 새로운 뇌신경세포가
2배 이상 새로이 생성되었다는 것이다.

사람의 뇌에 대한 연구도 같은 결과를 보여주고 있다. 사람의 경우,
태어나면서 생겨난 뇌세포의 구조가 어린 나이까지 성장한 후 성장이
정지되고 다만 일정한 수의 세포들이 소멸되기만 한다는 이전의 주장
을 뒤엎고 사람의 뇌세포도 죽을 때까지 새로이 생성된다는 것이다.

응용학습심리학자이자 발달분자생리학자인 존 메디나의 《브레인 룰스》에 따르면 운동은 두 가지 점에서 머리를 좋게 한다. 그 하나가 기억의 형성과 깊은 관련이 있는 '해마'라는 뇌조직의 한 요소인 치아 이랑에 혈액의 양을 증가시키고 이 증가된 혈액의 양으로 인해서 더 많은 뇌신경세포가 혈액이 공급하는 음식물을 받아들여 기억력을 향상시킬 수 있다는 점이고, 다른 하나는 운동이 인간의 인지능력과 관련이 있는 해마를 구성하는 세포를 포함하여 두뇌 속의 특정한 뇌신경세포의 성장을 촉진시키는 BDNF(Brain Derived Neurotrophic Factor)라는 인자가 더 많이 만들어지도록 촉진시킨다는 점이다.

요약하면 운동은 더 많은 혈액으로 하여금 더 많은 영양분을 뇌에 공급하도록 하여 뇌의 기억력을 향상시키고, 운동은 더 많은 BDNF를 만들어 뇌신경세포의 성장을 촉진시켜 전반적인 뇌기능을 향상시킨다는 것이다.

미국 러시대 의대 딘 하틀리 박사 연구팀이 암컷 새끼 쥐에게 주변 쥐와 활발하게 사귀고 장난감으로 활기차게 운동할 수 있는 환경을 조성하여 키운 다음에 그 쥐가 새끼 쥐를 낳게 하고, 새끼 쥐의 기억력 등 대뇌의 기능을 검사해보니 다른 새끼 쥐들보다 월등하게 뛰어났다는 것이다. 이러한 운동의 대물림 작용은 사람에게도 적용될 수 있다는 게 연구팀의 결론인데, 어릴 때 친구들과 열심히 사귀고 꾸준히 운동을 한 여성이 결혼해서 아이를 낳으면 똑똑한 아이를 낳을 가능성이 높다는 또 하나의 다른 연구결과는 이를 뒷받침해준다.

따라서 운동이 머리를 좋아지게 한다는 근거는 바로 앞에서 이야기한 양자들, 그리고 세포들 움직임의 근원을 떠올리면 될 것이다. 즉 양자들의 근원적인 움직임이 단세포 생물의 출현을 가져오고 단세포의 움직임이 단세포 생물 간 공생, 군체 생물, 다세포 생물, 어류, 양서류, 파충류, 포유류 동물로 이어지는 일련의 움직임의 진화과정이 결국엔 인간 생각의 출현을 가능하게 했다는 점이 그것이다. 근본적으로 움직여야, 즉 운동을 해야 뇌를 활성화시킬 수 있는 것이고 이는 현실적으로도 뇌가 행하는 판단력이나 통찰력에 좋은 결과를 가져다준다는 것을 이 움직임의 진화과정은 분명히 증언하고 있다.

이는 몸 안에서 에너지의 원활한 흐름이 전자기파동에 미치는 결과 면에서 보아도 마찬가지다. 앞에서 말했다시피 몸 안에서 에너지의 흐름이 원활하다는 것은 몸의 미시세계에 있어 전자, 양성자의 흐름이 원활하다는 것이요, 전자와 양성자의 흐름이 원활하다는 것은 뇌의 전자기파동의 흐름을 원활하게 한다는 것이요, 뇌의 전자기파동이 원활하게 흐른다는 것은 산만하지 않고 통일된 뇌 전자기파동이 흐른다는 뜻이니 이는 바로 일관된 전자기파동이 뇌 전체 영역으로 흐를 때 일어나는 통찰력이 작용한다는 뜻이다.

우리 실생활에서 꾸준한 운동이 두뇌기능에 어떤 결과를 가져왔는지를 검증하기 위해 우리 주변에서 쉽게 일어나는 하나의 예를 들어보겠다.

국회의원 보좌관으로 일하고 있는 이준우 씨는 8월경 국감준비로 연일 야근을 하며 아주 바쁜 시간을 보내고 있었고 그로 인한 중압감과 스트레스로 두통과 어깨 결림 통증으로 고생하고 있던 차, 우연히 사무실 밖으로 나가 한강변을 달리고 있던 마라토너들을 보게 된다. 그때 눈을 감고 달리는 듯한, 한 마라토너를 보고는 어떤 영감을 얻는다.

그리고는 그 다음날 저녁 곧바로 한강변을 달린다. 그 달림으로 인해서 그는 마음의 고요함과 명상의 느낌을 경험하게 되고 나아가 그토록 답답하게 자신을 괴롭혔던 국감준비에 대한 여러 가지 아이디어가 — 그의 표현에 따르면 — 스멀스멀 떠오르기 시작했고, 더 나아가 언론에 대한 대응책이라든지 평소에 전혀 생각하지도 않았던 어릴 적 친구에 대한 소식과 데리고 놀던 강아지 얼굴도 생각났다. 달리기에 점점 빠져가는 그에게 후배 기자가 '뭐 재미나는 거 없느냐?'고 물었을 때 '달려, 그럼, 생각 내!'라는 대답으로 달리기 운동에 그의 모든 공을 돌리기까지 한다(주간동아, 2008.11.).

버락 오바마 미국 대통령도 육체의 건강이 정신의 건강으로 이어진다고 믿는 사람이다. 오바마도 한때는 상습 마약 복용자였었고 학교성적도 좋지 않았음을 그의 자서전을 통해 밝힌 바 있다. 그러한 그를 마약으로부터 구해준 것은 22살 때부터 시작한 운동이었다. 그는 매일 아침 5km를 달리면서 마약을 끊을 수 있었다고 말한다. 현재도 오바마는 늘 90분간 운동을 하는데, 운동시간 중 반은 근력운동을 하고 나머지 반은 자전거 타기나 러닝머신 달리기와 같은 유산소 운동을 하는 것으로 알려져 있다. 이제 운동은 그에게 하나의 생활필수품 같은 것이 되었고, 스트레스를 해소하고 여러 가지 잡다한 생각들을 정리하는 시간으로도 활용하고 있다고 한다.

맞는 말이다. 앞서 예로 든 이준우 씨의 경우를 봐도, 나의 경험으로 봐도, 양자의 근원적인 움직임 현상으로 봐도 맞는 말이다. 운동은 신체적 골격을 단단히 해주는 역할 외에 '이 생각 저 생각'을 정리해주고 자신을 되돌아보게 할 뿐 아니라 하기에 따라서는 명상의 기회로도 활용할 수 있는 인간에게 매우 유익한 움직임이다.

자, 몸의 면역기능을 강화해서 건강한 신체를 유지하고, 긍정적이고 진취적인 사고를 가능케 하고, 창조력이나 통찰력 같은 이성적 두뇌를 활성화시키는 등 여러모로 우리가 살아가는 데 좋은 작용을 하는 운동을 꼭 꾸준히 하자.

작은 움직임을
시작한다

작은 움직임을 시작하는 방법에 대한 설명 전에 나의 경험을 우선 소개해보겠다.

내가 만 한 살 때, 어머니가 나의 머리를 물로 감기다가 잘못하여 왼쪽 귓속으로 물이 흘러 들어갔다. 어머니는 그때는 몰랐다가 그로부터 많은 시간이 지나서야 내 귀에서 고름이 나오는 것을 발견하게 되었다. 이미 고치기에는 너무 늦었다. 게다가 6·25 전쟁 중이었고 우리는 피난 생활을 하고 있는 중이었기 때문에 치료다운 치료를 할 수가 없었다.

그때부터 나의 왼쪽 귀는 망가져버렸다. 나의 왼쪽 고막은 다 나가버렸고 항상 고름이 흘러내렸기 때문에 왼쪽 귀를 솜으로 틀어막고 지내야 했다. 그런 채로 일주일 정도 지나면 왼쪽 귓속의 느낌이 거북해지고 찌걱찌걱하는 소리를 느낌으로 알 수 있었다. 그러면 어머니가 면봉으로 귀 안을 청소해주었고 중학교 시절부터는 내가 스스로 면봉으로 귓속을 청소하곤 했다. 왼쪽 귀로 들을 수가 없으니까 남과 걸어가면서 이야기할 때는 상대방이 눈치 채지 못하게 상대방의 왼쪽에 서서 오른쪽 귀로 들어야 했다.

어쨌든 그렇게 세월을 보내고 27살이 되었을 때, 우연히 한 라디오 방송국 대담 프로그램에서 사회자가 김영삼 전 대통령(당시 국회의원)이 건강을 위해서 조깅을 한다는 말을 듣고는 머리가 번쩍이는 것과 같은 느낌이 들었고 그 다음날부터 주저 없이 나도 조깅을 시작했다. 처음에는 10분 정도 뛰었고 아침에 일어나자마자 그냥 뛰었다. 싫고 좋은 생각은 없었고 하루 이틀 뛰다보니 기분이 상쾌해지는 것은 느낄 수 있었다.

그렇게 뛰다보니 10분이 15분이 되고 거리도 점점 늘어나기 시작했다. 1.5km부터 시작했던 조깅이 2km, 4km로 늘어나고 점점 욕심도, 뛰는 힘도 커져 결국엔 10km까지 뛰게 되었다. 약 40분에서 45분 정도의 시간을 두고 그렇게 뛰었다. 직장에 들어가서도 결코 멈출 수가 없었다. 왜냐하면 뛰고 나면 기분이 매우 상쾌하고 아침밥도 맛있는데 어찌 중단할 수가 있었겠는가?

어느 날 저녁때는 술을 너무 많이 마셔서 다음 날 늦게 일어나게 되었다. 부랴부랴 회사로 달려가야 했기 때문에 그날 아침에는 조깅을 못하고 출근하였다. 그런데 오전 9시가 넘어 10시경이 되자 도대체 일이 손에 잡히질 않았다. 양쪽 다리 근육에서 오는 그 어떤 갑갑하고 근질거리는 느낌 때문에 정신을 집중할 수 없었고 일이 손에 잡히지 않는 것이었다. 그래서 점심시간이 되자마자 와이셔츠에 구두를 신고 아스팔트길을 뛴 적이 있다. 이후로는 하루도 거르지 않고 뛰었다.

그러기를 3년 내지 4년이 되던 어느 날, 나는 왼쪽 귀에서 뭔가 시원하고 상쾌함을 느꼈다. 참 이상했다. 근 30년간 늘 느꼈던 기분 나쁜 끈적임이 사라진 것이다! 그래서 얼른 왼쪽 귀를 막고 있던 솜을 꺼내 보았다. 세상에! 예전 같으면 누런 고름이 묻어 있어야 할 솜이 아주 깨끗하지 않은가? 고름의 흔적이 전혀 없었다. 흥분, 기쁨, 하지만 다시 나올지 모른다는 다소 조심스러운 마음으로 그 솜을 다시 귓속으로 집어넣었다.

그 후로 일주일이 지나도, 한 달이 지나도 깨끗하였다. 와! 3년 6개월 간의 조깅이 근 30년간 나를 괴롭히던 고름을 중단시킨 것이다. 그 후로 왼쪽 귓속에 있는 피부조직으로 인조고막을 만들어 붙이는 수술을 하고 청력을 90% 가까이 회복할 수 있었다.

이것은 바로 작은 움직임 덕분이었다. 나는 나의 귓병에 대해서는 전혀 생각하지 않고 그냥 간단한 조깅만을 했을 뿐이었는데 이런 굉장한 결과가 나온 것이었다. 처음부터 내가 조깅 5km를 시작했다면 아마 너무 힘이 들어 중간에 이러저런 이유로 포기했을지도 모른다. 그렇기에 독자들께 우선 자신이 가능한 작은 움직임부터 시작하라고 권하는 것이다.

작은 움직임의 한 방법으로서 우선 '10분 움직임'을 시작해보라. 그 종류로는 걷기, 달리기, 큰절, 체조, 단전치기, 온몸 두드리기, 팔굽혀 펴기와 물구나무서기 등이 있다.

이들 중 하나를 오늘부터 당장 시작해보라. 5분도 좋고 10분도 좋다. 일단 시작해보라. 큰 욕심 부리지 말고 그냥 시작해보라. 단, 하루라도 거르지 말아야 한다. 집 밖에서 하는 움직임의 경우, 하기 싫은 생각이

들더라도 다만 2분 정도는 일단 밖에 나가고 봐야 한다. 나가면 생각이 달라질 수도 있기 때문이다. 하지만 그래도 움직이는 것은 하기 싫다면 그런대로 나갔다가 들어오기를 반복하면서 이러한 움직임을 습관화시켜야 한다. 일단 나가는 것이 중요하다.

나가고 들어오고 나가고 들어오고 그러다 보면 움직임에 대한 생각이 나의 신경회로에 연결망을 만들어 놓는다. '나는 움직인다, 나는 움직인다'와 같은 혼잣말로 자신을 자꾸 닦달하고 들볶거나 매일매일의 맹세를 활용하는 것도 한 방법이다. 거울을 마주하고 자신의 얼굴을 똑바로 보면서. '움직여라, 움직여라' 하거나 '나는 뛴다, 나는 뛴다'를 되뇌면서 나가서 뛰고 있는 자신의 모습을 상상해보라. 자신이 밖으로 나가 움직이는 모습을 상상하다 보면 어느새 밖으로 나가 있는 자신을 보게 될 것이다.

이는 신경생리학에서 사용하는 자기세뇌방법 중 하나이다. 상상으로 자신을 세뇌하면 결국에는 상상한 대로 움직이게 된다. 우리가 어떤 행동을 줄기차게 한다고 할 때 그 행동을 지속하기 위한 '의지가 있느냐 없느냐'의 문제를 왕왕 들먹이지만 의지라는 것은 사실은 우리의 뇌신경세포들을 연결하는 전기신호작용이 일으키는 것이다. 즉, 자꾸 생각을 하고 실현상상을 하게 되면 한 영역에 있는 뇌신경세포 집단에서 일단의 전기진동이 시작되고 전기진동이 계속해서 일어나면, 인접해 있는 세포집단으로 확대되면서 점차적으로 영향권이 확대된다. 확대된 전기진동이 뇌 전두엽 부분의 일정한 영역까지 퍼지면 확고한 생각이 되어 행동으로 이어진다.

그러니까 '의지'라는 것을 너무 신성시하거나 아주 대단한 사람만이

할 수 있는 것이라고 애초부터 겁먹을 필요가 없다는 말이다. 얼마나 자주 내가 그것을 집중적으로 생각하느냐가 중요하다. 요체는 바로 거기에 있다! 얼마나 자주 전념을 다해 원하는 것을 생각할 것인가? 이러한 생각이 내면화됨으로써 하나의 의지작용으로 굳어진다. 자신을 자꾸 들볶아라, 그리고 일단 나가보아라.

유·무산소 운동의 방법을 말한다

첫째, 준비운동을 한다. 물도 갑자기 끓지는 않는다. 미지근하게 데워졌다가 뜨거워지고 뜨거워지면 끓는 것과 같은 물리법칙이 운동에도 적용된다. 모든 움직임도 점진적으로 강도를 높여가야 한다. 그래서 준비운동이 필요하다. 준비운동으로는 우선 간단한 맨손체조, 가벼운 제자리 뛰기, 온몸 털기(꼿추서서 두 발을 어깨 넓이로 벌린 다음, 무릎은 약간 아래로 구부리면서 동시에 양손을 양 겨드랑이까지 들어 올린 후, 무릎을 세우면서 손을 털어내듯이 양손을 아래로 털썩 내리는 동작) 등이 좋다.

준비운동을 해야 하는 이유는 점진적인 신진대사작용을 통해 몸에 쌓여 있던 지방산이 서서히 혈류로 운반되고 이후 본격적인 유산소 운동에 들어갔을 때 외부에서 유입되는 산소가 쉽게 혈류 속에 있는 지방을 연소시킬 수 있기 때문이다.

만약 준비운동 없이 곧바로 유산소 운동에 들어간다면 과도한 무산소 운동과 같은 결과를 가져오게 된다. 즉, 혈액 속에 지방산이 없어 지방산 대신에 혈액 속에 있는 혈당을 연소하게 되고 나아가 간이나 신장 등에서 혈액을 끌어들여 거기에 있는 혈당까지 연소함으로써 전체적으로 신체 내에 혈당 부족을 초래하고 혈당 부족으로 인한 두통이나 피로감이 증폭하게 된다. 준비운동 시간으로는 10분 정도가 적당하다.

둘째, 이제 본격적인 유산소 운동에 들어간다. 유산소 운동은 큰 걸음 걷기, 수영, 조깅, 댄스 등 일정하고 꾸준하게 산소를 유입시키는 운동을 말한다. 유산소 운동을 하려면 적절한 심장박동수를 유지해야 하는데 1분에 180에서 자기 나이를 뺀 정도의 수치가 권장된다. 심장박동수를 재기가 어렵다면 달리면서 말을 할 정도가 괜찮다. 적절한 운동 시간은 30분에서 45분 정도이지만 자신의 체력에 따라 조절할 수 있다.

셋째, 마무리 운동을 한다. 마무리 운동으로는 준비운동과 같은 운동을 해도 되고 좀 더 큰 효과를 보고 싶다면 역기운동과 같은 무산소 운동도 좋다. 역기운동을 비롯해 급격한 근육의 수축을 필요로 하면서 산소를 사용하지 않는 운동을 무산소 운동이라 한다. 마무리 운동으로 역기운동을 권한다.

무산소 운동은 ①뼈의 강화, 단단한 근육 형성처럼 건강한 신체조직을 유지하게 하고, ②성장 호르몬의 분비를 촉진시켜 신체조직 전반의 성장을 가능하게 하고 탄력적인 근육 강화로 신체의 유연성을 증대시키고, ③순간적인 신체적 힘인 순발력을 높여준다.

마무리 운동을 위한 역기운동으로는 15분에서 20분 정도가 적당하다. 자신의 체력이 감당할 수 없는 무산소 운동은 하지 않는 것이 좋다. 과도한 무산소 운동은 근육에 필요한 혈당을 간이나 신장 등에 있는 혈액 속에서 소진시켜 신체 내에 혈당과 산소의 결핍을 초래하기 때문이다.

게다가 혈당은 뇌의 주 에너지원이기도 해서 신체 내 혈당 부족은 두통을 일으키고 신경근육계통에 문제를 발생시키며 산소 결핍은 장기의 생동감 저하로 육체적 피로감, 의기소침, 불안증세 등을 야기한다.

자, 기억하자. 작은 움직임이 큰 움직임을 만든다!

<h1>4 정신의 바른 기운을
생성한다</h1>

정신의 바른 기운이란
무엇인가?

'슈만공명' 현상이란 것이 있다. 대기권에서는 천둥 번개가 초당 200회씩 전기와 소리에너지를 방사하는데 이때 주파수가 공교롭게도 우리의 심신이 안정을 취하고 있을 때 뇌가 발산하는 알파파(8~12.99Hz)와 유사한 7~10Hz이라는 것인데 빈 프리드 오토 슈만이라는 과학자가 발견해서 그의 이름을 따 슈만공명이라고 명명했다고 한다. 이를 인간의 알파파와도 유사해서 '가이아의 뇌파' 또는 '지구주파수'라고도 부른다.

나는 정신의 바른 기운을 위의 현상과 같이 우리의 뇌파가 주파수 동조를 통해서 우주에너지에 순응하는 힘이고 그 힘을 기반으로 생각을 바르게 움직이는 힘이라고 생각한다. 다시 말해서 우주가 보내는 에너지의 파동과 우리가 발산하는 뇌의 전자기파동의 결맞음을 통해서 우리는 우주에너지로부터 에너지를 충전받을 수 있는 것이다. 내부적으로는 뇌파의 공명증폭적 현상을 일으킬 수 있는 동력원이 되는 것이다. 반복하여 말하지만 우리는 기본적으로 입자로 탈바꿈한 우주에너지로부터 생명을 부여받았기 때문에 우주에너지를 파동의 형태로 받아들일 수 있는 것이다. 예로부터 깨달았다고 하는 도인이나 도사들은 그 '깨달음'의 상태를 우주와 하나가 되어 육체의 존재가 없어지는 느낌이라고 표현하곤 하였는데, 이는 우리 뇌파의 결맞음 상태를 우주에너지가 갖는 파동의 결맞음에 인위적으로 맞출 수 있었기 때문에 일어난 현상이라고 나는 본다.

다음의 예들을 통해서 그 실마리를 찾아보자. 알에서 깨어난 새끼 거북이는 지구가 발산하는 자기장을 이용해 먼 바다로 나가기도 하지만 성년이 된 뒤에 먹잇감이 풍부한 곳을 찾을 때에도 지구자기장을 이용하며 연어도 강에서 태어나 바다 멀리 수백 킬로미터나 떨어진 곳으로 나갔다가 다 자란 후에 자기가 태어난 곳으로 돌아올 때에 지구 자기장을 이용하고 철새들도 마찬가지로 이동할 때에 지구 자기장을 이용한다. 지구 자기장을 이용한다는 말은 다름 아닌 지구가 발신하는 자기파동의 주파수에 감응한다는 뜻이다. 자신만의 고유 주파수를 유지해서 그에 감응하여 자신들의 갈 길을 찾아간다는 것이다.

그런데 더욱 놀라운 것은 사람도 이렇게 지구 자기장을 이용하고 있다는 사실이다. 영국의 BBC 방송국이 보도한 바에 의하면, 영국에 무게가 무려 50톤이 넘는 큰 돌 80여 개로 이루어진 스톤헨지(Stonehenge)라는 곳이 있는데 영국을 비롯한 유럽 각지에서 사람들이 몰려와 그 돌들로부터 기(氣)를 받아 자신의 병을 치료한다고 한다. 돌(화강암) 속에는 철, 구리 등 여러 가지 광물질이 들어 있어서 지구가 발산하는 자기(磁氣)가 돌 속에 있는 광물질을 통해 돌 안에 응축된 상태로 자리 잡고 있는데다가 우리 몸도 극소량의 다양한 광물질들을 몸 안에 갖고 있어서 지구 자기장을 통해 전달된 돌 속에 있는 자기(磁氣)가 우리 몸에도 전파가 되어 우리 몸의 에너지 흐름을 원활하게 한다는 것이다.

또 20여 년에 걸친 조사결과에 의하면 대부분의 도인들이나 고승들은 돌산이나 바위산에서 이와 같은 자기장의 기운을 받아 소위 득도하거나 깨달음을 얻었음이 밝혀졌고 그리스의 파르테논 신전이나 프랑스와 이탈리아의 유명한 수도원들 모두 돌산 위에 건립된 이유가 다 이에 근거한다고 한다. 우리 몸이 돌이나 바위가 갖고 있는 자기를 흡수하여 그 자기의 흐름을 이용하여 체내의 각 세포들에게 자력 에너지를 제공함으로써 몸의 활동기운을 촉진한다고 볼 수 있는 현상은 이 책 〈사람의 생각은 전자기파동의 동조현상이다〉편에서 설명한 바 있는 'MRI(자기공명영상장치)'와 마이클 퍼싱어의 '전자기헬멧 실험'이 과학적으로 입증해준다. 즉 MRI에서 보내는 고주파(아주 높은 진폭)의 자기에 우리 몸을 구성하고 있는 원자들이 똑같은 고주파 자기를 만들어 반응하는 현상과 전자기파 헬멧이 만들어내는 전자기파에 뇌의 측두엽이 같은 파장의 전자기파로 반응하는 현상이 그것이다.

우리가 이와 같이 전자기파동(자기파는 전자기파에 포함됨)을 흡수하고 반응할 수 있다는 사실은 우리 뇌가 '슈만공명'과 동조를 통해 그 슈만공명이 보내는 우주에너지를 흡수할 수 있음을 과학적으로 증명해준다고 할 수 있다. 우리의 뇌는 가변적인 상황에 따라 0.5Hz에서 40Hz에 해당하는 전자기파동을 발산하고 있음을 우리는 이미 알고 있다. 그 중에서 8에서 12Hz에 해당하는 알파파는 슈만공명과 일치하는 파장대에 있고 이 알파파는 우리가 평소에 안정적이고 평온한 평정심을 유지하고 있을 때 만들어진다. 이 알파파의 형성을 통해서 우리는 슈만공명 즉 우주에너지와 교감하여 우주에너지를 몸 안에 지속적으로 흐르게 할 수 있는 것이다. 바로 충전용 배터리가 전기 충전을 통해 전력을 만들어 내어 해당 기기(핸드폰, 노트북 등)를 작동시키는 것처럼 우리의 뇌파도 우주로부터 주파수의 결맞음을 통해 에너지를 공급받아 충전시켜 두었다가 필요한 때에 필요한 주파수의 뇌파를 발산시킬 수 있는 것이다.

우리가 항시 평온하고 안정된 마음 상태, 즉 '가이아의 뇌파'라 할 수 있는 알파파를 유지하고 있어야 하는 이유가 여기에 있다. '가이아의 뇌파'라는 그 이름 자체도 이를 의미하고 있음이다. 뇌가 이 알파파를 통해서 안정된 우주에너지를 받아들여서 몸 안에서 늘 원활하게 흐르도록 하면 때때로 우리가 긴장된 상황에 직면하여 뇌가 고도의 집중력을 필요로 할 때 뇌가 뇌의 전체영역에 걸쳐서 그에 필요한 '감마파'를 생성할 수 있는 탄탄한 정신에너지의 저장고 역할을 할 수가 있다고 본다.

그러나 자주 화내고 불안해하거나 변덕이 심해서 뇌파의 진폭이 커졌다 작아졌다 수시로 바뀌는 사람은 이러한 우주에너지와 동조가 일어날 리 없고 우주에너지로부터 그 에너지를 충전받을 수도 없으며 따라서 필요한 때에 활용할 수 있는 정신에너지의 저장고도 비게 된다. 충전 배터리와 충전 전기체 간 전기파동의 결맞음이 맞지 않으면 그 배터리에 전기충전이 이루어질 수 없는 이치와 같다. 따라서 생각이 불안한 사람들은 평소에 불안정한 주파수로 인한 전자기력 충전의 부족으로 고주파의 집중력을 필요로 하는 상황에 직면하였을 때 신속하고도 적절하게 대응하는 힘이 미약하다. 소위 어떤 일에 몰두하는 힘인 집중력이 약하게 된다.

우주에너지에 순응하는 힘은 현실에서는 정신의 밑바탕이 뒤틀리지 않고 반듯하면서 깊이가 아주 깊다. 이 힘은 사람이 살면서 부딪치게 되는 온갖 상황에 올곧게 대처할 수 있게 하고, 많은 생각의 기둥을 그 위에 세워도 흔들림 없이 튼튼하게 곧추 세울 수 있는 단단한 반석이 된다.

달리 말해 이 힘은 뿌리 깊은 나무의 뿌리와도 같아서 나무줄기가 온갖 비바람에도 넘어지지 않고 위로 계속 뻗어나가게 하는 받침대 역할을 하는 것과 같다. 뿌리는 남의 눈에 드러나는 것을 싫어하고 땅속에서 묵묵히 제 할 일을 한다. 땅속에 있는 영양소와 수분을 빨아들여 줄기로 보내서 줄기가 가지를 치고 가지가 잎을 만들고 잎이 열매를 맺게 하는 가장 핵심적인 일을 한다. 아울러 줄기와 가지와 잎이 쭉쭉 뻗어 나가게 단단히 받쳐주는 역할까지 한다. 그러면서도 잘 드러내지도 않는다. 영양분과 수분을 보내고 넘어지지 않게 뒤받쳐 주는 핵심적인 일을 하면서도 '나 중요한 일 합네' 하고 나서지도 않는다.

정신의 바른 기운이라 함은 바로 흔들리지 않는 건물을 지을 수 있는 단단한 반석이요, 온갖 비바람을 이겨낼 수 있는 뿌리 깊은 나무의 뿌리인 것이다.

1. 정신의 바른 기운이 몸에 가득하면, 살아가면서 맞닥뜨릴 수밖에 없는 여러 가지 어려운 상황에 대한 불안, 근심, 초조, 이유 없는

두려움 같은 감정을 갖지 않게 된다. 오히려 부정적인 감정들이 삶에 있어 백해무익한 독소라는 인식을 바탕으로, 삶의 어려움은 극복해야 할 당연한 일상의 일이라고 생각함과 동시에 어려움을 극복하는 과정에서 나오는 긴장을 즐길 줄도 알게 된다. 좀 더 적극적인 사람들은 이런 적절한 긴장감을 발전시켜 삶의 활력소로 삼기까지 한다.

2. 정신의 바른 기운이 몸에 가득하면, 어떤 부류의 사람을 만나도 긍정적인 마음으로 바라보고 대우하고 상대할 수 있다. 남에 대해 험담하거나 비난하지 않고 존중하고 배려하고 사랑할 수 있다. 갈등 상황에 처해서도 일방적으로 자신의 생각을 주입하는 방법을 지양하고 서로 간 적절한 대화를 통해 서로의 입장을 이해하는 '이해의 공통분모'를 갈등해결의 실마리로 삼아 해결한다. 소통은 곧 나와 상대방 사이의 감정이입이 전제가 되어야 한다는 것을 인식하고 감정이입을 위한 터전을 형성하는 데 주력한다.

3. 정신의 바른 기운이 몸에 가득하면, 어떠한 상황에서도 늘 마음은 밝고 활력은 넘쳐흘러 활력의 기운을 체외로 뇌파라는 파동의 형태로 발산한다. 이러한 활력의 파동은 중력장이나 전자기장을 통해 주변 사람들에게 알게 모르게 전파되고 이를 전달받은 주변 사람들은 자신도 모르게 그 쪽으로 뇌파가 향하면서 기분이 좋아지고 생기가 돋아 그 기운을 넘겨준 사람에게 자신도 모르게 이끌리게 된다.

이를 질량의 법칙 측면에서 보면 뇌파의 파동 에너지가 갖는 질량이 점점 커지면서 중력 법칙에 따라 커지는 질량 쪽으로 주변 사람들의 뇌파가 이끌려 동조하게 되는 현상이라 할 수 있다. 뇌파의 공명증폭적 전이현상이라고 할 수 있다. 감정적 측면에서 보면 이끌리는 감정이 쌓이고 쌓여서 그 사람에 대해 카리스마와 같은 느낌으로 변하게 된다. 결국 이렇게 해서 바른 기운을 가진 사람을 중심으로 어떤 집단이 형성되고 그 사람은 그 집단의 구심점이 되는 지위를 갖게 된다.

명상은 정신의 바른 기운 생성에 핵심이다

정신의 바른 기운을 생성하는 데 명상은 아주 핵심적인 역할을 한다. 명상을 하는 방법에 대해 설명하기 전에 '대만의 정주영'이라고 할 수 있는 고 왕유칭 대만 플라스틱 그룹 회장의 이야기를 소개함으로써 명상의 역할이 얼마나 중요한지 알아보자.

왕유칭 회장은 농촌에서 찢어지게 가난한 살림 속에서 간신히 초등학교를 졸업했지만 대만 최고 기업이자 세계 50대 기업에 드는 '포모사' 그룹을 키워낸 사람이다. 그는 사망하면서 "돈이란 하늘이 잠시 빌려준 것, 떠날 땐 세상에 갚고 빈손으로 간다"라면서 전 재산인 약 9조 원을 사회에 환원하겠다는 유언을 남겨 대만 국민으로부터 사후에 더 존경받는 인물이 되었다. 그는 91세로 사망할 때까지 매일 새벽 2시에 일어나 1시간은 명상을 하고 1시간은 조깅을 했다고 한다.

나는 고 왕유칭 회장이 기업을 이끌면서도 그렇게 꼿꼿하게 일생을 살아갈 수 있었던 동력이 바로 꾸준히 행한 명상에 있다고 본다. 하루도 거르지 않은 명상을 통한 자신에 대한 성찰은 항시 자신의 정신을 바른 기운으로 꽉 차게 함과 동시에 그 기운이 마음속을 늘 막힘없이 흐르게 만들었기 때문에, 살아 있는 동안에도 그 기운이 그대로 밖으로 드러나 사회적으로 바른 삶을 살아왔고 죽으면서도 그와 같은 바른 기운이 담긴 유언을 할 수 있었다고 본다.

우리에게는 자신의 의지대로 이끌어 갈 수 있는 마음이 있는가 하면 이끌어 갈 수 없는 마음도 있어서 이 양자가 끊임없이 충돌하여 우리의 정신 에너지를 분산시키고 있다. 우리가 살아가면서 자신이 전혀 의도하지 않았던 상황이 야기되는 경우가 많은데 이것은 바로 우리가 통제할 수 없는 마음의 작용 때문이다. 나의 의지는 이쪽 방향으로 가야 할 것을 분명히 말하고 있긴만, 나의 통제범위를 벗어난 나의 또 하나의 마음은 저쪽 방향으로 나를 이끌어가서 나를 왕왕 곤란하게 만들곤 한다.

이러한 일이 왜 생길까? 왜 나의 뜻대로 내가 나아가지 못할까? 이는 우리의 감정적 행동, 즉 성욕, 식욕, 화, 슬픔, 두려움 등의 본능작용을 관할하는 대뇌변연계(뇌의 중간 부분)가 오로지 사냥하고, 먹고, 섹스하는 시대에 먼저 발달되었고 우리의 이성적 판단, 즉 상황의 분석, 판단, 결정 등의 의지작용을 관할하는 대뇌피질(뇌의 상층부분)은 대뇌변연계에 이어져 발달되었기 때문이다. 이처럼 우리 뇌에는 감정과 이성을 담당하는 양 영역이 있지만 뚜렷하게 선을 그을 수 없는 어떠한 경계선이 있고, 이 각 영역에서 나오는 힘이 각기 작동되기 때문에 내가 내 뜻대로 나아가지 못하는 때가 있는 것이다. 다시 말해 의지작용이 뚫고 들어갈 수 없는 깊은 영역이 감정영역에 있는 것이다.

명상은 바로 이렇게 뚫고 들어갈 수 없는 감정의 영역을 조금씩 지속적으로 열게 해서 정신 에너지를 의지대로 흐르게 하여 산만했던 의식의 세계를 한 곳으로 모으는 힘이 있다. 한 마디로 통합과 통찰과 집중의 힘이 생긴다. 파동의 측면에서 볼 때, 산만하다는 것은 뇌 속에 여러 파장의 뇌파가 발산되고 있음을 말한다. 감마파가 있다가도 알파파가 있기도 하고 또는 델타파가 생기기도 한다. 머릿속에 이것저것 여러 생각들이 혼재해 있다면 뇌의 이곳저곳에서 서로 다른 여러 파동들이 동시에 혼재해 있다는 뜻이다. 뇌파의 초당 주파수가 0.5Hz에서 40Hz까지 걸쳐 있으니 여러 가지 파동들이 동시에 뇌의 이곳저곳에서 형성되어 이 생각 저 생각, 산만한 생각을 만들어 내는 것이다. 웃었다 울었다 하는 감정이 수시로 일어나는 것이다.

명상은 바로 이러한 파동들을 하나의 파동으로 동조시키는 역할을 한다. 우리가 산을 깎고 터널을 뚫으며 도로를 만들어 각 마을과 마을을 연결하듯이 명상은 연결되지 않았던 뇌 신경회로 간의 연결망을 만들어 뇌의 이곳저곳으로 하나의 파동을 전달하게 한다. A마을은 강 씨네 마을, B마을은 박 씨네 마을, C마을은 이 씨네 마을 등으로 지역을 분할하여 살면서 서로 연락이 닿지 않았던 마을사람들에게 지역 간 연결도로를 만들어주면 각 지역의 마을사람들끼리 서로 왕래를 하며 거래도 하고 이사도 가면서 점차 서로 뒤섞여 살아 '강이박'의 마을을 만들듯이, 명상도 단절되었던 뇌의 각 영역에 연결망을 만들면서 그간 서로 달랐던 각 영역의 파동을 하나의 파동으로 결집하게 만든다. 그래서 명상이 깊어져 점점 그 동조의 강도를 넓혀갈 때 파동의 공명증폭적 통일현상이 일어나서 감정의 영역에서 발산하는 파동도 끌어당길 수 있게 된다. 이 순간이 감정의 영역을 열게 만드는 순간이다. 내가 통제할 수 없는 마음을 통제할 수 있는 순간이다.

이와 같이 나의 마음이 한마음이 되면 우선 집중력도 향상이 되지만 자기 통제력도 향상된다. 게다가 통찰력도 강화된다. 이것은 바로 본능의 영역을 끌어들여 의지적 작용에 합류시킴으로써, 즉 뇌의 전 영역을 조화롭게 사용함으로써 사물·상황의 이면에 숨어 있는 힘이나 작용을 직감으로 통찰할 수 있기 때문이다.

이렇게 집중, 자기통제, 통합, 통찰의 힘을 키우는 것이 명상이지만 한편으로는 자기 통제력을 강화시킴으로써 자기감정을 조절하여 안정감, 평정심을 갖게 하고 종국에는 행복감을 유지하게 하는 것이 또한 명상이다.

슈테판 클라인은 저서 《행복의 공식》에서 하버드대학과 여러 유명한 신경학자들의 연구보고를 인용하면서, 명상은 뇌를 평정한 상태로 인도하고 혈압의 안정과 혈액 속 스트레스 호르몬의 저하를 가져와 면역체계를 강화하면서 몸의 전 유기체를 균형 잡힌 상태로 전환시키기 때문에, 명상을 심도 있게 하는 사람들은 불안과 긴장으로부터 해방되고 행복감이 높아진다고 말한다. 이와 관련하여 현대과학은 과학적 실험결과를 바탕으로 사람의 뇌파는 깊은 수면 상태에 있을 때 1에서 3Hz에 이르는 델타파, 졸음이나 가수면 상태에 있을 때 4에서 7Hz에 이르는 세타파, 명상과 긴장이완 상태에 있을 때 8에서 12Hz에 이르는 알파파, 일상적으로 의식이 깨어 있을 때 13에서 30Hz에 이르는 베타파, 고도의 각성이나 흥분 상태에 있을 때 30Hz 이상에 속하는 감마파를 발산한다고 밝히고 있다. 이에 근거하면 명상을 통하여 우리가 평정심이나 평온, 평안한 마음을 유지하고 있을 때, 알파파의 뇌파를 발산하여 슈만공명과 감응할 수 있는 뇌파를 생성하고 있는 셈이다.

아울러 슈테판 클라인은 5명의 불교식 명상가와 3명의 프란체스카 수녀원 수녀가 참가한 펜실베이니아대학 방사선 전문의 '앤드류 뉴버그'의 단층촬영기 실험 결과를 인용하면서 명상에 들어가면 완전한 몰입의 상태에 있는 것과 마찬가지로 감정기능을 관할하는 뇌의 측두엽 신경회로의 기능이 중단되고 이성기능을 관할하는 뇌의 전두엽 영역이 활성화되어 대뇌피질의 의식기능이 확장된다고 말한다. 다시 말해서 뇌의 인식작용, 즉 의지적 작용이 감정의 영역까지 확대되어 이성이니 감정이니 하는 경계를 허물고 감정의 부분까지 통제할 수 있음을 의미한다.

한편 샤론 베글리는 저서 《달라이 라마, 마음이 뇌에게 묻다》에서 2001년 5월 미국의 여러 유명한 신경 과학자들이 참여하고 달라이 라마의 도움으로 티베트 승려들의 명상상태를 MRI와 EEG(뇌파검사)를 통해 측정한 결과를 밝히고 있는데, 그 결과에 의하면 승려들이 '자비명상'에 들어갔을 때 감마파(뇌가 발산할 수 있는 가장 큰 에너지를 갖는 뇌파로서 초당 30Hz 이상의 주파수를 나타냄)라는 뇌파를 발산하는 것이 측정되었고 전두대피질, 뇌섬엽, 감각피질, 소뇌 등이 골고루 반응을 보였다는 것이다. 베글리는 감마파는 뇌의 여러 자원들을 동원하여 정신적인 노력을 기울이거나, 또는 멀리 떨어져 있는 뇌 회로들을 동시에 사용하거나 시각, 촉각, 청각 등의 서로 다른 감각들을 모두 동원하여 하나의 대상을 인식할 때 나타나는 뇌파라고 말한다.

따라서 슈테판 클라인, 현대과학에 의한 뇌파분류, 샤론 베글리의 주장을 종합해보면 다음과 같이 정리할 수 있다:

a. 명상을 하면 의식기능이 확장되어 감정의 영역까지 통할하여 뇌의 사고영역과 감정영역을 포괄하는 광범위한 영역에서 전자기파동의 활성화가 진행된다.

b. 명상을 하면 행복감, 평온 같은 긍정의 감정을 관할하는 영역, 심지어는 실제 행동에 돌입한 것처럼 행동을 계획하는 영역 등이 불행이나 긴장감 등 부정적 감정에 대응하는 영역을 압도해서 불안감이나 긴장감 등이 마음속에서 일어날 수 없게 만든다.

c. 불안감이나 긴장감을 해소하고 평안과 평정심 같은 마음의 안정을 찾는 명상을 할 때, 뇌는 알파파의 뇌파를 형성하여 '가이아의 뇌파' 원리에 따라 우주에너지와 감응할 수 있는 '정신에너지 선순환 체계'를 유지한다.

d. 자비명상이나 화두탐구와 같이 마음의 평안함을 벗어나서 어떤 대상에 대한 고도의 진리탐구와 같은 의식을 집중하는 명상을 할 때, 뇌는 감마파의 뇌파를 형성하여 집중하고 통찰하는 힘을 갖는다. 일반 과학적 실험에서는 고도의 각성 상태에 있을 때 감마파가 생성된다고 했으나, 베글리는 자비명상에 몰입하면 감마파가 생성됨을 밝히고 있어, 고도의 각성이나 흥분이 자비명상과 같이 어떤 명제에 집중하는 명상은 파동의 형태면에서 상당한 유사성

이 있음을 알겠다.

e. 결론적으로 아령을 들어 올렸다 내렸다 하면서 이두박근을 단련하듯 명상을 꾸준히 하면 뇌신경세포의 연결을 증대시켜 집중, 통제, 통찰의 힘을 키울 수 있다.

이러한 명상의 실제효과를 독자들이 확신할 수 있도록 우리나라 불교계의 유명한 스님들이 참선을 통해 '깨달음'을 얻었을 때의 상황을 소개하겠다. 물론 스님들 같은 경지에 이르려면 엄청난 노력을 해야 하나 우리 같은 일반인들도 생활명상을 통해 어느 정도 뇌파의 신통력을 향상시킬 수 있다는 점을 부각시키기 위해서이니 독자는 주목할 필요가 있다.

다음은 불교 조계종 기획차장으로 일하면서 간화선 입문 프로그램을 진행하여 참선의 대중화를 위해 노력하고 있는 박희승 씨가 한국의 대표적인 선승 여덟 분을 인터뷰하면서 만든 책,《선지식에게 길을 묻다》에서 인용했음을 밝힌다.

1. "굳이 표현을 한다면 눈앞의 중중무진한 모든 관문, 태산 같은 관문이 싹 없어지고 진리의 세계가 눈앞에 나타나게 되지요."

— 대구 팔공산 동화사 조실 진제 스님

2. "그러던 어느 날 철야 용맹정진을 하면서 화두를 참구하고 있는데 홀연히 앞 벽이 무너지고 둥근 빛이 눈앞에 보이면서 육신이 공중에 붕 뜨는 체험을 했어요. 그 후에도 그런 경계가 몇 차례 더 나타

났어요. 지금까지도 그 평온함과 환희심은 떠나지 않는데….”

— 보은 속리산 법주사 혜정 스님

3. “겨울 어느 날이었습니다. 새벽 3시에 일어나서 강원이 있는 현당 큰방에서 예불을 마치고 대웅전 장경각에 예불하기 위해 대웅전 계단에 올라섰는데, 하늘과 땅이 없습니다. 물질세계가 없어요. 몇 천만리 그저 훤한 세계가 보입디다. 그러니까 눈앞에 대적광전과 그 앞쪽으로 가려진 산도 없고 들도 없고 아무것도 없어요. 그저 훤한 황금색 밝은 평야처럼 느껴졌어요. … 그러니까 시간도 공간도 없어져 버리고 딱 떨어져 버린 세계예요. 나는 그 시간이 굉장히 길게 느껴졌는데 실제로는 얼마 안 된 것 같아요.”

— 경주 남산 함월사 우룡 스님

4 “그 스님은 60대 중반으로 학교 교육을 받지 못한 분이었습니다. 겨우 이름 석 자 쓸 정도였고 … 잠은 3~4시간 정도밖에 자지 않았어요. 그런데 하루는 저녁에 정진하시다가 무릎을 탁 치시며 ‘아이쿠 큰일 났네. 다 타네. 다 타!’ 하시면서 혀를 차셔요. 왜 그러시냐고 물으니 아랫마을에 스님을 잘 모시는 부부가 살고 있는데 그 집에 불이 났다는 거예요. 나는 그 말을 듣자마자 그 집으로 쏜살같이 달려갔어요. 가서보니 한 시간 전쯤에 불이 나서 거의 다 탔어요. 돌아오니 ‘어서 오게. 어디 어디에 불이 났지’ 하시며 현장을 중계라도 하듯이 구체적으로 말씀하세요. 뒤통수를 세게 맞은 기분이었어요. 얼마 뒤에는 또 이런 일이 있었습니다. ‘오늘

은 손님이 좀 많이 올 걸세. 15인분 밥을 하게' 하셔요. 그래서 그 전날 밥을 좀 많이 해서 남아 있었는데도 혹시 몰라 여유 있게 새로 밥을 지어 놓았더니 손님이 열 세 분이 와서 정확히 열다섯 명이 밥을 먹었습니다."

— 봉화 축서사 무여 스님

위 사례에서 우리가 오해하지 말아야 할 부분은 멀리 떨어진 곳에서 일어나는 사건을 보지 않고도 알고 있다든가 앞으로 닥칠 일을 미리 예측한다든가 하는 신통력을 불교계에서는 깨달음의 밑 단계로 보고 있다는 것이다. 이 단계를 거쳐 더욱 정진해야 깨달음의 경지에 다다를 수가 있는데 이러한 신통력에 빠져 더 이상의 공부를 게을리 하는 스님이 있다면 이런 스님은 그보다 지위가 높은 스님으로부터 '마구니'가 든 놈이라면서 몽둥이찜질을 당한다고 한다. 마구니가 들었다는 말은 올바른 깨달음의 길에 들어선 것이 아니고 사악한 상황에 빠져서 자신을 망치게 된다는 의미다.

그러나 나는 이러한 소위 '마구니' 단계에서 일어나는 신통력을 물리적 현상과 연계하여 이해하고자 한다. 어떻게 보이지 않는 곳에서 일어나는 상황을 마치 본 듯이 알고 있을까? 이는 마치 점술가가 점을 보러 온 사람의 뇌파를 자신의 뇌파로 동조시켜 그 사람의 생각을 읽어내는 현상과도 관련이 있을 것이다. 점술가는 만일 A라는 사람이 전혀 일면식이 없고 아는 것도 없는 D라는 사람에 대해 'D가 앞으로 어떻게 살면 좋겠습니까? 하고 물으면 전혀 대답을 못하거나 일반상황에 근거한 근사치에 해당하는 답만을 한다. A의 뇌파로부터 D에 관한 내용을 읽어낼 근거가 아무 것도 없기 때문이다.

위의 사례에서 스님들이 보여주는 '마구니' 신통력도 오랜 참선으로 인해 형성된 뇌파의 집중화와 통합화 현상이 감정계와 이성계의 경계를 허물고 뇌의 전역에 걸쳐 일관되고 항상적이며 지속적으로 이루어져 단일하고 강력한 전자기 뇌 파동을 창출할 수 있었기 때문에 가능하다고 본다. 백스터의 침 실험에서도 보다시피 우리의 뇌파는 무려 8km나 떨어진 거리까지도 날아가서 작동하지 않는가?

이쯤 되면 명상의 생활상 실효성에 대해 어느 정도 수긍이 갔으리라 믿는다. 이제, 왜 일반 사람들이 득도한 도인들이나 깨달음을 얻은 고승들을 그렇게 존경하고 따르며 그들로부터 무언가 배움을 얻고자 하는 이유를 이해하리라 본다. 그렇다면, 도인처럼 신통력을 얻는다기보다는 내가 통제할 수 없는 마음을 의지대로 통제할 수 있고 감정을 스스로 다스릴 수 있는, 그래서 나의 생각파동 – 질량을 키워서 상대방을 나와 동조시키거나 나의 생각을 공명증폭하여 전이시킬 수 있는 정신의 바른 기운을 단련하는 명상 방법에 대해 알아보자. 그리고 실행하자!

내가 실제로 수행하고 있는 4가지 명상법에 대해 소개하고자 한다. 나는 실제로 이러한 명상을 통해서 많은 효과를 경험하고 있기 때문에 독자들에게 자신 있게 권할 수 있다. 독자들은 자신의 필요에 따라 취사선택하면 될 것이다.

생활명상기법들에 대해 말한다

호흡명상

호흡명상은 모든 명상 중 가장 기본적인 단계이다. 그러나 기본이기 때문에 또한 가장 중요하기도 하고 그 영향도 크다. 여기서는 캐더린 맥도널드가 지은《신비의 티베트 명상법》, 대니얼 골만과 달라이 라마의《마음이란 무엇인가?》에서 소개되는 정념 명상을 참조하고, 저자의 실질경험을 위주로 하여 저자가 생활명상으로 적합하다고 생각하는 내용을 소개한다.

(1) 우선 등을 곧게 펴고 앉는다. 바닥에 가부좌를 틀고 앉든 의자에 앉든 등을 곧추 펴는 것이 제일 중요하다. 꼭 가부좌를 틀고 앉을 필요는 없다.

(2) 아랫니와 윗니를 마주 닿게 하여 입을 지그시 다물고 혀는 입천장을 아래에서 위로 누르는 느낌으로 자연스럽게 입천장에 닿도록 한다.

(3) 양손을 편 채로 손바닥이 위를 향하도록 해서 양 무릎 위에 살포시 갖다 놓는다. 양손과 팔과 어깨에 힘을 빼고 편안하게 올려놓는다. 또는 양손을 오른손이 왼손 위에 올라가도록 포개고 양 손의 엄지손가락은 서로 맞대도록 한 후 단전 부위에 갖다 놓는다. 단전은 배꼽 아래 5cm에서 배 안 쪽으로 다시 5cm 들어간 부분에 있다고 생각하면 된다.

(4) 우선 마음을 쉬어 고요하고 아늑하게 한다. 아무 생각도 하지 말고 그저 편안히 쉰다고 생각한다. 마음이 고요하다는 느낌이 들

면 눈을 살포시 뜬 상태로 눈에서 2m 정도 앞의 아래를 응시한다. 아래로 시선을 두라는 뜻은 몸의 기운이 위로 솟구치는 것을 막기 위함이다. 시선을 위로 두거나 머리를 뒤로 젖히듯이 고개를 빳빳하게 세우면 몸의 기운이 위로 솟아 머리를 무겁게 하여 집중하는 데 힘이 든다.

(5) 이제 숨을 천천히 들이쉰다. 들이쉴 때는 들이쉬는 숨과 코 안으로 들어가는 공기의 흐름에 주의를 집중한다. 숨을 내쉴 때도 같다. 들이쉬고 내쉬는 전 과정을 세심하게 의식해서 코 안으로 들어가고 나오는 미세한 공기의 흐름을 코의 감각으로 느낀다.

(6) 복부가 들어갔다 나오는 과정도 그대로 의식한다. 숨은 자신이 편안하게 들이쉬고 내쉴 수 있도록 한다. 숨이 가쁘게 긴 숨을 들이쉬지 않도록 한다.

(7) 여러 가지 상념이 생겨난다. 자꾸 호흡에 집중하지 못하고 딴생각이 난다. 이때는 그러한 상념을 그냥 객관적으로 관찰한다. 호흡에 집중이 안 된다고 언짢아하지도 말고, 그 상념에 기분이 좋다거나 나쁘다거나 등을 따지지도 말고, "그래, 알았어!" 하는 식으로 인정하면서 함께 지낸다는 기분으로 받아들인 후 다시 호흡에 주의를 기울인다.

(8) 상념이 자꾸 생겨도 마음을 편하게 먹고 그것에 불안해 할 필요 없이 다시 호흡으로 집중을 계속해 나간다. 자신이 잔잔하게 미소를 짓고 있는 모습이나 청명한 푸른 하늘 또는 잔잔한 호수 표면을 상상하면서 계속해서 호흡의 숨결을 따라 의식을 집중해 나간다.

(9) 20분간의 명상을 한다면 처음 10분간은 호흡명상을 통해서 마음을 안정시킨 다음에 마음의 고통을 가져오는 상념이 없는 사람은 호흡명상을 하면서 그 대상으로 자신의 삶의 근원적인 목표 같은 화두를 생각하는 것이 좋다. '부모로부터 태어나기 전의 나의 진면목은 무엇인가? 나는 왜 사는가? 나는 어떻게 살아갈 것인가? 장중하고 신념이 있는 삶은 어떤 모습인가?'와 같은 화두로 명상을 하거나 티베트의 승려들이 남을 이롭게 하는 생각에 집중하여 명상하듯이 자신의 삶의 인생헌장이나 좌우명을 만들어서 지속해서 집중하여 생각하면 된다.

정신신경면역학의 세계적 권위자이자 에이즈 치료제인 펩타이드T를 개발했고 뇌와 몸은 상호 밀접하게 연결되어 있는 하나의 네트워크라는 심신의학을 연구하는 캔더스 퍼트는 그의 책, 《감정의 분자》에서 평소에 의식하지 않던 호흡에 주의를 기울이는 호흡명상을 지속적으로 하면, 그간 늘 분석하고 판단해야 하는 스트레스 상황에서 빠져나와 심신의 대화 속으로 들어갈 수 있다고 주장한다. 이렇게 되면 우리 몸 안에서 기쁨이나 평안의 감정을 만들어내는 '생화학물질'들이 대거 양산되면서 우리의 기분을 개선하여 통증이나 심지어는 두려움 같은 느낌도 치유할 수 있다는 것이다. 이를테면 '해야 해, 할 수 있을 거야, 할 거야'와 같은 형태의 압박적인 사고에서 벗어나 그저 존재하는 상태의 자연스런 무아(無我)의 마음을 가지면 그간 압박적인 마음이 만들어내었던 분노, 긴장, 억압 등의 생화학물질들로 인하여 방해

받았던 몸 안의 기(氣)나 에너지의 흐름이 원활해진다고 한다.

이 에너지의 흐름이 원활해지는 점에 주목하자. 우리의 생각이 건강하다거나 신체가 강건하다거나 하는 것은 다 우리 몸 구석구석에 에너지의 흐름이 원활할 때 이루어지는 현상이라는 점에 주목하자. 우리가 음식을 먹는 것도 숨을 쉬는 것도 실은 다 우리 몸 안에서 에너지가 원활하게 흐르게 하기 위함이라는 사실에 주목하자. 모든 것은 다 에너지의 흐름으로 귀결된다!

성찰명상

(1) 성찰명상은 마음의 고통을 가져다주는 상념을 객관적으로 바라봄으로써 그 고통으로부터 벗어나는 명상이다.

(2) 명상을 처음 시작하는 사람은 본격적인 성찰명상을 시작하기 전에 자신의 상태에 따라 일정기간은 호흡명상을 통해서 마음을 평안하게 하는 상태를 훈련해야 한다.

(3) 본격적인 성찰명상에 들어가는 경우에도 10분 정도는 호흡명상을 통해서 평안한 마음의 상태를 만들어야 한다.

(4) 이제 자신의 마음이 평정한 상태에 있음이 확인되면 다음과 같은 순서에 따라 성찰명상에 들어간다.

  a. 내게 일어났던 결정적 사건들을 반추한다.

  b. 그 사건들의 각각의 인과관계를 꼼꼼히 살핀다.

  c. 가능한 시간까지 거슬러 올라가 원인의 원인까지도 추적한다.

  d. 자신이 조금이라도 원인을 제공한 부분까지 추적한다; 결국 자신과 만난다.

e. 원인이 되는 요인들에 대한 집중분석을 한다; 열 중 하나라도 자신의 탓이 있으면 그것을 인정한다.

f. 원인행위를 두 번 다시 되풀이하지 않을 것을 맹세한다; 부정의 언어는 전부 긍정의 언어로 바꿔 매일매일 다짐하는 말로 활용한다.

g. 자신에 대한 심도 있는 이해와 책임 부분을 인정하면서 겸양하는 태도를 갖게 된다.

h. 이렇게 마음에서 완전히 받아들인 이때 그냥 모든 것을 마음에서 놓아버리면 된다. 후회하지도 기뻐하지도 말고 그저 놓아버린다.

i. 이렇게 해서 완전히 놓아버렸다는 생각이 들면 다시 호흡명상으로 들어가서 마음을 평안하게 한 상태에서 명상을 마친다.

(5) 마음에 큰 응어리로 남은 고통은 하루 이틀 만에 성찰명상을 했다고 그 고통이 쉽게 사라지지는 않는다. 자신의 아집에서 벗어나 얼마나 많이 자신의 마음을 확 열어젖히고 들여다보느냐에 따라 마음의 평안함을 얻게 되는 기간도 단축될 것이다.

큰절명상

큰절명상은 불가에서 정신수련과 기도의 한 방법으로 행하고 있는 108배를 나의 실질경험을 바탕으로 생활명상에 맞게 고쳐서 이름을 붙인 것이다. 이 방법의 큰 매력은 자기암시기법을 근간으로 자신의 창조적인 활용방법에 따라 자신의 장점은 살리고 단점은 보완하며 의지를 굳건히 하는 기본원리에 있고 한편으로는 자신을 향하여 절을 함으로써 자신이 주인이 되는 긍지와 함께 자신을 낮추고 겸양하는 태도를 갖게 해주는 긍지와 겸손의 미덕을 함께 수양할 수 있는 장점이 있다.

자신의 성취신념을 다지는 데 있어서도 이 큰절명상은 큰 효과를 발휘한다. 일반 사람들이 의지가 박약해지고 어떤 일을 계획했다가도 중도 포기하는 경우가 많은데 이 큰절명상을 활용하면 명상이 가져다주는 집중력 향상은 기본이고 성취의지를 굳건히 할 수 있는 효과를 얻는다. 게다가 큰절명상은 일어서고 엎드리는 움직임의 반복을 통해 유산소 운동의 효과도 얻을 수 있다. 그야말로 일거삼득의 효과가 있는 좋은 명상법이다.

2008년 초에 SBS에서 불가의 108배의 운동효과에 대해 소개한 적이 있다. 다각적이고 과학적인 분석과 MRI 검사결과에 의하면 정신과 신체의 양 측면에서 그 효과는 아주 놀라웠다. 절을 자주 함으로써 무릎뼈가 약해지지 않겠는가 하는 염려를 일거에 불식시키는 무릎 연골조직의 단단해짐, 학업성적이 부진한 학생들의 집중력 향상에 의한 학업성적의 괄목할 만한 향상, 척추 측만증(척추가 뒤에서 보았을 때 일자로 쭉 뻗지 않고 S자형으로 휜 상태)으로 고생하고 있는 20대 여성이 척추가 올바로 펴지는 등 정신과 육체의 양면에서 굉장히 좋은 효과를 보여주었다.

나도 산에 올라갔다가 내려올 때, 왼쪽 무릎의 옆 힘줄 근처가 이따금씩 시큰거려서 옆 걸음으로 조심조심 내려오곤 했는데 이 큰절명상을 하고 난 이후로는 그러한 시큰거림이 없어져서 연골조직이 오히려 단단해졌음을 실감할 수가 있었다. 그 방법을 소개한다.

① 무릎을 구부리고 절을 할 수 있는 방석이나 담요 같은 것을 준비한다.

② 선 채로 두 발을 나란히 모으고 두 손은 합장을 하여 가슴 부위로 올린다.

③ 숨을 들이키면서(들숨) 무릎을 바닥에 닿도록 구부린다.

④ 무릎을 구부릴 때 양 무릎이 서로 꽉 닿도록 한다.

⑤ 무릎이 바닥에 닿는 것과 동시에 허리를 앞으로 구부려 두 손을 펴서 손바닥을 아래로 하여 어깨와 수직으로 바닥에 놓는다.

⑥ 이마와 콧날 부분이 바닥에 닿도록 머리를 조아린다. 이때 숨을 내쉰다(날숨).

⑦ 머리를 조아리면서 '하나' 하고 횟수를 세면서 자신에게 하고 싶은 짧은 말(예: 나는 남을 돕고 사랑한다)을 한다. 여기서 횟수를 세는 것은 100배를 끝낼 때까지 순서를 잊지 말고 계속 이어 나가기 위함이다.

⑧ 소리 내어 말할 때, 그 말의 내용을 자신이 실제로 하고 있는 것처럼 생생하게 머릿속에 그린다.

⑨ 생생하게 머릿속에 그리는 일은 일종의 '자기암시'로서 뇌에 새로운 신경회로를 만드는 데 중요하므로 현실세계에서 정말 일어나고 있는 것처럼 세세하게 그려야 한다.

⑩ 평소에 자신에게 하고 싶은 말을 3~10가지 정도를 준비해 두었다가 계속 반복적으로 말한다. 이를 통해 자신의 뇌에 새로운 신경회로를 만드는 것이다.

⑪ '…을 하지 않겠다'와 같은 부정적인 문장 대신에 '…을 하고 있

다'와 같은 긍정의 진행형 문장을 써야 한다. 이를테면 '화를 내지 않겠다'에서 '화'와 '않겠다'처럼 부정적이고 소극적인 표현은 뇌신경회로를 계속 자극하는 효과를 내게 한다. 대신에 '늘 미소를 지으며 말하겠다'가 훨씬 좋다. 긍정의 뇌신경회로를 만듦으로써, 사용되지 않는 부정의 뇌신경회로가 사라지도록 하는 것이다. 이는 여러 가지 심리실험에서도 입증된 현상이므로 반드시 명심해서 지켜야 한다.

⑫ 머리를 들고 두 손에 힘을 주고 무릎을 세우면서 일어선다.

⑬ 무릎을 세우면서 동시에 숨을 들이켜야 한다(들숨). 들숨을 쉬기 전까지는 계속 날숨을 이어가야 한다.

⑭ 원래의 자세대로 다시 돌아가 곧추 선다. 이때까지도 계속 들숨 상태를 유지해야 한다.

⑮ 들숨 상태를 유지하면서 허리를 구부려 머리를 조아림과 동시에 날숨을 내쉰다.

⑯ 머리를 조아리면서 날숨을 내쉬고 무릎을 세우면서 들숨을 들이켜야 한다. 그러니까, 들숨과 날숨 1회에 구부리고 일어서는 것이 일치해야 한다. 호흡법은 수승화강(찬 기운은 머리 쪽의 위로 올라가고 더운 기운은 단전의 아래로 내려감)의 '기의 운용 법칙'에 따라 매우 중요하니 이를 반드시 지켜야 한다.

100배를 하는 데 보통 15분 정도 걸린다. 초심자는 100배로 시작하여 단련이 되면 자신의 체력에 따라 100배, 200배, 300배 또는 그 이상까지 늘릴 수 있다. 초심자는 우선 호흡에 맞춰 절을 하는 것만을 집중적으로 한다. 처음부터 자기암시를 같이 하려다 보면 많이 헷갈리게 된다. 우선 들숨과 날숨의 호흡을 정확히 하면서 1배부터 100배까지 순서를 잃거나 건너뛰지 않고 제대로 하는 법을 훈련해야 한다. 틀리지 않고 익숙해지면 그때 '자기암시'를 행하는 것이 좋다.

자기암시란 자신의 의지대로 조절되지 않는 감정의 돌발적 분출을 차단하거나 결심대로 이행하지 못하는 결연한 행동의 부족을 실질적인 행동의 결행으로 유도하기 위해, 자신의 의식이 무의식에게 끈기 있게 대화를 하는 긍정적 자기세뇌 행위라고 할 수 있다. 자신에게 하는 대화를 통해 상상의 그림을 그리고, 그 그림은 뇌신경회로에 새로운 전기적 연결을 만들어 새로운 행동연결 네트워크를 형성시킨다.

이는 향후 같은 상황에 직면할 경우, 전에 사용하였던 감정의 돌발적 분출이나 결연한 행동결핍의 뇌신경회로를 우회하여 새로운 행동연결 네트워크를 사용함으로써, 현실적으로는 차분한 대응과 실질적인 행동을 유도해내는 뇌신경과학 원리에 의한 것이다. 이를테면 자신의 거만하고 오만했던 행동을 고치고 싶다면 "나는 겸손하고 감사한다", 또는 누군가 자극하는 말에 참을성이 없이 분노하거나 공격적이 되었다면 "나는 장중하고 침착하다"와 같이 간결하면서 핵심적인 내용을 담고 있는 말을 만들어서 계속해서 입 밖으로 소리 내어 말하면 언젠가는 자신이 하는 말대로 행동하게 된다.

말의 내용에 따라 자신의 끈기나 의지의 강화, 약점을 보완하는 성격교정 등의 효과를 볼 수 있다. 내가 직접 이것을 실제 행동을 통해서 효과를 경험하고 있기 때문에 여기 자신 있게 소개하고 있는 것이다.

옴 진동 명상

이승헌 씨가 《뇌호흡》에서 소개한 내용에 나의 경험을 더하여 그 방법을 소개한다. 뇌호흡에서는 이를 수련이라고 명명했지만 나는 이것이 명상기법에 더 가깝다는 생각이 들어 명상이라 명명하겠다.

뇌호흡에서는 음성내공법이라고도 불리는 이 옴 진동 명상은 슬픔, 공포심, 격한 감정을 이완시키며 통증을 경감시킬 뿐만 아니라 체험이 깊어지면 자기 안의 신성을 만나게 해준다고 말한다. 또한 《뇌호흡》의 저자 이승헌 씨가 서양에서는 이를 '토닝(toning)'이라 하고 미국 음악교육건강연구소의 캠벨 박사가 "토닝이 신체에 산소를 공급하고 호흡을 깊게 하며 근육을 이완시키고 에너지 흐름을 촉진시킨다"라는 말을 인용하는 것으로 보아 이 음성내공법은 이미 동서양에 많이 알려진 명상기법으로 보인다.

여기서 에너지란 바로 우주에너지와 같은 구성원소이고 흐름이란 동양학적으로 말하면 기운의 원활한 흐름이요, 양자역학적으로 말하면 뇌에서 발산하는 전자기파동의 원활한 흐름인 것이다. 따라서 자신의 의지를 모아 이 흐름의 원활함을 찰나의 막힘도 없이 전체 뇌에 하나의 파동으로 확산시키는 데 성공하면 우주와 합일되고 신을 경험하는 느낌을 갖게 되는 것이다.

① 호흡명상과 같은 자세를 취한다. 어느 경우에나 허리를 곧추 세우는 것은 필수다.

② 처음에는 눈을 감고 작게 "오-옴, 오-옴, 오-옴" 소리를 3회 정도 내서 목소리를 가다듬는다. 이 옴 진동 명상의 요체는 소리로

인한 진동이 뇌로 울려 퍼지는 과정을 주의 깊게 느끼는 것에 있음을 유의해야 한다.

③ 숨을 천천히 깊게 가슴을 쫙 펴면서 최대한 들이쉰 다음, 숨을 내쉬면서 '오---옴' 하고 소리 낸다.

④ 소리를 낼 때는 짧게 끊어서 발음하는 것이 아니라 '오---옴' 하고 길게 늘이며 몸 안의 미세한 떨림에 집중하는 것이 중요하다. '오' 소리를 낼 때는 가슴이 울리고 '옴' 소리를 낼 때는 아랫배에 힘이 들어가는 것을 느낄 수 있다. 소리의 파장이 뇌로 들어가 뇌를 진동시켜 울려 퍼지는 느낌에 집중한다. 이 전 과정 하나하나에 흐름을 놓치지 않도록 정신을 집중한다.

⑤ 숨이 다해 소리가 나올 수 없을 때까지 온 마음을 다해 최대한 길게 소리를 낸다. 자신이 할 수 있는 범위까지 하면 된다. 처음부터 무리하지 말고 자신의 몸이 받아들일 수 있는 최대한의 범위 안에서 하는 것이 좋다.

⑥ 옴 진동 명상도 호흡명상의 연장이라고 생각한다. 숨을 들이쉴 때는 들어오는 숨결에 주의를 집중하고 오-옴 소리를 낼 때는 가슴에 느껴지는 울림과 이어서 머리에 느껴지는 울림에 모든 의식을 집중해 그 떨림을 세세하게 추적한다.

⑦ 상념이 생길 때마다 호흡명상의 경우처럼 놓아버리고 다시 오--옴에 집중한다.

⑧ 시간은 자신의 필요에 따라 10분 또는 그 이상으로 한다.

이 옴 진동 명상은 호흡명상 편에서 소개된 세계적 정신신경면역학자인 캔더스 퍼트가 말하는 '초월명상'과 유사한 에너지 흐름의 법칙을 따르고 있는 것으로 생각된다. 초월명상이란 '만트라'라고 하는 힌두의 성스런 주문을 소리 내어 말하는 것을 내용으로 하는 명상법이기 때문이다. 수많은 과학연구가 초월명상이 고혈압을 낮추고 자가면역 질병을 역전시키며 광범위한 노화방지 효과를 촉진하는 등의 생리적 이점을 보여주는 강력한 증거를 보여준다고 캔더스 퍼트는 '감정의 분자'에서 소개하고 있는데, 이러한 생리적 이점은 옴 진동 명상에도 적용됨을 알 수 있다.

단전치기 명상

단전은 배꼽 아래 5cm 부위에서 배 안쪽으로 5cm 들어간 지점에 있다. 이 단전이 있는 부위 주변으로는 총 길이 2m가 넘는 대장과 소장이 들어차 있는데, 음식물이 위를 통해 넘어오면 음식물을 잘게 분해한 후 에너지를 뽑아낸 나음 여타의 다른 신체기관으로 그 에너지를 공급하는 중심적인 역할을 하는 곳이 바로 소장과 대장이다.

신체 내부 혈액의 3분의 1 정도가 이 부위에 몰려 있는 이유도 여기서 나오는 고에너지의 전자, 양성자를 받아서 몸 전체로 분배를 해야 하기 때문이다. 그래서 한의학에서는 이 소장과 대장에서 기혈의 흐름이 왕성해야 몸 전체 기혈의 순환이 원활해지고 따라서 뇌에도 왕성한 에너지 공급이 이루어진다고 말한다. 오랜 시간을 의자에 앉아서 일해야 하는 사무직 근로자나 학생의 경우는 특히 이 소장과 대장의 움직임 기능이 굳어져서 그 에너지의 분해 · 흡수 · 공급 기능이 약화되기 때문에 소장과 대장의 움직임 기능을 원활하게 하는 데 신경을 많이 써야 한다.

　단전치기 명상은 호흡명상의 단조로움에서 벗어나 다소의 활력을 줄 수 있고 아울러 중앙 에너지 공급처로서의 소장과 대장의 역할을 충실하게 하는 데 장점이 있다. 단전치기 명상의 순서는 다음과 같다.

① 양발을 어깨 넓이로 벌린 채 11자로 선다.

② 양손을 펴서 단전부위에 갖다 대어 본다.

③ 양손을 편 채로, 그러나 손가락은 전부 붙인 채로 단전부위를 가볍게 두드린다.

④ 두드리면서 양 무릎을 굽혔다 세웠다 반복하면서 리듬을 준다.

⑤ 두드리면서 두드리는 수를 헤아린다.

⑥ 500회를 한 다음 두드리는 방법을 바꾼다. 오른손을 지긋하게 주먹을 쥔다. 주먹을 강하게 쥐지 말고 그냥 손을 안으로 오므린다는 생각으로 쥐되, 주먹의 안쪽은 편편한 형태를 만들어야 한다. 그리고 왼손은 주먹의 바깥 부분을 포개듯이 잡되, 왼손의 엄지손가락이 오른손 주먹 윗부분에 형성된 구멍을 막듯이 갖다 대어 오른손 엄지손가락의 뒷마디 부분과 왼손 엄지손가락의 손톱 마디부분이 나란히 붙어 있는 형상을 취하도록 만든다.

⑦ 이렇게 해서 양손 합작으로, 편편한 오른손 주먹 부분을 단전부위에 갖다 대면서 가볍게 두드린다.

⑧ 100회를 마치고 나면 주먹 쥐는 형태를 왼손이 오른손 역할을 하도록 바꿔 쥐어서 다시 단전을 두드린다. 100회를 마치고 나면 다시 오른손이 주도적 역할을 하도록 하고 다시 100회 후에는 왼손

이 주도적인 역할을 하도록 하면 된다. 명상에 빠지면 몇 회를 했는지 자주 헷갈리는 경우가 많은데, 이렇게 오른손, 왼손 바꿔서 수를 헤아리면 정확하게 몇 회를 했는지 알 수가 있다.

⑨ 이렇게 주먹을 쥔 상태로 두들기면 단전을 좀 더 강하게 압박하게 되고 단전 부위에 힘이 집중적으로 전달되는 효과가 있다. 손을 펴서 두드리면 힘이 분산되기도 하고 오래 두드릴수록 팔에 힘이 들어가서 자연스런 동작에 방해가 되기도 한다.

⑩ 수를 헤아리면서 단순한 두드리기 동작을 하는 동안 호흡명상이나 성찰명상, 화두명상을 한다. 헤아리는 수, 두드림으로 인한 토닥토닥 소리, 리드미컬한 상하 무릎 운동이 어우러진 상태에서 명상에 들면 때로는 무아상태에 있는 듯한 느낌도 갖는다.

참고로 나는 취침하기 30분 전에 우선 호흡명상을 10분간 하고 이어서 15분간은 옴-진동명상을 하며 나머지 5분여 동안 단전치기 명상을 800회 한다.

이러한 명상들을 한 지 5개월 정도 되었을 때, 세 명상법 중 어느 것이 효과를 발휘한 것이지는 모르겠으나, 2년여 동안 초기 전립선 비대증으로 취침 후 2~3시간 지나면 꼭 소변이 마려워 잠을 깨곤 하던 증세가 싹 사라졌다.

이후 더욱 명상과 운동에 열중하게 되었다. 특히 호흡명상은 기본명상이기 때문에 옴-진동명상, 단전치기 명상 등 모든 명상동작과 병행한다. 큰절명상의 경우는 아침 조깅을 시작하기 전에 하는데, 아침에 일어나서 굳은 몸을 푸는 준비동작 겸 명상으로 활용하면 아주 좋다.

명상은 사람에 대한
인내심을 키운다

나는 명상을 늦게 시작한 것을 매우 후회한다. 내가 명상을 젊은 시절부터 시작했더라면 직장생활을 더욱 좋은 상황으로 해냈을 것이라는 확신을 갖고 있다. 왜냐하면 명상을 함으로써 내가 생각하는 여러 가지 단점들을 극복할 수 있었을 터이고, 그러한 단점들로 인해서 직장생활에서 사람으로 인해 겪었던 어려움을 쉽게 극복해 냈을 것이기 때문이다. 또한 상황을 좀 더 넓고 깊게 통찰할 수 있었을 것이고 특히 나와 다른 사람들에게 보다 큰 인내의 미덕을 발휘하였을 것이다.

사람 사는 세상에서 사람에 대한 인내심은 자신의 일을 추진하는 데 매우 중요한 영향을 미친다. 한번 만나고 말 인연이 아니라면 싫은 사람, 미운 사람들에 대한 인내심의 부족, 포용심의 상실은 자주 자신의 일에 부정적인 영향을 미치곤 한다.

특히 회사든 정부를 비롯한 공공기관이든 여하한 형태의 조직생활에서는 사람에 대한 인내심이 조직의 사다리를 오르거나 업무를 처리하는 데 크나큰 역할을 한다. 마음에 안 드는 사람과도 자주 만나서 대화해야 하고 상의해야 하고 협조를 구해야 하기 때문이다. 사람에 대한 인내심을 키우는 것은 한 마디로 사람 사는 이 세상에서 존경을 받는 첩경이기도 하다. 사람에 대한 인내심이란 여러 각도에서 정의할 수 있다.

(1) 첫째, 사람에 대한 인내심은 타인이 나에게 모욕감을 주더라도 그에 대한 즉발적인 반응을 자제하는 힘이다. 이 힘이 있으면 모

욕감을 촉발시킨 원인을 냉철하게 따져본 후 자신의 행동 양태를 결정할 수 있고 직설적으로 맞받아치지 않게 된다. 모욕을 주는 것은 상대방의 자유이고 그에 대한 반응을 보이는 것은 나의 자유이다. 그렇기에 상대방의 유인에 이끌려 나의 반응이 이루어진다는 것은 결국 나의 자유를 포기하는, 즉 미성숙한 유아심리 상태에 있음과 다름 아니다. 인내심은 이를 깨닫게 한다.

모욕에 대해 냉철하게 대응하려면 그 모욕감을 유발하는 원인을 상대방의 심리상태에서 하나하나 잘게 분해해 보아야 한다. 그의 과거와 현재의 생각구조, 심리상태, 처해 있는 상황의 압박 등을 깊숙이 파고들어서 그를 알아야 한다. 일단 상대방에 대한 분석이 끝났으면 거기에 나의 느낌을 연결시키기는 수월해진다. 나의 느낌, 나의 아픔, 나의 입장을 위주로 상대방이 행한 행동이 어떻게 그런 아픔과 연결이 되고 얼마만한 아픔을 초래하였는지 앞뒤 이치가 맞게 조곤조곤 설명해서 모욕을 준 상대방이 자신의 잘못을 인정하게 만들어 이해시켜야한다. 바로 인내심은 이를 가능하게 한다.

(2) 둘째, 사람에 대한 인내심은 서로 의견이 다르다 해도 상대방을 편견으로 바라보지 않는 힘이다. 즉 그 사람의 의견과 사람됨을 분리시켜 볼 수 있는 힘이다. 나는 빨간색 옷을 좋아하는데 상대방은 까만색 옷을 좋아한다고 해서 나는 '빨갱이', 상대방은 '까맹이'라고 낙인을 찍으면 그 낙인 속에 자신을 가두게 된다. 그 낙인 속에서 상대방을 보려면 어찌 상대방이 가진 다른 면모를

볼 수 있겠는가? 똑같은 전자와 양성자로 이루어진 사람임을 인정하고 똑같은 인격체임을 인정하고 다만 다른 생각파동을 형성하는 뇌를 가진 사람이고, 다른 의견을 가진 사람이라고 인정해야 한다. 사람을 사람으로서 존중하고 의견은 의견으로서 이해해야 하는 것이다. 인내심은 이를 실현시켜 준다.

(3) 셋째, 사람에 대한 인내심은 타인과의 의사소통을 원활하게 해주는 힘이다. 상대방과 소통하려면 상대방도 나와 똑같은 전자와 양성자로 구성된 물질인 만큼 서로 잘 접촉하면 동일한 범주의 파동을 형성할 수 있을 것이라는 믿음을 기반으로 상대방에게 끈질기게 다가가야 하는데, 이 끈질기게 다가갈 수 있게 해 주는 힘이 바로 사람에 대한 인내심이다.

소통을 통해서 서로 다른 생각의 범위를 좁히거나 일치시킬 수 있고 '오늘은 내 것, 내일은 네 것' 하는 식으로 서로 주고받으면서 서로 상생의 터를 발굴할 수 있게 하는 것이 소통이지만 인내심은 오늘 상생의 터가 형성이 안 된다고 당장에 포기하지 않고 내일 다시 시도할 수 있도록 해 준다. 인내심은 바로 상대방을 일방적으로 설득시키려 하지 않고 나의 생각을 쌍방향에서 이해시키려고 시도하는 힘인 것이다.

(4) 넷째, 궁극에 가서 서로 다른 길을 갈 수밖에 없는 상황이라면 그것은 그 의견에 국한함을 인식하는 힘이다. 다음 기회에는 서로 같은 의견을 가질 수 있음을 믿고 그 사람에 대한 인격이 어떠니

저떠니하는 비방의 말을 삼가는 힘이다. 오늘은 다른 길을 갈 수밖에 없음을 설명하여 상대방의 마음을 상하게 하거나 분노하게 하지 않는 힘이다.

나는 명상이 위와 같은 사람에 대한 인내심을 키우는 근원적인 작용을 한다는 것을 체험을 통해 알 수 있었다. 하지만 그 시기가 늦은 탓에 '좀 더 일찍 알았더라면 좋았을 걸' 하는 후회가 남아 있다. 이런 나의 후회를 통해서 독자들은 무언가 얻는 교훈이 있기를 바라면서 나의 명상 방법을 소개해 보았다.

모든 독자가 기본적인 호흡성찰명상과 다른 명상들을 통해 자신이 진정 바라는 사람으로 거듭나서 자신의 인생길을 원하는 대로 잘 가기를 바란다. 명상이 바로 그 역할을 해줄 것임을 강력히 믿는다.

03

성취를 위한
공명증폭의 길

1 | 공명증폭의 터전을 가꾼다

우주는 질량에 따라, 전기적 성질에 따라, 핵자의 구조에 따라 서로 밀어내고 끌어당기는 중력, 전자기력, 강력, 약력의 4가지 힘이 복합적으로 그리고 아주 절묘하게 자용하면서 오늘날의 안정된 구조로 형성되었다. 이를테면 산소원자는 핵 안에 8개의 양성자를 갖고 있고 핵 주변으로 8개의 전자가 돌고 있는 구조를 갖고 있다. 양성자는 양의 전하를 띠고 있고 전자는 음의 전하를 띠고 있어서 전자기력에 의해 8개의 전자들은 8개의 양성자에게 이끌려서 그 주변을 맴돌게 되어 있다.

하지만 핵 안의 양성자 8개는 서로 양의 전하를 갖고 있는데 어떻게 서로 단단히 뭉쳐 있을 수가 있을까? 당연히 의문이 든다. 여기에 '강력'이 끼어든다. '이 지역은 나의 영역이다' 하고 '강력'이 확실한 말뚝을 박아 경계를 분명히 하는 바람에 전자기력이 맥을 못 쓴다. '강력'이 8개의 양성자를 똘똘 뭉치게 만들어서 양성자가 양의 전하를 갖고 있지만 서로 밀어내고자 하는 힘을 약화시켜 작동하지 못하게 하고 있는 것이다.

한 마디로 핵자의 안에서 강력과 약력이 전자기력이나 중력보다 더 강하게 작용하는 것이다. 우주는 이렇게 절묘한 조합을 창출하였다. 만약 강력이란 힘이 없었으면 100여 가지의 원자들이 생겨났을 리도 없고 이 원자들이 없었으면 생명도 태어났을 리 없다. 강력과 약력이 왜 있고 중력과 전자기력은 왜 있으며 이 4가지 힘은 왜 서로 다른 영역을 지배하고 있으면서도 각자의 영역을 침범하기는커녕 서로 조화를 이루고 있을까? 아직 아무도 모른다. 수많은 물리학자들이 연구에 연구를 거듭하고 있지만 아직 속 시원하게 밝혀진 내용은 없다. 그냥 그런 힘이 존재하고 있고 그 힘의 작용법칙만을 이해하고 있을 뿐이다.

우리가 이렇게 4가지 힘을 세분해서 말하고 있지만 이 4가지 우주의 힘은 크게는 인력과 척력작용으로 우리를 모아주고 연결해주는 힘이라고 말한 바 있다. 그때그때 상황에 따라서 중력이 작용하다가 전자기력이 작용하기도 하고 원자수준에서는 강력과 약력이 작용해서 인력과 척력의 형태로 우리 인간을 만들고 상호 연결해주고 있는 것이다.

앞에서도 말했지만 전자가 몇 개, 양성자가 몇 개 모여서 입체적인 형태를 가질 때 산소도 나오고 탄소도 나온다. 그리고 탄소원자 1개, 수소원자 2개, 산소원자 1개가 모여서 입체적인 결합 형태를 갖추면 탄수화물이라는 분자가 생성되며, 이런 식으로 단백질, 지방이라는 분자들도 생성되고 다시 탄수화물, 단백질, 지방의 분자들이 모여서 세포를 만들어 궁극에 가서는 생명을 만든다. 따라서 이렇게 해서 생겨난 세포들 중 약 1경 개의 세포들이 모여 우리 몸을 만들었고 그 세포들의 유기적인 연결과 조화로운 협력이 우리 몸의 생명현상을 지속시키고 있다는 생명의 원리에서 보았을 때, 우리는 상호간에 어떤 공명증폭 작용을 통해서 집단화나 유기적 연결고리를 만들고 그 연결고리 속에서 자신의 삶의 길을 가는 것이 숙명이라는 하나의 생명법칙을 도출할 수 있다. 게다가 양자역학에서 말하는 '양자적 얽힘' 현상이 유기적 연결이라는 생명의 원리를 실험적으로 뒷받침해주고 있어, 사람 상호간의 유기적 연결과 조화라는 생명법칙에 확신을 갖게 해준다. 따라서 '양자적 얽힘' 현상의 설명을 통해서 그 확신을 입증해보고 한다.

① 광자(빛의 입자)를 포함한 모든 입자는 각기 일정 축을 중심으로 오른쪽으로 또는 왼쪽으로 돈다. 이를 스핀이라고 부른다. 지구가 자전하는 것처럼 돈다고 생각하면 된다.
② 일정 축이란 수지상태일 수도 있고 왼쪽 또는 오른쪽으로 기울어진 상태일 수도 있는, 개개의 양자가 모두 다 다른 축을 중심으로 돈다.
③ 하나의 칼륨원자에서 광자분리기라는 기계를 이용하여 두 개의 광자를 뽑아낸다.
④ 광자분리기를 중심으로 양 방향으로 11km 떨어진 곳에 광자의 스핀을 측정하는 기기를 설치한다.
⑤ 이 두 개의 광자를 분리시켜서 각기 반대방향으로 쏘아 보낸다.
⑥ 광자 스핀 측정기가 그 11km 지점에서 각기 반대방향으로 쏘아진 광자들의 스핀을 측정한다.

⑦ 광자 A의 스핀 값을 측정하자 광자 B는 원래 광자 A와 다른 스핀 값을 가졌다가도 A가 측정되자마자 A와 아주 똑같은 스핀 값을 보인다. 똑같은 스핀 값이란 기울기, 도는 속도, 도는 방향이 서로 다르다가도 측정되자마자 서로 똑같아짐을 의미한다.

이 실험 결과를 보고 물리학자들은 경악했다. 어떻게 두 물체가 동시에 똑같은 값을 보일 수 있느냐고. 아무리 속도가 빨라도 11km 거리를 가려면 찰나의 시간이라도 걸릴 터인데 동시에 똑같은 값을 보이는 현상을 설명할 길이 없었던 것이다.

두 광자가 동시에 똑같은 값을 갖는 현상에 대해 현재까지 그 원리가 밝혀지지는 않았지만 외적으로 나타난 결과만을 놓고 볼 때, 양자적 연결고리가 있는 두 물체는 아무리 공간적으로 멀리 떨어져 있어도 서로 동시에 영향을 주고받도록 되어 있다고 과학자들은 말한다.

'양자적 연결고리'라 함은 하나의 칼륨원자에서 나온 두 개의 광자처럼 그 출생 근원이 같은 상태를 의미한다. 이 양자적 연결고리를 근거로 더 나아가 광역적으로 해석해서, 우주에 산재하는 모든 만물은 태초에 한 지점에서 탄생하였다는 빅뱅이론에 따라 인간을 포함한 모든 만물은 양자적으로 얽혀 있다고 일부 과학자들은 말한다(《우주의 구조》, 브라이언 그린). 이 양자적 얽힘 현상을 앞에서 소개한 백스터의 침 실험 결과에 견주어 보면 양자적 얽힘 현상이 우리네 삶에 실체적으로 나타나는 것을 알 수 있다.

그 침 실험 결과는 양자적 얽힘 현상에 의해 다음과 같이 분석할 수 있다.

① 침은 바로 나의 몸에서 나왔다.

② 침은 양자적 구성성질상 나의 몸과 동질이다.

③ 나의 몸인 뇌에서 파동을 보낸다.

④ 나의 침은 나의 뇌파와 유사한 파동적 형태를 발산한다.

⑤ 나의 뇌파와 침의 파동은 동조한다.

이와 같이 양자적 얽힘 현상에 의하면 우리는 동물과도 얽혀 있고 식물과도 얽혀 있어서 미세함에서부터 장대함까지 직접적인 것에서부터 간접적인 것까지 다양한 형태의 영향을 서로 주고받으며 살아갈 수밖에 없다. 실체적인 예를 든다면 미토콘드리아가 그렇다. 앞에서 설명한 바와 같이 미토콘드리아는 우리 몸 안에서 에너지를 만들어 내는 중요한 역할을 하는데 이 미토콘드리아가 파리에서부터 엽록소 식물에 이르기까지 거의 모든 동식물에 자리 잡고 있다.

이와 같이 '양자적 얽힘'이라는 그 근원의 성질을 우리는 아직도 우리 몸 안에 생생하게 간직하고 있어서 이 '얽힘'이 우리를 서로 연결해서 영향을 주고받게 한다. 우리는 다만 이 현상을 의식하지 못할 뿐이다. 우리는 이렇게 얽혀 있음과 동시에 끼리끼리 뭉치는 입자와 같은 기질로 인해 집단이나 공동체를 구성하고 그 집단의 구성원으로서 자신에게 주어진 소임을 다하면서 한편으로는 자신이 속한 집단의 발전을 통해 자신의 영향력 확대를 꾀하기도 한다. 또한 앞에서 설명한 바와 같이 여러 물리적 원리와 실증적 사례들은 인간을 포함한 살아 움직이는 만물이 전자기파동으로 상호 교감하고 있음도 명백하게 밝혀주고 있다.

그렇다면 이렇게 '집단화의 속성'을 갖고 있는데다가 '상호 연결되고 얽혀' 있으며 '전자기파동으로 서로 작용하고 영향을 끼치는' 우리네 삶에서 어떠한 마음을 가지고 어떠한 행동을 취해야 타인과 얽혀 있는 나의 삶을 올바르게 이끌어서 그 집단 내에서 영향력이 확대된 삶을 살아 갈 수 있을까? 그 여행으로 나가보자.

믿음을 심는 지능은 스스로 키울 수 있다

내가 만약 누군가를 만나 화난 어조로 누구를 욕하거나, 걱정 가득한 표정으로 나에 대해 우울한 이야기를 하거나, 의기소침한 상태에서 자신이 처한 상황에 대한 푸념이나 불평불만을 늘어놓는다면 그 이야기를 듣는 상대방은 나를 어떻게 생각할까? 상대방은 개별적인 상황에 따라 '마지못해 듣거나 동정을 한다든지, 위로를 한다든지' 하는 반응을 보이겠지만 근본적으로는 나에 대한 인간적인 믿음의 정도는 심히 낮을 것이다.

마음속으로는 아마 자기통제를 못하는 사람, 의지가 박약한 사람, 심약한 사람이라는 꼬리표를 붙여 나를 바라볼 것이요, 나를 '믿을 수 있는 사람'이라고 생각하지는 않을 것이다. 믿음이 생기지 않으니까 '함께 할 사람'으로 여기지도 않을 것이다. 또 내가 나와 가족에 대해 자랑하거나 남을 깔보거나 무시하는 이야기를 한다든지 해도 상대방은 나를 믿을 수 있는 사람으로는 결코 보지 않을 것이다. 아마 '덜 떨어진', '자아도취에 빠진', '거만하고 미숙한' 등의 수식어가 따라붙을 것이다.

'믿음'의 행위는 우리의 일상생활에서 폭 넓고 크나큰 가치를 발휘한다. 우리가 생활에 필요한 물건을 살 때는 '믿을 만한 제품인가'를 중요 기준으로 한다. 소비자 입장에서 사고자 하는 물품(생필품이든 공산품이든)에 대한 믿음이란 그 용도에 따라서 품질이나 영양가, 내구성이나 편의성 또는 디자인 및 형태 등을 따져서 일정 수준에 도달했을 때 부여된다. 그렇기 때문에 생산자는 물품을 만들고 판매할 때 그 물품에 대한 소비자가 갖는 믿음의 기준과 범위를 충족시키기 위해 온갖 애를 쓴다. 그런데 이 소비자들에게 믿음을 주기 위해 온갖 애를 쓰는 사람들, 바로 이 사람들 간에도 믿음이 형성되어야 소비자들에게 믿음을 줄 수 있는 제품이나 서비스를 제공할 수 있기 때문에 사람 간 믿음 구축은 사회적으로 절대적 가치를 갖는다.

그래서 큰 기업이든 작은 기업이든 일한 사람을 찾을 때 '믿을 만한 사람인가'를 기준으로 한다. 일에 있어 '믿을 만한 사람'의 기준에는 이성적인 인지와 판단능력 이외에 사람과 사람 사의의 관계에 있어 경청, 대화, 이해, 소통, 설득, 협동, 감정이입 등의 사회능력을 어느 정도 보유하고 있는가가 중요한 평가항목으로 자리 잡는다. 이러한 맥락에서 암묵적이든 현시적이든 관계되는 모든 사람에게 믿음을 주는 것은 사회적 관계에서 가장 기본적이고 필수적인 행동이다. 사람과의 관계에 있어 믿음의 터전을 닦아 놓는다는 것은 곧 그 사람과의 공명의 터전을 가꾸는 것이요, 내가 생각한 것을 그 사람에게 통하게 하는 통로를 여는 것이요, 내가 가고자 하는 길에 함께 갈 수 있는 첫발을 디디는 것이요, 내가 행동하고자 하는 것을 그 사람에게 연결시키는 것이다.

공명의 터전은 자신의 생각과 감정이 다른 사람들의 생각, 감정과 공감하는 동네이다. 이 공감의 동네는 자신의 꿋꿋한 기본 가치관을 바탕으로 타인을 인정하고 존중하며 사랑하는 곳이다. 나의 가치관이 꿋꿋해야 함은 나의 생각질량을 크게 하는 원천이고 타인을 존중하고 사랑해야 함은 나의 생각파동을 타인에 공명시키는 원천이다. 내가 타인과 공감하는 생각파동으로 공명의 터전이 형성되면 그때 나의 생각질량의 인력작용에 의해서 내 생각에 동조하는 세력이 조성된다. 뛰어난 이성적 인지능력을 갖고 태어났으면서도 이 공명의 터전을 조성하는데 미약한 사람들의 사회적 성취 결과를 살펴봄으로써 공명 터전 조성의 중요성을 부각시키고자 한다.

1921년 스탠포드대학의 젊은 심리학자 루이스 터먼은 초등학생과 중등학생 25만 명 중 IQ가 140에서 200 사이인 1,470명의 학생들을 추렸다. 터먼은 이들의 IQ가 뛰어난 만큼 성인이 되어 사회에 진출하면 틀림없이 사회적으로 성공한 삶을 살아갈 것이라고 생각했다. 터먼은 또한 이들이 성장해가는 과정에서 그들이 직장을 찾거나 학교에 입학하고자 할 때 필요로 하는 사람들에게 추천서를 지원해 주기도 하면서 이들의 성공과정을 추적해 나갔다.

자신의 생각이 틀림없는 증거로 뒷받침되어 세상에서 확고부동한 사실로 인정이 될 것을 기대하면서 그가 뚜껑을 열어 보았을 때, 결과는 매우 실망이었다. 전국적으로 이름을 떨친 사람은 극소수에 불과했고 대부분 평범한 직업에 종사하며 살고 있었다.

말콤 글래드웰은 그의 저서 《아웃라이어》에서 심리학자 로버트 스턴버그의 '실용지능'을 인용하여 그 이유를 설명한다. 실용지능은 '뭔가를 누구에게, 언제, 어떻게 말해야 최대의 효과를 거둘 수 있을지 등을 아는 것'을 포함하는 사회능력인데 IQ가 뛰어난 사람이라고 해서 이 사회능력도 더불어 뛰어나지는 않았기 때문이라는 것이다.

우리가 예전에 '머리가 좋다 나쁘다'의 척도로 삼고 있었던 지능지수(Intelligence Quotient)상의 지능은 사실은 여러 상황이나 숫자나 자료를 이리저리 쪼개고 그 쪼갠 것들에서 어떤 맥락을 발견하고 연결하는 서류상의 분석지능이다. 반면 로버트 스턴버그의 실용지능은 자신이 알고 있는 것을 바탕으로 현실적으로 자신에게 유리한 상황이 전개되도록 관계되는 사람들을 이해시키고 설득할 수 있는 사회능력이다. 이 실용지능은 하버드대 교수 대니얼 콜먼의 사회지능과 유사한 기능을 갖고 있다.

사회지능은 기본적으로 자아의 뚜렷한 인식에서 출발하여 자아의 정체성이나 수명의식 또는 인생헌장을 확립하고 자신에 대한 확고한 주관과 통제력을 키워서 전체로서의 자신에 대한 내공을 다져 놓은 다음, 타인과의 관계로 들어가다 수신제가(修身齊家)하고 치국평천하(治國平天下)하는, 즉 제일 먼저 몸과 마음을 건강하게 다지고 가정을 바르고 화목하게 이끈 다음에야 나라를 다스리고 세상을 평정할 수 있다고 하는 치(治)의 기본원리와 유사하다. 타인과의 관계에서는 우선 타인의 감정 상태를 제대로 이해하고 공감할 줄 아는 감정이입을 바탕으로 친근하고 친밀한 관계를 유지할 수 있어야 하고 그 다음으로는 이 관계를 기반으로 자신이 생각하고 목적하는 바를 타인에게 설명하고 이해시키고 영향을 주어서 궁극에는 자신이 목적하는 것을 얻어내는 기술이다.

이 사회지능이니 실용지능이니 하는 말은 사실은 다 같은 기능을 하는 사회능력이다. 이 두 지능은 우리가 세상살이를 해가면서 사람과의 관계를 단절시켜서는 살아갈 수 없음을 하나의 숙명적인 사실로서 받아들인 후, 이를 어떻게 잘 활용해서 '원하는 것을 성취'하는 삶으로 이끌어낼 것인가를 안내하는 기술이다. 지능지수로 대변되는 분석지능은 선천적으로 타고 날 수 있지만 사회지능과 실용지능은 후천적으로 갈고 닦을 수 있는 지능이고 대부분 가족환경에 영향을 받는 지능이다.

터먼은 성인이 된 1,470명 중 730명의 기록을 분석해서 상위 20%의 스타 변호사, 물리학자, 공학자 등으로 구성된 A그룹, 중위 60%의 만족할 만한 수준으로 살아가는 B그룹, 나머지 20%의 C그룹으로 나누었다. A그룹에는 중산층과 상류층 출신이 압도적으로 많았고 C그룹은 그 반대로서 그룹 내 3분의 1은 부모 중 한 사람이 초등학교를 중퇴한 학력으로 밝혀졌다.

각 그룹에 속한 사람들의 인격과 태도도 서로 상반되는 결과를 보여준다. A그룹 사람들은 친근하고 매력적이라는 평가를 받은 반면에 C그룹에 속한 사람들은 그 반대의 성향을 나타내고 있다. 글래드웰은 좋은 가정환경이라는 기회가 인격형성에 중요한 역할을 한다고 결론 짓는다(《아웃라이어》, 말콤 글래드웰).

요점은 사회능력에 있어서 원하는 것을 성취했느냐 아니냐의 분수령이 되는 자질이 후천적으로 능히 키워질 수 있다는 점에 있다. 어려서부터 가정환경으로 인해 실용지능을 배양할 기회가 부족했다면 지금이라도 늦지 않다. 인간은 언제나 자신이 속한 환경에 영향을 받으며, 적응하면서, 그리고 극복하면서 지금까지 발전해왔다. 가정환경이 그러한 기회를 제공하지 못했다면 그러한 기회 부족을 탓할 것이 아니라 아직 늦지 않았으니 스스로 그러한 환경을 조성하고 활용해서 자신의 사회능력을 높여야 한다. 생각은 뇌 세포 간에 전자기 파동의 공명 증폭적인 연결망의 확대인 사실을 상기하라. 내가 그 쪽으로 생각에 생각을 더하면 회로가 확장됨을 상기하라. 그 생각대로 조금씩 꾸준히 움직이면 결국엔 뇌의 신경회로에 크나큰 연결 길이 생겨 하나의 현실적인 습관으로 나타남을 명심하라.

인격과 태도 조사에서 A그룹 사람들은 친근하고 매력적이라는 평가를 받았다는 사실에 주목하자. 내가 온화한 표정을 짓고 겸손한 자세로 밝고 고무적인 말과 행동을 하면서 배려하는 마음을 갖고 사람을 대하면, 나는 그 누구와도 친해지지 않을까? 내가 편견을 갖지 않고 다양한 견해를 인정하되 자신의 주장은 차분차게 이야기하면서 긍정과 희망으로 가득한 자신의 신념을 보여주면, 나는 매력적으로 보이지 않을까? 그렇다, A그룹 사람들은 사회적 관계 속에서 자신이 원하는 것을 얻고자 할 때 바로 이러한 친근감을 느끼게 하는 자세와 말씨, 바로 매력을 느끼게 하는 자세와 말씨를 사용했던 것이다. 미국의 오바마 대통령도 늘 미소를 머금고 차분한 말씨로 상대방과 이야기하였다고 그의 자서전에서 밝히고 있다.

상대방으로부터 무언가를 얻으려면 우선 상대방에게 접근해서 사귀어야 한다. 일정기간 서로 간 사귐을 통해서 상대방에 대한 이해가 시작된다. 상호이해는 믿음의 터전을 닦기 위한 기본 단계다. 상호 공감하는 공통의 장이 서는 때다. 상호이해를 넘어서 온화, 겸손, 격려, 배려와 같은 행동이 지속되면 믿음의 전단계인 '공명의 터전'을 닦게 된다.

이러한 공명의 터전 위에서 서로 간에 약속한 바를 흠 없이 지켜나가는 행동을 보여 주고 이러한 모든 행동들이 일관성 있게 지속되면 초기에 미약했던 믿음이 점점 강해지고 깊어지면서 가까이 하고 싶은 매력을 느끼면 상대방에게 비로소 말 그대로 '믿음'을 주게 된다. 상대방으로 하여금 진정 나를 믿게 만든다. 그래서 이러한 믿음이 형성되면 오래 사귀려고 하고 일을 맡기거나 함께 일을 할 수도 있는 관계가 형성된다.

믿음이 형성되면 그때 내가 원하는 것, 목적하는 것을 말하고 협조를 요청할 수 있다. 이러한 믿음의 관계가 형성되기도 전에 어떤 것을 요청하면 그 요청이 이론적으로 아무리 당위성을 갖는다 해도 상대방으로부터 긍정적인 협조는 어려울 것이다. 그렇다면 그 믿음의 터전을 닦고 공명의 씨앗을 키우는 행위엔 어떤 것이 있을까?

**불확정성 원리는
믿음의 행위를
정립하여 준다**
독일의 물리학자인 막스 보른이 1926년 발견한 '전자의 파동함수 붕괴' 원리와 하이젠베르크가 1927년 발견한 '불확정성의 원리'가 공명의 터전을 닦기 위한 가장 기본적인 원리를 제공해준다. 독자는 다음의 설명을 통해 이 두 원리를 정확하게 이해할 필요가 있다.

우선, 전자의 파동함수 붕괴가 무엇을 뜻하는지 살펴보자. 우리는 전자가 파동이며 입자라는 사실을 이미 알고 있다. 그런데 이 전자라는 녀석은 파동의 형태를 취하고 있을 때는 확률상태로 존재하고 있다. 입자의 형태를 취하고 있을 때는 어떤 형체를 취하고 있으니 당연히 어느 지점에 있는지를 명백히 파악할 수 있는데 파동의 형태를 취한다는 것은 일정한 형체가 없이 이곳저곳에 확률상태로 존재하고 있다는 것이다. 이를테면 A지점에 20%, B지점에 15%, C지점에 10%, 하는 식으로 무수히 많은 지점들에 퍼센트라는 확률로 존재하고 있다. A지점에 있을 확률이 제일 큰 20%이고 나머지 B, C, D, … 지점들에 있을 확률이 20% 미만이므로 전자가 A지점에서 발견될 확률이 제일 크고 이때의 파동진폭(짧은 주파수)이 20이 되고 B, C, D지점 등의 진폭은 15, 10, 7 등이 된다는 것이다. 다시 말하면 전자가 어느 지점에서 발견될 가장 큰 확률을 가질 때 가장 큰 파동의 진폭을 갖고, 그곳에서 발견될 확률도 가장 크다. 이러한 전자파동의 특정지점 존재확률과 파동 진폭과의 상관관계를 나타낸 한수관계를 전자의 파동함수라고 부른다.

그렇다면 파동함수의 붕괴는 무엇을 뜻하는가? 한 마디로 '파동함수 붕괴'란 전자가 파동으로서 우주 이곳저곳에 크기에 비례하는 다양한 진폭에 따른 확률상태로 존재하다가 우리가 어디에 있는가를 파악하기 위해 관측을 시도하면 그 즉시 파동의 형상을 버리고, 발견된 지점 이외에 존재했던 진폭들은 모두 사라지면서 입자로서 어느 한 지점에 자신의 모습을 드러내는 현상을 일컫는 물리현상이다. 전자가 A지점에서 발견되면 동시에 여타 지점들에서의 존재확률은 제로로 바뀌고 순간 A지점에서 100%의 확률로 그 모습을 보인다. 즉, 파동의 특정

지점 존재확률과 진폭의 함수관계가 사라지고, 즉 붕괴되고, 입자로서 특정지점에 그 모습을 보인다. 그러니까 '파동함수의 붕괴'란 바로 파동의 성질을 버리고 입자로서 모습을 보인다는 뜻의 양자역학 용어이다. 나나 독자에게 쉽게 이해되는 물리현상은 아니지만 어쩌랴. 수많은 물리학자들이 지난 수십 년 동안 이에 대한 수많은 실험을 통해 사실임을 입증하고 있으니.

이에 대해 세계적 물리학자인 리처드 파인만이 그의 책 《파인만의 QED강의》에서 밝힌 설명을 통해 우리의 갈증을 다소나마 풀어보자.

> "… 관찰자가 입자의 운동을 직접 들여다보며 관찰하지 않을 때의 특정 실험결과와 직접 들여다보면서 행한 실험의 결과가 달라진다. 약간 다른 관점에서 설명하면, 각 입자 하나하나는 우리가 직접 관찰하고 있지 않을 때에는 마치 하나의 파동으로서 행동하다가, 갑자기 관찰자가 직접 그 운동을 관찰하기 시작하는 순간부터 파동의 성질을 잃어버리고 입자로서 행동하기 시작한다. 마치 입자 하나하나가 자신들을 들여다보는지 아닌지를 정확히 알고 그때그때 전혀 다른 행동양식을 보이기 때문에 양자역학이 우리의 상식으로는 이해할 수 없는 학문이라고 종종 이야기한다."

한편 막스 보른은 무엇 때문에 전자의 파동함수가 붕괴되는지 그 이유를 밝혀내지는 못했다. 하지만 1년 후 하이젠베르크는 불확정성의 원리를 통해 그 이유를 밝혀냈는데 그 내용을 보자.

이제 우리는 관측을 시도하면 전자가 어디에 있는지를 파악할 수는 있게 되었다. 그러나 하이젠베르크는 한 발 더 나아가 전자의 위치는 물론 그 상황에서 전자의 속도가 얼마인지도 함께 측정하고자 했다. 그런데 정확한 위치를 알면 알수록 그 속도는 더욱더 오리무중이 되어 가는 것이었다. 특정지점에 있을 위치를 대략의 근사치로 알면 속도는 어느 정도 정확하게 파악되고 속도를 정확히 파악하려고 하면 정확한 위치의 파악은 점점 더 어려워져 두 가지를 동시에 정확하게 알아낼 수가 없었던 것이다. 이리하여 하이젠베르크는 전자의 '위치'와 '속도'를 정확하게 동시에 측정할 수 없다는 가설에서 출발하여 우주에 존재하는 모든 물체도 마찬가지로 그 위치와 속도를 동시에 정확하게 알아낼 수 없다는 불확정성의 원리를 발표하게 되었다.

왜 동시에 두 가지를 다 밝혀낼 수가 없을까? 그 이유는 다음과 같다. 전자의 위치를 측정하기 위해서는 높은 진동수(파장이 짧고 진폭이 높은)의 빛(광자)을 쪼여야 하는데, 이 진동수가 높은 광자는 에너지의 양도 커서 전자의 속도를 많이 바꾸기 때문이다(파동의 법칙에서 파동도 에너지를 갖는데 그 에너지의 크기는 파동의 진동수에 비례함을 상기하라). 즉, 전자의 속도는 광자가 갖고 있는 에너지의 양에 의해서 영향을 받는다. 그렇다고 전자의 속도가 방해받지 않게 하기 위해 진동수가 낮은 빛을 쪼이면 전자가 방해받는 정도를 최소한으로 낮출 수는 있지만 광자가 갖는 에너지도 작아서 빠르게 움직이는 전자의 위치를 따라 잡을 능력이 부족하여 전자의 정확한 위치를 알아낼 수가 없게 된다(《엘러건트 유니버스》, 브라이언 그린).

여기서 독자들은 '아니, 에너지가 센 놈이 내치면 당연히 흔들리는 것 아닌가?'라는 의문을 가질 것이다. '일상의 세계에서도 힘이 센 A가 힘이 약한 B를 밀치면 B는 당연히 밀려나게 되어 자기가 가고 싶었던 길을 갈 수 없음은 뻔한데, 이게 무슨 큰 진리인 양 떠드는가? 하고 말이다. 그렇지 않다! 요점은 광자는 질량이 없는 존재라는 데 있다. 광자는 때로는 형체를 갖고 있으나 질량은 없는 존재다. 광자는 아무 무게도 없는 존재다. 광자는 전자기장 안에서 음전하를 가진 존재들과 양전하를 가진 존재들 사이에서 전기력 또는 전기신호를 이동시키는 매개역할을 하는 어떤 무게도 갖고 있지 않은 존재다.

그런데 아무런 무게도 갖지 않은 존재인 광자가 무게를 갖고 있는 존재인 전자를 건드렸더니 그 전자가 방향을 바꾼다니, 우리가 이해 못할 원리가 숨어 있는 것이다. 현재까지 많은 물리학자들이 그 이유에 대해 연구에 연구를 거듭했지만 속 시원하게 밝혀내지는 못했고 개략적인 유추만을 하고 있을 따름이다.

그런데 관측실험에서 왜 꼭 광자를 쏘아야만 하느냐고 생각하는 독자도 있을 것이다. 아주 캄캄한 밤을 생각해보라. 우리는 볼 수 있는가? 우리가 물체를 볼 수 있는 것은 광자들이 그 물체에 부딪친 후 반사되어 우리 눈의 망막으로 오면 망막과 연결되어 있는 시신경이 그 광자들의 움직임을 전기파동으로 바꾸어 그 전기파동을 인식할 수 있는 뇌로 보내기 때문이다. 우리가 물체를 본다는 것은 우리의 눈이 보는 것이 아니고 우리의 뇌가 전기신호를 읽어서 영상화하는 것이다. 그러니까 전자의 움직임을 보려면 반드시 광자를 쏠 수밖에 없고 광자를 통해서 사물을 인식하는 것은 우리 일상에서 늘 일어나는 현상이요 불가결한 현상인 것이다.

바꿔 말해 우리가 본다는 행위는 대상 물체에 광자를 쏘는 것과 같다고 봐야 한다. 그래서 이 관측실험이 우리의 삶에서 더욱 현실성을 갖게 되는 것이며 우리의 관측행위에 의한 교란형상이 전자에게만 국한된 것이 아니라 '우주 안에 존재하는 모든 물체에 적용되고' 그 효과는 미시의 세계로 갈수록 더욱 크게 나타난다고 말하는 것이다. 축약하면 실험실 속의 현상이 아니라 우리네 삶의 전반적인 구도형성에 영향을 끼치는 현상이란 얘기다.

파인만은 그의 책 《파인만의 QED강의》에서 자연현상의 거의 모든 것은 ①전자가 이곳에서 저곳으로 움직이고, ②광자가 이곳에서 저곳으로 움직이고, ③전자가 광자를 방출하거나 흡수하는 세 가지 행위의 단조롭고 반복적인 결합에 의해 형성된다고 말한다. 앞에서 말한 바와 같이 우리가 사물을 볼 수 있는 것은 광자의 움직임을 전자가 흡수해서 전자가 이곳에서 저곳으로 움직이는 전기파동으로 바뀌면서 뇌신경세포가 이 전기파동을 읽어낸 후 영상화시켜서 가능한 것이다. 우리가 볼 수 있는 것이 이럴진대, 우리 마음의 표현, 의지의 표현도 다 이 전자와 광자의 행위의 복합적인 결합에 의한 결과가 아니고 무엇이랴! 다시 말하건대 이 파동함수 붕괴와 불확정성 원리는 전자와 광자 움직임의 상관관계에서 비롯된 것이다. 이는 곧 우리들의 마음의 표현, 의지의 표현으로 연결되기도 하는 것이다.

따라서 이 파동함수 붕괴와 불확정성 원리는 타인과의 동조의 터전을 닦는 데 있어 우리에게 네 가지 중요한 법칙을 알려준다.

(1) 전자의 파동함수 붕괴에서 전자의 위치를 파악하려면 광자의 에너지가 어느 정도 높아야 전자의 속도를 따라 잡아 전자의 위치를 파악할 수 있는데, 광자의 에너지가 낮으면 아예 전자를 따라

잡지도 못한다는 점이다. 그러니까 전자나 광자의 미시세계에서도 어쨌든 에너지가 '센 놈'이 일을 만든다는 사실을 우리에게 전해준다.

이는 사람과의 관계에 있어서 나의 마음을 상대방에게 표현할 때, 에너지가 높은 마음을 투사할 필요가 있음을 말해주고 있다. 에너지가 높은 마음이란 오염되지 않은 열정어린 마음이요 진정어린 마음이다. 진정어린 열정의 마음이나 생각은 분산되어 있는 전자기파동을 하나의 파동으로 결집시키기 때문에 높은 에너지를 만들어낸다. 승려들이 자비명상에 몰입했을 때 측정된 실험결과가 말해주듯이 자비와 같은 진정이 어린 열정을 보일 때 뇌는 감마파와 같은 높은 에너지의 뇌파를 발산하기 때문이다. 높은 에너지의 광자가 빠르게 움직이는 전자의 위치를 파악할 수 있듯이 진정어린 열정의 높은 에너지의 마음이라야 상대방 마음의 현주소를 읽어내고 그의 마음에 영향을 줄 수 있는 위치에 있게 된다. 그 사람이 어떠한 마음 상태에 있고 어떤 의지를 갖고 있는가를 알아야 그 다음 나의 마음표현이 뒤따를 수 있는 법이다. 진정어린 열정의 마음이 아니면 전자의 위치를 찾아내는 광자와 같은 에너지를 가질 수 없다.

그렇다면 타인 간의 관계에 있어 오염되지 않고 진정이 어린 열정의 마음이란 실생활에서 어떠한 현상으로 나타나야 하는 것일까? 진심을 담아 전하는 겸손/감사와 칭찬/격려하는 마음, 신의를 지키고 믿음을 주는 마음 등과 같이 한 마음으로 일관하여 그 사람에게 집중하는 마음이다. 달면 삼키고 쓰면 뱉는 그런 마음이 아니다. 오늘은 이 말을 하고 내일은 저 말을 하는 시시각각 바뀌는 말을 하는 마음이 아니다. 이러한 마음은 마음 에너지가 분산이 되고 파장이 불규칙하게 퍼져나가 타인이 보내는 파동으로부터 배척을 받게 된다. 그러나 자비명상이 보여주듯이 자비와 같은 순수한 열정의 마음으로 내가 겸손하고 감사하는 마음을 갖고 신의를 지키면서 남을 칭찬하고 격려하면 내가 많은 사람과 가까이 할 수 있고 또한 많은 사람이 내게 다가올 수 있게 한다. 이는 광자가 전자를 잡아내듯이 일관되고 집중된 높은 에너지를 방출하기 때문이다.

나아가 이 겸손/감사, 칭찬/격려, 신의/신뢰의 마음이 창출하는 광자 에너지를 나의 안으로 투사하여 내면화시키면 관찰당하지 않는 마음이 되고 관찰당하지 않는 마음은 곧 교란당하지 않는 마음이 되어 나를 통제할 수 있는 힘이 생성되어서 장중/평정, 의지/희망의 마음을 생성하고 유지할 수 있게 한다

(2) 불확정성 원리에서 관찰대상에 있는 전자는 광자에게 노출되면 그 속도에 영향을 받아서 제 속도를 잃어버린다. 전자의 속도는 광자가 비록 질량이 0이라 하더라도 광자의 에너지가 크면 큰 만큼 작으면 작은 만큼 영향을 받는다. 이는 현실세계에서 볼 때, 타인에게 나의 행동을 위한 의도가 노출되어 관측되면 이러저런 영향을 받아 어떤 형태로든 내가 원하지 않은 쪽으로 바뀐다는 의미다.

앞에서 말한 열정과 진정어린 마음을 투사하면서도 우리가 늘 경계하지 않으면 안 될 사항이 여기에 있다. 그것은 안에서 다져

진 나의 의지가 밖에서 행동으로 전환되는 과정에서 그 의지의 숨은 뜻을 밖으로 노출시키지 않는 마음이라야 한다. 높은 에너지로 충전된 상태에서 겸손/감사나 칭찬/격려를 투사한다 해도 생색이나 과시와 같은 마음이 숨겨져 있다면 그 마음은 드러내서 관찰당하고 싶은 마음의 표현이므로 광자의 위치에서 전자의 위치로 전환되어 쉽게 교란을 당하게 된다. 아니, 이미 생색이나 과시의 마음이 자리 잡게 되면 그 순간부터 이미 진정한 열정의 높은 에너지로 충전된 마음이 될 수 없다. 누구나 경험을 했을 것이다. 누군가로부터 들은 칭찬이 어떤 숨어 있는 잇속이나 대가를 바라고 행해졌다면 그러한 잇속이나 대가는 쉽게 감지되지 않았던가? 그래서 고마운 마음보다는 오히려 불쾌한 감정이 더 들지 않았던가?

이를 통해서 우리는 누군가를 비난/불평하거나 나 자신을 과시하거나 내가 오만하게 행동하거나 누군가에게 화내고 분노하는 행위는 바로 관찰당하는 위치에 서 있게 되는 것이고, 그래서 그러한 나는 교란을 당할 수밖에 없으며 결국엔 타인과의 관계에서 자신이 원하는 상황을 유지할 수 없다. 구체적으로 말해서 내가 누군가에게 비난, 과시, 자만, 분노 등으로 나 자신의 행동을 우월하게 보이고자 한다거나 근심/걱정으로 열등적인 모습을 보이고자 한다면 이는 즉시 교란을 당한다는 의미이다. 왜냐하면 비난, 과시, 자만, 분노 등은 적극적으로, 근심/걱정 등은 소극적으로 남에게 '나는 이런 사람이다' 하고 자신의 마음상태를 관측당하고 싶어 하는 표현이고 행동이기 때문이다. 광자의 위치가 아닌 전자의 위치에서 나를 말하고 있기 때문이다.

(3) 파동함수 붕괴에서 광자의 에너지가 전자의 위치는 파악할 수 있으나 불확정성 원리에서는 전자의 위치와 속도의 양자를 동시에 측정할 수 없다고 말한다. 이는 전자의 위치나 속도 중 하나만을 관측하는 것으로 만족하라는 뜻으로 우리의 현실세계에서 관측자의 관측 욕심이 과도해서는 안 되며 과도한 욕심의 분출은 그 대상을 교란시켜 원하는 만큼 결과를 얻을 수 없다는 원리를 말해주고 있다.

따라서 의지와 희망을 갖고 자신에게 알맞은 목표를 성취하도록 노력해야지 어떤 대상에 대해서 과도하게 집착하거나 지나친 욕망을 가져서는 되는 일이 없음을 우리에게 제시한다고 할 수 있다.

(4) 내가 어떤 일을 하는 데 있어 타인과 불가피하게 피관찰자의 입장에 있는 경우라도 (1), (3) 같은 에너지를 갖고 관찰가이 입장인 광자의 마음으로 타인을 의식하지 않고 자신만의 의지와 희망을 갖고 자신의 본여의 업무에 몰입하면, 내가 하는 일과의 관계에 있어서 나는 관찰하는 위치에 있으므로 피관찰자 위치에서 교란당하는 상황을 개선하거나 역전시킬 수 있다는 점이다. 예를 들면 일정한 무대 위에서 많은 관람객의 관찰하는 눈동자를 의식하고 무대에 서야 하는 가수, 연극배우, 운동선수 등은 관중과의 관계에 있어 어쩔 수 없이 피관찰자의 위치에 서게 된다. 그런데 그들이 관중을 의식하기 시작하면 그 순간부터 피관찰자라는 위치에서 헤어 나올 수가 없게 되어 자신의 본래 일은 방해

받게 된다.

그렇다면 이러한 방해로부터 벗어나려면 어떻게 해야 할까? 한마디로 관중에게 잘 보여야겠다는 피관찰자적인 전자의 생각을 버려야 한다. 그러니까 어차피 관중과의 관계에 있어서는 피관찰자인 만큼 그 관계를 받아들인 후, 그 범위 안에서 수많은 관중의 관찰시선을 뛰어넘을 수 있는 광자의 생각으로 높은 에너지를 갖고 초연하게 그 무대에서 행해야 할 본래의 동작에 몰입해야 한다는 점이다. 바로 (1), (3)의 원리가 이를 역설적으로 말해주고 있거니와 내가 통제할 수 없는 관중과의 피관찰자적 위치를 뛰어넘어 내가 통제할 수 있는 나의 일에 대한 관찰자적 위치를 확보하여 거기에 힘을 쏟으라는 말이다. 심리적으로는 희망을 키우면서 의지와 몰입의 에너지를 작동시키라는 뜻이다.

그런데 용하게도 나의 이러한 주장이 심리학계에서 말하는 소위 '각성'의 현상과 맞물려 있어서 나의 주장의 실효성을 뒷받침하고자 그 내용을 소개한다.

전우영 교수가 지은 《심리학의 힘》에 따르면 사람을 포함한 유기체는 다른 존재가 자신의 행동을 지켜보고 있으면 각성이나 흥분 수준이 높아진다고 한다. 다른 존재가 지켜보고 있다고 해서 왜 흥분 수준이 높아지는 것일까? 각성이나 흥분이 뇌의 전자기파 발산 및 이동의 급격한 변화라는 측면에서 보면, 이는 불확정성 원리에 따라 관찰당함으로써 생겨나는 전자기파 '교란' 현상의 심리학적 표현인 것이다. 전우영 교수에 따르면 이러한 각성의 결과로 이전에 이미 배우고 익혀서 익숙하나 하기 쉬운 행동의 경우에는 남이 지켜볼 때 그 행동을 더욱 잘하게 되는 현상이 일어나고 배운 적이 없어 처음 경험하거나 하기가 어려운 행동의 경우에는 남이 지켜볼 때 그 행동을 더욱 못하게 되는 현상이 일어나게 된다는 것이다.

심리학적으로는 전자의 경우를 '사회적 촉진' 현상이라 하고 후자의 경우를 '사회적 억제' 현상이라고 부른다고 한다. 다시 말해서 사회적 촉진 현상은 하기가 쉬워서 별달리 심한 노력을 하지 않아도 할 수 있는 일이어서 많은 사람이 보면 오히려 더 흥이 나서 잘하게 되는 경우이고 반면에 사회적 억제 현상은 하기가 어려운 일이라서 다른 사람들이 보면 오히려 그 사람들의 시선이 부담으로 작용하여 혼자서 할 때보다도 더 못하게 된다는 경우이다. 전자의 경우는 어울려서 덩실덩실 춤을 춘다든가 자전거를 타는 것과 같은 간단한 묘기처럼 누구나 간단한 연습을 통해서 시연할 수 있는 행위를 들 수 있고 후자의 경우는 김연아 선수의 피겨 스케이팅 시연이나 프로 골프선수가 많은 갤러리들 앞에서 골프공을 치는 행동과 같이 수없이 많은 반복적이고 반복적인 연습을 통해서만이 보일 수 있는 행위를 들 수 있다.

이러한 사회적 촉진-억제 현상과 불확정성 원리의 상관관계에 있어 보다 중요한 점은 사회적 촉진-억제 현상이 사람의 관찰행위에만 국한되는 것이 아니고 다른 유기체의 경우에도 나타난다는 점이다. 전우영 교수의 《심리학의 힘》에 따르면 1969년에 로버트 자이언스 등의 연구자들이 32마리의 암컷 바퀴벌레들을 이용하여 이러한 사회적 촉진과 억제 현상에 관한 실험을 하였다고 한다. 연구자들은 우선 일단의 바퀴벌레들을 단순한 일자형 통로와 조금 복잡한 십자형 통로를 달리게 한 후 출발지점에서 목표지점까지 걸리는 시간을 측정하였다. 그 다음에는 주변에 다른 바퀴벌레들이 지켜보게 하는 가운데(이런 실험을 하기위해서는 여러 가지 장치를 했음은 물론이다) 그 바퀴벌레들을 다시 일자형 통로와 십자형 통로를 달리게 해서 그 걸린 시간을 측정해서 비교해 보았다. 놀랍게도 관중(바퀴벌레)들이 지켜보는 가운데 쉬운 코스인 일자형 통로를 달리는 데 소요된 시간은 혼자서 달린 시간보다 더 짧았고, 더 복잡한 십자형 코스를 달리는 데 소요된 시간은 혼자서 달릴 때 보다 관중들이 지켜볼 때 시간이 더 오래 걸렸다. 어려운 코스에서는 관중들의 시선이 오히려 교란작용을 일으켰던 것이다.

우리는 여기서 또 하나의 알다가도 모를 의문점을 만나게 된다. 즉, 어떻게 하나의 바퀴벌레가 다른 바퀴벌레의 관찰시선에 영향을 받아 잘 뛰거나 못 뛸 수 있겠는가 하는 의문이다. 그렇다! 반딧불이의 반짝거림, 개구리의 개골개골 소리, 매미의 맴맴 소리를 떠올려보자. 무엇이 그들을 공명하게 만드는가? 바로 전자기파동이 아니었던가. 모든 유기체와 생명체는 전자기파를 발산하고 바퀴벌레도 예외는 아님을 알겠고 그런 면에서 불확정성원리는 바퀴벌레에게도 적용됨을 알겠다. 각각의 유기체는 처한 상황에 따라 서로 공명하는 촉진현상을 일으키거나 교란하는 억제현상을 일으킨다는 원리도 알겠다.

사회적 촉진 현상에 있어서는 '관찰하느냐, 관찰당하느냐'와 같은 일방적인 관찰의 시선을 투사 받는 것이 아니고 쌍방 간에 자연스런 시선의 주고받음을 통해서 서로 감응하거나 어울리는 상황이기 때문에 일종의 공명증폭적 현상이 일어날 수 있다. 그러나 사회적 억제 현상에 있어서는 김연아 선수의 피겨 스케이팅 시연과 같이 엄청나게 많은 관찰자들의 시선이 집중되고 이에 따른 엄청나게 많은 관찰에 의한 전자기파 에너지가 투사되기 때문에 불확정성 원리에 따른 교란 현상이 일어나게 된다. 전우영 교수에 따르면 사회적 억제 현상을 극복하기 위해서는 피관찰자가 반복적인 연습을 통해서 그 행위를 거의 자동적으로 수행할 수 있어야 한다고 하는데, 이는 부단한 연습과 연습으로 완전히 자기 것을 만들어 그 관중 앞에서 보여야 하는 행위와 자기 자신이 하나의 상태가 되어서 관중의 관찰시선에서 나오는 광자의 에너지를 극복해야 함을 뜻한다. 오로지 끊임없이 행하는 연습으로부터 분출되는 에너지만이 그 연습량에 비례해서 관중으로부터 투사되는 관찰 에너지를 극복할 수 있다는 뜻이다. 이러한 반복적 훈련을 통한 수련도 형선과 시연하는 행위 자체와 하나가 되어야 하는 합일이라는 심리상황은 바로 관중 앞에서 시연해야 하는 행위 자체에 몰입해서 나와 시연 행위와의 관계에 있어 관찰자의 위치를 확보해야 한다는 원리와 상통하게 되는 것이다.

2010 벤쿠버 동계올림픽 피겨스케이팅 부문에서 금메달을 딴 김연아와 은메달을 딴 아사다 마오가 시합 전 언론과의 인터뷰에서 각자의 속마음을 드러낸 적이 있는데 이러한 속마음의 표현과 메달 수상의 결과는 바로 관찰과 피관찰의 파동함수 붕괴 원리와

그대로 직결되고 있어서 그 내용을 소개한다.

　김연아는 다른 사람들의 시선보다는 자신과의 싸움에 집중하였다. 쓸데없이 외부의 시선에 끌려다니는 우를 범하지 않았다.
　20일 벤쿠버에 도착한 아사다 마오는 기자들의 질문에 스스럼없이 답하였다. 트리플 악셀(3회전 반 점프)을 집중 연습했다고 털어놓으며 묻지도 않았는데 쇼트에서 한 차례, 프리에서 두 차례 트리플 악셀을 반복 훈련했다고 밝혔다. 공식 기자회견도 마다하지 않겠다며 언론에 대한 구애공세도 폈다. 다분히 김연아를 견제한 언사로 보였다.
　반면 김연아는 일절 전략이나 경쟁자에 대한 코멘트를 하지 않고 훈련의 반복에 집중하였다. 올림픽 금메달은 아사다와의 경쟁이 아니라 자신과의 싸움이라는 것을 일찌감치 간파하고 있었던 것이다(중앙일보 2010.3.2.).

　여기서 자신과의 싸움이란 무엇을 의미할까? 바로 자신을 관찰하는 행위다. 김연아는 기자와의 인터뷰 당시 올림픽에서 금메달은 하늘이 주는 것이라는 말을 한 적이 있는데 이는 바로 자신을 관찰하여 자신의 속뜻을 세우지 않고서는 나올 수 없는 발언이다. 반면에 아사다는 은연중에 김연아를 의식하여 김연아보다 한 수 위라는 뜻의 발언들을 하였다. 훈련한 내용을 소개하면서 자신을 과시하는 발언들을 함으로써 인정받고자 하는 자신의 속마음을 드러내놓게 되었고, 결과적으로 자신의 속마음이 관찰당하는 형세에 자신을 몰아넣었다.

상기의 (1), (2), (3), (4)를 총합해 볼 때 전자 파동함수 붕괴와 불확정성 원리라는 두 가지 물리현상은 우리네 인생에서 '과유불급, 중용을 취하라'든가 '진실한 마음으로 대하라'든가 '몰입하라, 열정을 갖고 살아라'라든가 '남과 비교하지 말라' 등의 교훈과 일맥상통하는 의미를 우리에게 전달하고 있다. 이처럼 작은 미시세계에서 벌어지는 양자역학적 현상들이 그대로 우리 인생살이의 이런저런 모습에도 연관된다는 것이 참으로 신묘하다. 따라서 우리는 양자역학상의 관찰과 교란의 법칙이 우리네 생각활동에 깊숙이 관여하고 있음을 깨닫고 그 법칙에 걸맞은 생각활동을 전개해야 할 것이다.

이에 나는 막스 보른의 전자의 파동함수 붕괴와 하이젠베르크의 불확정성의 원리에 입각하여 우리가 살아가면서 또는 일을 하면서 사람 간에 공명증폭을 일으킬 수 있는 터전을 가꾸기 위한 행동으로 다음의 4가지를 제안한다.

비난/불평하지 않고 칭찬/격려한다.
분노/화를 통제하고 작중/평정을 유지한다.
오만/자만하지 않고 겸손/존중한다.
근심/걱정을 버리고 의지/희망을 키운다.

2 | 비난/불평하지 않고 칭찬/격려한다

비난/불평의 결과

"남을 비난하고 불평하면 나에게 어떤 이익이 있을까?"

이러한 단도직입적인 질문으로 비난/불평에 대해 생각해보자. 직장 내에서, 정치권에서, 개인 간의 사적인 이야기 속에서 남을 비난하고 불평불만을 말하는 사람들이 많다. 정치권이 대표적인 예가 될 것이다. 여당과 야당이 상대 당에 대해 좋게 말하는 경우를 본 적이 없다. 내가 기억하는 한, 각 당 대변인의 발표를 보노라면 어느 당도 단 한 번 상대방을 칭찬한 적이 없다. 이제는 이러한 비난에 무관심해져서 그 말 속에 설령 어떤 진실이 있다 해도 제대로 믿겨지지 않는다. '매양, 그 소리가 그 소리군' 하는 반응만을 불러일으킬 뿐이다. '가는 말이 고와야 오는 말이 곱다'고 한 옛말은 무수히 많은 사람들의 실제 경험이 녹아들은 바탕위에서 후대의 사람들에게 권하는 생활의 진리이건만 현재에 와서도 지켜지지 않는 이유는 어디에 있을까?

내가 남에 대해 비난하면 나에게 이익이 되는 상황은 결코 없음을 단정적으로 말할 수 있다. 누군가는 자신의 스트레스가 해소된다고 하는데 상대방을 비난할 당시에는 일시적으로 아마 아주 작은 시원함 같은 기분을 느낄 수는 있을 것이다. 그러나 그때뿐인 것이다. 그 비난/불평이 끝나고 나서는 오히려 허탈감, 무기력감, 미안함, 무언가 찜찜한 기분 등의 좋지 않은 느낌으로 오히려 자신에 대해 예전보다 더한 불만을 갖게 된다. 게다가 더 큰 문제는 자신에 대한 불만을 넘어 이러한 비난이 부메랑이 되어 그 결과가 어떤 형태로든 자신에게 되돌아온다는 사실에 있다. 우리는 양자적으로 서로 얽혀 있다는 사실을 떠올리면 이러한 비난의 부메랑 효과를 마냥 부정하기는 어려울 것이다.

내가 누군가를 미워한다고 가정해보자. 나는 그 사람에게 '미움'이라는 생각파동을 발산한다. 미움의 생각파동은 그 사람의 뇌파에 영향을 미치고 자극을 준다. 그에 자극받은 상대방의 뇌파도 미움이 생각파동을 형성해서 나에게 보낸다. 양자 간에 미움의 파동에 공명이 생기고 공명의 원리에 따라 증폭현상이 일어난다. 미움이 미움을 낳는 셈이다.

이는 생각이 일으키는 전기파동의 공명원리에 비추어 보면 충분히 수긍할 수 있다. 하나의 뇌 속 작은 영역에서 작은 뇌파가 발생하여 인접해 있는 영역으로 뇌파를 전파시키는 원리가 그대로 두 사람의 뇌에 적용된다. 내가 일으키는 생각은 하나의 뇌 안에서 일어나는 전기파동의 전체 뇌로의 공명현상이지만 사람과 사람이 일으키는 생각의 교감은 두 사람의 뇌 영역에서 일어나는 공명현상인 것이다. 우리는 이미 사람과 사람 사이에서도 한 사람의 뇌에서 발산되는 전기파동이 다른 사람의 뇌가 일으키는 전기파동에 공명을 일으키는 사실을 알고 있다. 즉, 내가 느끼는 행복감이 내가 전혀 모르는 다른 사람에게 전파되는 예가 바로 그것이다. 행복감의 생각파동은 전파가 되는데 미움의 생각 파동이 전파가 안 될 리 없지 않은가.

이런 식으로 내가 보내는 미움이라는 생각파동의 에너지 세기에 따라서, 즉 나의 '미움파동'이 갖는 진폭이 크면 클수록 내가 상대방의 미움파동을 더욱 끌어당길 것이고 결국엔 나에게 그 미움파동이 증폭되어 나에게로 전이될 것이다. 그렇지 않고 만약 나의 '미움' 생각파동의 에너지 세기가 약해서 나의 미움이 상대방에게로 이끌려가도 역시 그 미움의 마음이 겹치므로 나에게 '미운' 마음들이 나타날 것이다. 내가 '미움'을 통해서 상대방을 배척했다고 생각하지만 생각파동이 갖는 진폭으로 볼 때 서로가 미움의 현상으로 증폭하여 흡인하고 있는 것이다. 미움의 공명증폭 현상이 일어나고 있는 것이다.

내가 미움이라는 생각에 신경을 쓰면 쓸수록, 다시 말해 미움이라는 일정한 파동이 일관되게 발산되는 '항상성'의 정도와 일정기간 계속하여 발산되는 '지속성'의 정도가 커지면 커질수록 나의 생체에너지는 그쪽으로 점점 움직이게 된다. 이 생체에너지는 전부 파동의 진폭으로 전환되어 미움이라는 생각파동 에너지가 더불어 커져서 결국엔 내가 발산하는 생각파동 에너지의 총합만큼 미움을 흡인한다. 우리가 실생활에서 자주 표현하는 '미움을 제 스스로 사서 한다'는 말이 이를 두고 한 말인 것이다.

그러나 상대방이 나에게 미움의 생각파동을 발산하고 있음에도 내

가 상대방에게 사랑의 파동을 보낸다면 이러한 현상에서는 우선 미움
파동과 사랑파동 간 주파수 대역이 달라 공명이 일어나지 않고 서로
제 갈 데로 뻗어 나간다. 서로 제 갈 길을 가고자 한다. 그러나 한편 상
대방이 보내는 미움파동은 나에게 남아 있는 다른 생각파동을 건드려
서 공명을 일으키려 한다. 나의 다른 주파수를 갖고 있는 생각파동이
상대방이 보내는 미움파동에 점점 공명이 되면 그 생각파동도 결국엔
미움파동으로 전환되어 상대방을 향해 미움의 마음이 증대될 것이다.

그럼에도 불구하고 상대방의 미움파동에 감응하지 않고 내가 줄기
차게 사랑파동을 발산하면, 나의 뇌에 상대방이 보내는 미움파동에 공
명될 수 있는 다른 파동의 형성을 허락하지 않으면, 오히려 나의 뇌 한
부분에서 발산하는 다른 생각파동을 사랑파동으로 공명시켜서 확장시
키고 따라서 나의 미움은 점차 사라진다.

결국엔 내가 생각파동을 어떤 상황 또는 사람에게 보낼 것이냐는 파
동의 저향성, 그 생각파동을 위해 얼마만큼의 에너기를 결집히는가 하
는 생체에너지의 결집성, 그 생각파동이 얼마나 일관되게 발산되느냐
하는 파동의 항상성, 얼마나 끈질기게 오랫동안 지속되는가 하는 파동
의 지속성, 이 4요소가 나와 상대방의 생각이 공명되는 결정적인 요인
임을 알 수 있다. 아래에 예로 드는 이웃 간 싸움은 이 현상을 잘 설명
해준다.

서울 강서구 A아파트의 주민대표회 회장으로 있는 신 씨는 같은 주
민대표회의 대표로 있는 안 씨와 아파트 운영과 관련하여 사사건건
갈등을 빚어왔다. 안 씨에 대한 미움이 극에 달한 신 씨는 다른 주민

대표들과 공모하여 안 씨를 주민대표회에서 몰아낼 궁리를 한다. 이들
은 안 씨가 주민대표 선거당시에 명문 K대를 졸업했다는 점을 부각시
켜 당선되었다는 사실을 기억해내서는, 우선 안 씨가 진짜 K대를 졸
업했는지의 여부를 K대에 조회했고, K대에서는 안 씨가 학적부에 등
록되어 있지 않다는 내용의 회신을 교무처장 명의로 이들에게 보냈다.

　'잘됐다' 싶은 이들 일행은 이를 근거로 안 씨를 '학벌위조'를 빌미
삼아 주민대표회에서 내보낼 궁리에 궁리를 하다가 '안 씨가 거짓 학
벌을 내세워 주민대표에 당선되었으므로 그를 주민대표의 직위로부터
박탈한다'는 내용의 공고문을 만들어 아파트 10개 동에 뿌렸다. 이 공
고문을 공신력이 있게 만들게 하기 위해 이들은 그 K대학 회신 공문
에 찍힌 교무처장의 직인을 오려서 자기네들의 공고문에 붙인 후 복
사를 하는 방법으로 공문을 위조하여 아파트 10개 동에 뿌린 것이다.
바로 여기에 잘못이 있었다. 사문서 위조가 된 것이다. 격분한 안 씨
는 이것이 법위반이라는 사실을 알고는 이들을 검찰에 형사고발했고
결국에 신 씨는 벌금 30만 원을, 그 일행 5명은 각각 벌금 30만 원을
선고받았다(동아일보, 2009.1.29.).

　서로 대화를 통해 풀면 될 문제를 미움의 생각파동을 서로 발산하다
가 한쪽은 자존심과 명예손상, 또 한쪽은 벌금형의 형사처벌과 명예손
상이라는 서로 회복할 수 없는 앙금을 남기고 끝나고 말았다. 그렇다
고 안 씨가 주민대표회에서 탈퇴한 것도 아니다. 미움파동을 발산하여
상대방을 배척했다고 생각하지만 서로가 미움파동의 공명증폭을 일으
켜 계속 미움을 끌어들이고 있었던 것을 주민들은 깨닫지 못하고 있었
던 것이다.

이를 파동의 4요소에서 보면 서로가 상대방을 향해서(파동의 전향성) 각 단계마다 궁리에 궁리를 더해서(에너지의 결집성) 비난과 고소, 고발로 갈 데까지 지속함으로써(파동의 항상성과 지속성) 서로를 궁지까지 몰고 갔다는 해석이 가능하다. 이 생각파동의 4요소는 이 책 〈움직여야 질량이 커진다 —생각에너지를 운동에너지로 이어간다〉편에서 좀 더 자세히 설명하겠다.

이와는 반대로 결과는 좋게 끝났지만 무려 6년간이나 고소에 고소를 거듭한 또 하나의 아파트 주민 간 비난전이 있다.

2003년 도봉구 방학동의 한 아파트단지에서 중앙난방을 개별난방으로 바꾸는 공사를 둘러싸고 주민들 사이에 다툼이 시작됐다. 현재의 주민대표 측이 '전 주민대표 임원들이 상대적으로 공사시공가격이 높은 A업체를 부당하게 시공업자로 선정했다'며 의혹을 제기하자, 전 임원 측은 명예훼손 혐의로 현재 임원 측을 고소했다. 공사를 시작한 이후에도 현재 임원 측에서 'A업체가 부실공사를 해서 주민들에게 금전적 손해를 입혔다'며 공사업체를 상대로 민사소송을 제기했고 전 임원 측에서는 '현재 임원들이 관리비를 횡령했다'고 맞고소했다.

이런 식으로 2003년부터 2009년까지 이들은 무려 6년여 동안을 싸웠고 그간에 쌍방에서 50여 건의 고소 · 고발을 쏟아 내었으며 아파트 관리사무소 방송실에서는 상대를 헐뜯거나 비난하는 방송을 계속해서 내보냈다. 이렇게 전혀 끝날 것 같지 않았던 이 싸움이 검찰의 중재로 해결의 실마리를 찾게 되었는데, 이러한 진흙탕 싸움을 보다 못한 북부지검의 검찰이 양측 관계자들을 여러 차례 불러 화해하도록 설득했기 때문이다. 결국 주민들은 관련 고소 · 고발을 모두 취하하고 '서로 비난하지 않겠다'는 각서까지 씀으로서 이 지리하고 소득 없는 독자는 이러한 싸움을 보고 어떤 생각이 드는가? 검찰에서 몇 번에 걸친 간단한 중재로 해결이 가능했던 분쟁을 철천지원수처럼 고소·고발에 비난방송까지 난무하는 싸움을 6년간이나 한 원인은 무엇이었을까? 어느 일방에서도 상대방과 대화 시도조차 하지 않았다는 데 그 근본원인이 있다고 본다.

상대방의 행동결과에 대해 그 원인이 무엇인가를 찾아보고는 그 원인행위에 대해 상식적인 수준에서 이해할 만한 사유가 있는지를 알아보려는 노력조차도 않은 채 그저 행동의 결과만을 발가벗겨 놓고는 '네 탓이다' 하고 공격을 하니 그 공격을 받은 상대방도 계속 물고 늘어질 수밖에 없었던 것이다. 미움의 파동을 서로 공명증폭하여 끌어당기기만 한 것이다. '충분히 의사소통하려는 노력이 분쟁을 막는 데 가장 중요하다'고 한 검찰관계자의 말은 그래서 큰 의미를 갖는다.

늘 생각하자. '내가 누군가를, 어떤 상황을 비난하고 불평하면 나에게 돌아오는 현실적이고 구체적인 이익은 무엇인가를.'

마지막으로 세계적인 유명인사에 의한 비난의 예를 통해서 정치·경제·사회적으로 지위가 높고 낮음의 여부를 떠나서 비난/불평으로 인한 손실에서 그 누구도 자유로울 수 없다는 사실을 밝히고자 한다.

'스타벅스'의 슐츠 회장이 미국의 경제방송 CNBC에 출연해서 스타벅스가 사업을 하는 49개 국가 중 서유럽, 특히 영국이 가장 걱정된다면서 '영국은 추락 중이고 실업률, 서브프라임 모기지 문제가 심각하며 영국의 소비자 신뢰도는 매우 형편없다'는 내용의 말을 했다.

왜 갑작스럽게 슐츠가 이런 비난의 말을 했는지는 모르지만 이 말은 어느 나라의 국민이 들어도 자존심 상하고 화날 말임에 분명하다.

이러자 미국 뉴욕을 방문한 영국의 산업장관 피터 맨덜슨이 영국 총영사관이 주최한 칵테일파티에서 이에 대응하는 독설을 기자들에게 퍼부었다. "그치는 도대체 뭐하는 놈이야? 왜 이 자(슐츠)가 우리를 헐뜯는 것을 놔둬야 하지? 그들은 얼마나 잘한다고 그래?"라고 소리를 질렀다고 한다(동아일보, 2009.2.20.).

사회적 지위가 높은 사람이라도 자신을 비방하는 말을 듣고 웃을 사람은 없다. 세계 여러 나라에서 커피를 팔아야 하는 '스타벅스'로서는 사려 깊지 못한 말이었다. 그래서 슐츠 회장이 '영국 경제상황을 비판할 의도가 없었다'라고 하는 정정 보도를 냈다고는 하지만 이미 엎질러진 물이라 돌이킬 수는 없는 노릇이었다. 슐츠 회장은 이 말을 하기 전에 곰곰이 생각해봤어야 한다. '내가 이 말을 해서 스타벅스에 어떤 이익이 생길까? 하고 말이다.

다시 말하지만 좋은 이야기가 아니라면 남에 대해 이러쿵저러쿵 말할 필요가 없다. 그 결과가 부메랑이 되어 자신에게 되돌아오기 때문에 자신에게는 해로운 점만 생길 뿐이지 이득이 되는 점은 전혀 없다. 우선 자신의 말을 듣는 사람조차도 듣는 순간에는 묵묵히 듣기는 하겠지만 그런 말을 하는 나를 마음속으로는 믿지 않는다. 다른 누구를 만나서 반대로 나에 대해 비난할 수도 있다고 생각할 수 있기 때문이다. 누구를 비난하거나 어떤 상황에 대해 불평하기 전에 반드시 '비난불평 손익계산서'를 만들어 보라.

왜 어떤 사람들은 실질적인 이익이 보이지 않음에도 불구하고 남을 비난하고 남에 대해 불평할까? 한 마디로 상대적으로 자신을 높이고자 하는 우월감과 과시욕이 작용하기 때문이다. 상대방을 깎아내리고 그 옆에서 상대적으로 높아 보이는 자신의 모습을 생각하기 때문이다. 그 래서 '나는 이만큼 더 낫다' 하는 자신의 모습을 선전하고 싶어 하기 때문이다.

이처럼 상대방에 대한 깎아내림을 통한 나의 우월함을 보이고자 하는 생각과 행동은 양자역학상의 원리로 보아도 교란당할 수밖에 없다. 그래서 반격을 당하는 것이다. 그 우월감과 과시욕은 바로 불확정성 원리에서 말하는 '나, 잘났소!' 하고 외부로부터 관측당하고 싶어 하는 마음의 다른 표현이기 때문이다. 그래서 자신도 모르게 관측당하는 전 자의 상태에 빠지고 종국에는 교란을 당해서 불필요한 불이익을 받게 되는 것이다. 그 우월감과 과시욕을 없애야 한다. 겸손하고 감사하는 마음은 이래서 불확정성의 원리상에 광자의 에너지 같은 마음이고 우 리네 실생활에 절대적으로 필요하다.

**칭찬/격려의
효과와 방법**　　　일본 어느 시골에 '사가기타(佐賀北)' 라는 공
　　　　　　　　　립 고등학교가 있다. 이 고등학교가 야구부를
창설했는데 이 학교인 공립학교인 관계로 야구 특기생을 받을 수가 없 어서 선수 전원을 중학교 시절에 야구를 취미로 하던 학생들로 구성하 였다. 선수라고 해봐야 18명이 전부였고 이들은 학업을 우선으로 하였 기 때문에 야구 훈련도 수업이 끝난 후 하루 2시간씩 정도밖에 할 수

없었다. 그나마도 시험기간 중에는 연습을 하지 않았다. 게다가 코치를 데려올 돈도 없어서 야구에 관심이 많은 국어 선생님으로부터 지도를 받았다. 이렇게 평범한 선수들로 구성되고 열악한 환경 속에서 훈련을 받은 '사가기타' 야구 선수들이 2007년 여름에 일본 전국 고교 야구대회에서 우승을 했다. 일본에는 야구부를 갖고 있는 고등학교가 2,000여 개가 넘는데 어떻게 무명의 선수들로 구성되고 연습량도 타 학교에 비해 상당히 부족한 '사가기타' 선수들이 그 치열하고 숱한 경쟁을 뚫고 우승할 수가 있었을까?

그 이유를 들어보면 그 어느 누구도 놀라지 않을 수가 없다. 한마디로 사가기타 선수들은 시합 중에 상대방 선수들을 칭찬한다는 것이었다. 예를 들어 상대방 선수가 안타를 치면 1루수는 상대팀 선수에게 "나이스 배팅" 하고 말하고 2루타를 친 선수에게는 2루수가 "아주 멋진 2루타였어"라고 말한다는 거였다. 또한 타석에서 삼진을 당해도 상대 투수에게 "나이스 피칭"이라고 말을 한다고 한다.

어느 누가 극심한 경쟁 속에서 시합을 하면서 이와 같이 진심어린 칭찬과 격려의 말을 할 수가 있을까? 결국 사가기타 고교는 한 번도 패하지 않았고 우승을 했다. 게다가 사가기타 고교와 대전해서 패한 팀들은 모두 사가기타의 팬이 되었고 이렇게 해서 이길 때 마다 사가기타 고교는 많은 팬들을 가지게 되었으며 그들의 응원에 힘입어 공립학교로는 11년만에 우승을 하게 되었다.

상기 사례는 3성 장군으로 예편한 후 동티모르 주재 한국 대사로 있는 서경석 대사가 알려준 내용이다. 진심어린 칭찬과 격려가 어떻게 공명증폭적인 힘을 발휘하여 자신에게 좋은 결과를 가져다주는지를 극명하게 보여주는 사례다. 사가기타 고교가 승리할 수 있었던 요인은 많은 복합적인 상황이 어우러진 결과이겠지만 가장 주목되는 요인은 뭐니 뭐니 해도 진심어린 칭찬과 격려다. 사가기타 고교와 대전해서 패한 팀들이 사가기타 고교의 팬이 되었다는 사실이 바로 이러한 선순환하는 공명증폭의 상승적 힘을 단적으로 보여주기 때문이다.

자, 한번 곰곰이 생각해보자:

1. 우선 이 팀의 선수들은 연습을 하면서 서로가 칭찬과 격려를 통해 팀 내부에 통일된 공명현상을 구축하였을 것이다. 불확정성 원리 측면에서 보면 선수 개개인은 각자가 타인을 의식하지 않고 자신을 관찰하는 에너지로 무장하였으니 팀원의 누구로부터도 교란을 당하지 않았다. 따라서 팀원 각자가 '누가 잘났니 못났니' 하는 경쟁심은 없어지고 '팀을 통해 내가 존재한다'는 단일한 공동체 의식을 견지하였을 것이다.

2. 통일된 내부 공명은 매미의 맴맴 소리나 개구리의 개골개골 소리가 주변에 있는 동료들에게 통일된 전자기파동을 보내어 그들의 파동을 흡수-공명하였을 것이다. 이때 전달된 칭찬의 소리는 단순히 과시하거나 우월적인 위치에서 나온 것이 아니라 진심어린 마음에서 나왔기 때문에 피관찰의 상황에서 나타나는 교란의 위험에서 벗어날 수가 있었다.

3. 칭찬을 받고 흡수-공명된 상대방 선수들은 '이겨야한다'는 경쟁심이 많이 누그러지고 사가기타 선수들에게 동화되었을 것이다.

4. 사가기타 선수들은 자신도 모르는 사이에 상대방 선수들을 대상으로 공명증폭 현상을 일으켰고 그들을 자기 쪽으로 끌어들임으

로써 결과적으로 한 번도 패하지 않고 승리하게 된 것이다.

다음의 내용도 내가 어떤 결과를 의도하지 않고 진심어린 칭찬이나 격려를 했을 때 불확정성 원리 측면에서 나에게 좋은 결과를 가져다주는 현실의 사례이기에 소개한다. 2008년 8월 베이징 올림픽 남자유도 60kg급 결승전에서 패배하고도 되레 최민호 선수를 격려한 오스트리아 유도선수 루드비히 파이셔를 기억하는가? 그는 자신이 경기시작 2분 14초 만에 최민호 선수의 '다리잡아메치기'에 '한판'으로 지고서도, 감격에 겨워 무릎을 꿇고 앉아 울음을 터뜨리고 있는 최 선수에 다가가 등을 감싸 안으며 위로하는가 하면 최 선수가 일어섰을 때는 최 선수의 팔을 번쩍 들어 올려 최 선수를 위로/격려한 사람이다.

경기에 진 사람이 이긴 사람을 위로하는 이 아름다운 모습에 국내에서는 수많은 사람들이 감격해서 그의 팬카페까지 만들어졌으며 '이수현 의인문화재단 설립준비위원회'는 그의 용기 있고 여유 넘치는 매너에 반하여 그를 한국에 4박 5일간 초청해서 청소년을 상대로 페지의 용기 있는 자세에 대한 강연을 열기도 했다.

상기 두 사례에서 보다시피 칭찬/격려를 하면 공명증폭을 일으켜 자신에게 좋은 일은 생길지언정 해로운 일은 생기지 않는다. 다만 여기에도 도(道)가 있다. 나의 칭찬하는 말에 담긴 마음이 관측당하는 마음을 가지면 교란당한다는 점이다. 즉, 칭찬/격려를 통해 네가 나를 좀 알아주었으면 좋겠다든가, 하고 싶지 않은 칭찬/격려를 분위기에 휩쓸려서 건성으로 한다든가, B라는 사람에게 돋보이기 위해서 억지로 A를 칭찬/격려하는 등의 자기 노출적인 칭찬행위는 '나는 이렇게 사람들을 칭찬하고 고무하는 좋은 사람이다' 하고 마음을 드러내는 행위이

다. 이처럼 드러내고 싶은 모든 마음은 외부로부터 관측당하고 싶은
마음의 다른 표현인 것이다.

　내가 어떤 마음을 가지거나 표현하면 이는 전자기파동으로 우주 공
간으로 발산되고 이 파동은 공간을 가득 채우고 있는 전자기장을 구성
하고 있는 광자에 의해서 즉시 감지되어 다른 사람이 보내는 전자기파
동으로 연결된다(광자는 전자기장의 구성요인이고 전자기장을 타고 이동하
는 전하를 가진 입자와 입자, 파동과 파동의 연결역할을 하고 있음을 기억하
라). 따라서 사람들은 파동과 파동의 흡인·배척을 통해서 상대방의
마음을 읽어내기 때문에 관측당하고자 하는 마음은 교란당할 수밖에
없고 오히려 역풍을 맞게 된다. 아무 말도 안 하고 가만히 있는 것만도
못하게 되는 것이다. 이러한 불확정성 원리에 입각해서 칭찬하고 격려
할 때 우리가 유의해야 할 몇 가지 사항을 소개한다.

　① 칭찬/격려에는 무엇보다도 진심이 담겨야 한다. 다른 어떤 것도
　　의식하지 않고 순수한 진정성이 담겨야 한다.
　② 구체적인 상황과 그로 인해 어떤 효과가 있었는지를 명확하게 표
　　현해서 전달해야 한다.
　③ 내가 좋은 느낌이라는 상태를 적나라하게 그대로 표현해야 한다.
　④ 사안에 따라 전화하기, 이메일 보내기, 카드 보내기, 직접 만나서
　　표현하기, 제3자 앞에서 하기 등이 있으나 어떤 방법에도 정성이
　　담겨야 한다.

　'사가기타' 야구선수들과 유도선수 루드비히 파이서의 예에서 보다

시피, 이런 관측하는 마음, 전자의 속도는 포기하고 위치만 알고자 하는 중용의 마음, 즉 절제된 높은 에너지의 마음, 그러나 과시하지 않고 관측되지 않으려는 겸손한 마음으로 칭찬하고 격려하면, 높은 에너지로 충전된 나의 생각에너지는 교란 받지 않는 상황에서 나의 생각파동을 확장시켜 상대방의 생각이 갖는 전자기파동으로 전이되어 상대방의 생각파동을 공명시킴으로써 현실세계에서는 상대방을 감복시키게 된다. 궁극에 가서는 나를 지원하는 힘으로 작용한다. 나의 칭찬에 상대방이 감복하면 그 외에 무엇을 바라겠는가? 관계된 사람들과 그저 좋은 인연을 맺었음에 감사하라.

3 | 분노/화를 통제하고
장중/평정을 유지한다

**분노/화의 결과와
통제방법**

버락 오바마 미국 대통령은 어렸을 때, 어머니에게 야단맞는 상황에서도 여느 아이처럼 울먹이거나 험악한 인상을 쓰거나 소리 지르지 않고 편안한 미소를 지어 보여 일단 어머니를 안심시킨 후 어머니가 들으면 좋아하겠다고 생각되는 말을 오히려 어머니에게 했다고 한다. 이러한 그의 행동은 어머니와 관계된 상황에서뿐만 아니라 가정 밖에서도 이루어졌다. 흑인 소년임에도 그가 먼저 정중하고 온화한 태도로 미소를 짓고 허둥대지 않는 침착하고 단정한 모습을 보여주면 사람들은 일단 마음을 열고 믿어주었다는 것이다.

흑인과 백인 사이에서 자신의 정체성에 대한 고민으로 한때 마약에 빠질 정도로 충동적인 생활을 한 적도 있지만 청년시절 체력 단련 운동을 시작하면서 자신의 정체성을 확립하고 다시 냉철한 이성을 되찾은 오바마 대통령은 어려서부터 자신의 격한 감정을 통제하는 법을 배우고 실행했다.

자신의 격한 감정을 노출하지 않고 평정한 상태에서 자신의 의사를 표명하면 자신이 원하는 목적을 실현시킬 확률이 높아진다는 것을 그는 몸소 체험을 통해 알고 있었다. 오바마 대통령과 약 17년 동안이나 함께 정치 동료로서 지내온 밸러리 재릿 백악관 선임고문도 "그가 목소리를 높이는 걸 결코, 단 한 번도 본 적이 없다"고 말한다.

세계 최고의 부자 1, 2위를 다투고 있는 워렌 버핏도 남에게 화를 낸 적이 없다고 한다. 그는 언제나 긍정적인 마음을 바탕으로 세상을 넓게 멀리 보아 왔고 세상에서 일어나는 여러 변수들에 대해 항시 긍정적인 방식으로 반응하는 행동을 보여주고 있다. 수년간 버핏과 함께 일해 온 사람들은 버핏이 절제하는 마음을 벗어나 감정에 휘둘려 화내는 것을 단 한 번도 본 적이 없다고 말한다.

평정심이 몸에 밴 그는 상대방이 불안하게 고함을 치거나 언성을 높이는 행동을 하지 않는다. 다른 사람을 야단칠 상황에서도 자신의 의견을 피력하거나 자신의 생각을 알리는 정도로 끝나는 게 대부분이다. 긍정적이고 평정심을 유지하는 그의 절제력은 장중한 카리스마를 형성해서 그만의 뛰어난 리더십으로 나타나고 있다.

나는 왜 화를 내는가? 내가 화를 내는 상황엔 어떤 것들이 있을까? 나 자신에 대해 누군가가 비하하는 말을 하여 나의 인격이 모독당했다고 생각되었을 때, 내가 원하는 것이 누군가의 방해로 이루어지지 않아 욕망이 실현되지 못했을 때, 이럴 때 우리의 분노 감정이 일어나 밖으로 표출된다.

화는 나의 인격과 나의 욕망에 관한 문제다. 나의 인격이 모독되고 나의 욕망이 좌절되어 내가 참을 수 있는 수준을 넘어선 피해가 예상되면 공격의 전위행동으로서 분노를 표출한다. 일종의 사전 경고요 위협의 시위다. 뇌는 아드레날린이라는 신경전달물질의 방출량을 급격히 늘리고 몸을 전체적으로 긴장상태로 몰고 간다. 피가 역류하는 느낌이 들고 심장박동수가 급증하면서 과도한 흥분상태에 휩싸인다. 감정의 흥분은 냉철한 이성 작용을 억제하고 객관적이고 현실적인 판단을 중단시킨다. 표현할 수 있는 언어의 가짓수가 단순화되면서 격앙된 언어를 사용하게 되고, 말의 억양도 높아지고 상대방을 모독하고자 하는 목표만 생긴다.

어느 일방의 이러한 공격은 상대방의 또 다른 공격을 유발함으로써 종국에는 물리적 타격에 이르거나 아니면 서로 감정의 상처를 입고 앙금은 그대로 남긴 채 마감한다. 이러한 대응은 사태해결에 전혀 도움이 안 된다. 비난/불평의 부메랑 효과에서 보았듯이 분노의 공명증폭이 일어나 서로 각자에게 피해만 줄 뿐이다. 많은 사람들이 분노를 참지 않고 분출시키는 것이 마음속 응어리를 풀 수 있다고 생각한다. 순간적으로 후련한 기분을 느낄 수 있다고 생각한다. 그러나 이것은 잘못된 생각이다.

'미국철학실천가협회'의 창립자이고 철학박사이자 뉴욕시티 칼리지 철학과 교수인 루 매리노프는 저서 《철학상담소》에서 그 어떤 전문적인 심리학자도 분노와 같은 부정적인 감정을 분출시켰을 때, 그것이 나쁜 감정에서 벗어나게 해준다는 증거를 찾아내지 못했을 뿐만 아니라 오히려 그 반대였고, 분노를 분출시키는 것이 오히려 분노를 더 돋우고 눈물을 흘리는 것도 오히려 더 깊은 우울증에 빠지게 할 수 있다는 첫 연구결과가 이미 40여 년 전에 나왔다고 말한다.

그는 나아가 미국 위스콘신 대학의 신경심리학자인 리처드 데이비드슨의 수년에 걸친 실험결과를 인용하면서 분노의 분출은 몸의 건강에 나쁜 영향을 끼쳤지만 반면에 분노를 통제하면서 살아온 사람들은 살면서 마주치게 되는 불쾌한 일들을 잘 처리했을 뿐만 아니라 신체적인 질병도 더 잘 이겨냈다고 말한다. 분노를 자주 분출시키는 사람들은 뇌에서 코르티솔 같은 신경전달물질이 나와 장기적으로 면역체계를 약화시키고 분노를 통제하는 사람들의 일정 기간 동안 혈액 속에 있는 항체의 숫자를 세어 본 결과 박테리아와 바이러스를 죽이는 세포들을 혈액 속에 더 많이 갖고 있다는 것이다.

그래서 루 매리노프는 다음과 같은 카라얀의 사례를 들어 '도덕적 자기방어'의 개념을 생활화하여 분노를 고차원 수준으로 승화시키는 훈련을 쌓으라고 권고한다.

> "어느 날 카라얀이 힘찬 걸음으로 시내의 대로를 걸어가고 있는데 한 사내가 옆 골목에서 역시 힘찬 걸음으로 걸어 나왔다. 부딪칠 것이 뻔했지만 모퉁이에 서 있는 커다란 오피스 빌딩에 시야가 가려 서로를 볼 수 없었다. 두 사람은 말 그대로 꽝 하고 충돌하여 충격과 놀라움 속에 뒤로 나자빠졌다. 그 사내는 '병신새끼야!'라고 소리쳤다. 그러자 카라얀은 마치 인사를 하듯이 모자를 들어 올리고 '제 이름은 카라얀입니다'라고 대답했다."(《철학상담소》, 루 매리노프)

일반적으로 사람들이 위와 같은 상황에 직면하면 앞에서 예를 든 나의 경우와 마찬가지로 대개는 맞받아칠 것이다. 그러나 카라얀은 상대방에게 똑같은 방법으로 맞받아치지 않고 상대방이 준 모욕을 모두 자신의 마음으로 풀어버린 후 대단한 평정심을 유지한 채 익살스러운 대화로 국면을 전환시켜 오히려 상대방으로 하여금 미안한 마음이 들도록 하였다. 내가 똑같은 수준으로 맞대응하면 상대방과 똑같이 수준 낮은 인격의 소유자가 될 것이다. 하지만 이를 인지하고 '나'라는 인격에 더 높은 가치를 두어 강한 절제를 유지한다면, 위와 같은 다툼의 상황도 서로에게 좋은 윈-윈 상태로 전환시킬 수 있다. 이처럼 한다면 상대방으로 하여금 미안한 마음이 들게 할 수 있고, 이러한 품격 있는 행동을 도덕적 자기방어라고 한다.

인격은 나를 지탱하는 기본 뼈대요, 욕망은 내가 살아갈 수 있는 피와 살이다. 뼈와 근육을 구성하는 조직의 밀도가 약한 사람은 외부 압력에 쉽게 다치지만 평소에 조깅이나 근력운동을 통해 뼈대와 근육을 단련시킨 사람은 웬만한 외부압력에도 뼈나 근육이 쉽게 다치지 않는다. 마찬가지로 나의 인격과 욕망도 내공 다지기를 통해 단련한다면 쉽게 다치거나 좌절하지 않는다. 〈정신의 바른 기운 생성〉편에서 명상과 성찰을 통해 내공 다지기를 일상생활화하라는 이유가 다 여기에 있다.

명상할 때, 걸을 때, 조깅할 때 또는 아침 식사 후 이를 닦으면서 '나는 화를 다스려 장중한 평정심을 유지한다'는 말을 스스로 되뇌어 보라. 예전에 내가 화를 냈던 상황을 떠올린 후 그 상황에서 장중하고 당당하며 평정한 나의 모습을 그려보라. 내가 화를 낼 수 있는 여러 상황을 상상한 후 그에 직면하고서도 껄껄 웃는 호탕한 자신의 모습을 그려보라. 쉽지 않을 것이다. 하지만 충분히 그려질 때까지 매일매일 시도해보라. 그렇게 함으로써 오래지 않아 쉽게 화를 내지 않음은 물론 넉넉하고 풍요로운 모습의 나를 발견할 것이다.

장중/평정의 효과

장중한 평정심을 유지하면 다른 사람을 나에게 끌어들인다. 항상성 있는 생각파동이 발산되어 생각파동의 에너지가 높아지기 때문이다. 이런저런 일에 쉽게 흥분하는 태도는 우선 생각파동 자체가 불안정해서 공명의 장이 형성되지 않는다. 반딧불이의 집단 깜박거림은 한두 마리의 안정된 파장이 일파만파로 퍼지면서 전 집단에 걸쳐 동조의 장이 형성되는 원리에 의한 것임을 생각해보면 이해가 쉬울 것이다.

파동-입자의 미세세계에서는 파동이 항상성을 잃고 꾸준히 움직여야만 그 자체의 에너지가 증가하고 이 에너지는 모두 질량으로 편입되어 질량의 총량을 늘리게 되어 흡인하는 힘이 세기도 커지는 아인슈타인의 에너지-질량 전환 법칙이 사람의 평정심이라는 마음작용에도 적용되는 것이다.

불확정성 원리 측면에서 평정심은 관측당하고자 하는 마음이 전혀 없는 마음이다. 타인에게 내세울 마음이 전혀 없는 나만의 고유세계를 유지하고자 하는 마음이다. 관측당하고 싶은 무의식적인 어떤 의도도 없으므로 외부 관찰자로부터 교란당할 염려가 전혀 없다. 교란당하지 않으니 나만의 생각에너지는 점점 높아져가고 이 생각에너지는 질량을 크게 하고, 나아가 커진 질량은 중력작용에 의해 다른 사람들의 생각질량을 끌어당기게 된다. 그래서 우리가 장중하고 흔들림 없는 묵직한 사람을 만나면 무언가 이끌리는 매력이나 카리스마를 느끼게 되는 것이다.

마음작용 측면에서 보면 장중한 평정심을 유지하면 자신이 하고자 하는 일에 대한 전체적인 상황을 명석하게 바라볼 수 있다. 사람은 일단 흥분하면 참을성이 없어지고 통찰하는 마음을 잃게 되어 종합적인 판단이 어려워져 편협한 사고에 함몰되거나 이 생각 저 생각으로 '왔다갔다'하는 불안정한 태도를 보이게 된다. 이는 흥분상태에 있는 뇌의 파동이 일정한 형태의 파장을 보이지 않고 진폭이 길었다가 아주 짧았다가를 반복하는 파장을 가지거나 뇌의 이곳저곳에서 서로 동조되지 않은 전기파동이 생겼다 사라지면서 전체 뇌가 한 가지의 파동으로 결합하지 못하기 때문이다.

장중한 평정심을 유지할 때에만 자신이 현재 처한 상황이나 앞으로 다가올 상황에 대한 전체 그림을 명확하게 바라볼 수 있다. 이는 심리적으로는 현재의 상황을 관찰하는 힘과 미래를 판단하는 힘을 강화 유지시킬 수가 있기 때문이요, 뇌파동적으로는 하나의 생각파동을 전체 뇌로 확산시켜서 이성, 감각, 판단, 직관 등을 작동시키는 통섭과 통찰의 통일적 뇌전자기파동이 형성되기 때문이다.

4 │ 오만/자만하지 않고 겸손/존중한다

나는 사실 좀 거만한 사람이었다. 나의 처도 나의 언행에 거만함이 들어 있다고 늘 충고하곤 했다. 나의 거만한 생각과 행동이 어떻게 나의 직장생활에 부정적인 결과를 초래했는가를 이 책에서 밝힘으로써 독자기 이를 반면교사로 삼아 나 같은 실패를 겪지 않기를 바라는 충정에서 그 누구에게도 말하지 않았던 부끄러운 내용을 고백한다.

나는 GE의 한국 자회사에서 오랫동안 근무하다가 어떤 야심이 발동하여 국내 유명한 A라는 제조 회사로 옮겼다. 거기서 주는 사회적 타이틀과 부수적 인센티브에 끌려서 나 자신의 성격이나 가치관 등이 그 회사의 기업문화와 잘 맞을 수 있는가는 전혀 고려하지도 않은 채 무작정 옮겼다. 비극은 거기서부터 시작되었다고 보아야 할 것이다.

A회사는 수십 년간을 순수 국내자본에 의한 토종 회사로 존재하고 있다가 내가 들어가기 2년여 전에 유럽자본에 인수된 회사이다. 사장

은 미국인이었고 영업/마케팅, 생산/유통, 기획/관리/인사를 3분하는 3명의 부사장 직위체제를 갖고 있었으며 나는 그 중 한 명이었다. 편의상 나를 제1부사장이라 칭하고 나머지 부사장들은 제2, 제3부사장이라 칭하자.

내가 출근하기 시작한 지 얼마 안 되어 그 미국인 사장이 나의 부임을 축하한다면서 3명의 부사장과 20여 명의 이사, 상무, 전무들이 참석한 회식을 열었다. 나는 소주 한 병 정도면 취하는 주량을 갖고 있어서 많이 마시지 못하는 편이다. 술과 술이 돌고 나의 입사를 축하하는 자리라서 나는 평소보다 다소 과하게 마셨다. 취기가 돌고 자꾸 졸음이 와서 술자리에 앉아 있는 것 자체가 고역이 되었고 도저히 쏟아져 오는 잠을 참을 수가 없어서 미국인 사장에게 먼저 일어나겠다는 양해를 구했다. 미국인 사장은 흔쾌히 수락하고 이해를 해주었다. 그래서 자리에서 일어나 동석한 사람들에게 인사를 하고 막 돌아서려는 찰나에 제2부사장이 나를 향해 '너, 앞으로 또 한 번 그런 행동하면 재미없어'하는 게 아닌가. 그는 나보다 4살이 많았고 A회사에서 사원으로 입사하여 그 자리까지 올라온 소위 터줏대감이다.

나는 순간적으로 부아가 울컥 치밀었지만 회식 분위기를 깰 수 없어서 조용히 돌아서서 그 자리를 나왔다. 그 다음 날 아침에 출근하자마자 나는 그 제2부사장에게 가서 따졌다. '무슨 이유로 나에게 그런 험한 말을 한 겁니까? 하고 물었더니 '내가 그런 말을 다 했습니까? 나는 전혀 기억이 없습니다'라는 답변을 하는 것이 아닌가? 참 어처구니가 없었다. 그 날 바로 내 옆에 앉아 있었던 사장의 비서도 같이 듣고 언짢아했는데 자신은 그런 말을 했는지 기억이 나질 않는단다.

이 사건 이후로 그는 계속 나에게 태클을 걸어왔다. 내가 중역회의에서 보고한 이런저런 내용이 외부로 새나가는가 하면 또한 '굴러들어온 돌이 박힌 돌을 빼내려 한다'는 말을 내 부하 직원들에게 퍼뜨려서 나에 대한 방해공작을 계속했다. 소위 텃세를 부리는 거였다. 나는 이 말을 부하직원으로부터 직접 전해 들었을 때도 이를 묵과한다는 것은 점점 나를 무시하는 싹을 키울 수 있다는 생각이 들었고 누군가가 뒤에서 이러쿵저러쿵하는 행위를 무척 싫어했기 때문에 그와 직접 담판을 했다. '이런 식으로 뒤에서 헐뜯지 말라'고 단호한 경고까지 했다.

그는 자신의 부서 직원들과 회식을 한 후 당구를 치면서 밤 12시가 넘어도 자신보다 먼저 자리를 뜨는 직원들을 결코 용납하지 않는 제왕적인 행동을 일삼으면서도 사장의 지시는 철저하게 순종하는 그런 사람이었기 때문에 나는 생리적으로 그 사람과 조화를 이룰 수가 없었다. 나는 속으로 저런 인간은 조직에서 퇴출되어야 회사가 살 수 있다는 믿음으로 그 사람과 화해하려 하기보다는 어떻게 하면 축출될 수 있는가를 생각하곤 했다. 그러나 나는 판단을 잘못한 것이다. 나는 나를 뽑은 미국인 사장이 나를 지지해 준 것이라고 생각했는데 사실은 사장은 그 조직에서 오랫동안 커온 그 제2부사장을 무시하지 못했고 결과적으로는 그를 지지하는 쪽으로 기울었다. 결과는 나의 패배였다. 그 미국인 사장은 내가 기존의 사람들과 잘 조화를 이루며 주어진 업무를 처리해나가기를 바라고 있었던 것이다. 나는 그 회사를 나올 수밖에 없었다.

자, 나의 이 실패담에서 얻을 수 있는 교훈은 무엇일까?

1. 나는 공명증폭을 일으키는 데 실패했다.

나는 거만한 마음 때문에 제2부사장의 그런 행태를 받아들이지 못했다. 내가 겸손했더라면 그가 아무리 텃세를 부린다 해도 그러려니 하고 참고 지냈어야 한다. 그의 제왕적 행태와 뒤에서 헐뜯는 행동에 대해 직접적으로 공격하지 말고 그를 포용하고 받아들였어야 한다. 그가 그 자리에 오르기까지 그가 회사에 기여한 부분을 인정했어야 한다. 어느 정도 나의 지지기반이 잡히고 내가 그 조직 안에서 인정을 받을 때까지는 모든 마음에 안 드는 것을 꾹 참고 인내했어야 한다. 그런 방해공작에 초연하고 그의 텃세를 인정해주고 내가 겸손한 마음으로 그와 인간적인 대화를 나누고 교감을 자주 했다면 그도 나에게 그러한 공격을 하지는 않았을 것이고 나는 그와 선순환의 공명증폭을 일으켰을 것이다. '내가 저런 못난 친구한테 왜 머리를 숙여' 하는 나의 거만한 마음이 그에게 다가갈 것을 허락하지 않았고 그가 현재까지 회사에서 기여한 업적을 존중하는 것도 허락하지 않았으며 그에 대해 인내심도 갖지 못하게 했던 것이다.

2. 나는 불확정성 원리에 배반되는 행동을 했다.

나는 내가 잘났다는 거만한 마음으로 직선적으로 그를 바로 앞에서 공격하곤 했다. 이러한 공격은 사실 하지 말았어야 했다. 내가 생각한 그의 독선, 위선이 나 자신의 독선에 기인한 것이 아닌지 살펴보았어야 했다. 사석이건 공개석상이건 나의 공격을 받은 사람이 나에 대해 호감을 가질 리가 만무하고 손익계산서를 따져 보아도 공격 자체가 나에게 가져온 이익은 하나도 없었다. 그렇다고 해서 공격받은 상대방이 자신의 태도를 고치려고 하지도 않았다. 그도 조직 내에서 나름대로 영향력 있는 결정권을 가지고 있는 상태에서 나의 공격을 받았으니 나중에 내가 그의 도움을 필요로 할 때, 그가 나를 도와주겠는가? 도와주기는커녕 호시탐탐 나를 역공격할 기회만을 노려보았고 드러나지 않는 방법으로 나를 방해하기만 했으니 내가 추진하고자 하는 일이 저지되거나, 일이 된다 해도 제대로 제때에 되지 않는 경우가 생기곤 했다.

이제 와서 불확정성 원리에 따라 생각해보면 나는 자주 교란당한 셈이다. 나는 이러한 직선적인 공격행위를 나의 트레이드마크인 양 생각했으니 잘못돼도 한참 잘못된 행동이었다. 정히 그런 행동을 해야겠다는 생각이 들면 우선 먼저 상대방을 인정하고 들어가야 한다. 마음에 들건 안 들건 일단은 상대방이 지금까지 쌓아온 현재가치를 인정하고 존중해주어야 한다. 이것은 참으로 중요하다. 그 다음, 상대방이 열린 마음으로 받아들일 수 있는 사람인가부터 깊이 생각한 후 일대일 면담을 통해 부드러운 표현을 써가며 자신이 느끼는 고통/불편을 중심으로 전개해야 한다. 이러한 마음이 바로 관측당하는 마음이 아닌 관측하는 마음이다. 이런 관측하는 마음을 진작부터 갖고 있었으면 교란당하지 않았을 뿐더러 오히려 바람직한 협조를 이끌어냈을 것이다.

상대방의 잘못된 행동을 직접적으로 나열해가며 지적하는 것은 그의 행동이나 생각을 바꾸는 데 전혀 효과가 없다. 상대방의 불쾌한 기분만 자극시킬 뿐이다. 상대방의 잘못된 행동으로 내가 느끼는 아픔을 말해야 그도 공감할 수 있음을 명심하라. 누군가와 갈등상황을 해결하고자 할 때는 반드시 상대방이 무엇 무엇을 잘못했다는 데 초점을 맞추지 말고 내가 겪은 불편한 느낌, 상황, 어려움을 위주로 말하라. 상대방의 잘못을 중점으로 말하면 자신이 잘못했음을 알고 있다 하더라도 절대 면전에서 인정하지 않는다. 명심하시라, 퇴로를 열어 주어야한다!

전자의 파동함수와 불확정성 원리의 절묘한 교집합 부분을 생각해보면 이해가 갈 것이다. 전자가 관측자가 자신의 위치를 알려고 하면 그것까지는 용인해주지만 관측자가 위치와 속도 두 가지를 다 알려고하면 결코 알려주지 않음을 기억해보라. 갈등상황을 해결할 때도 상대방이 100% 잘못했다는 완벽한 실수 인정을 받아내려고 해서는 안 된다는 것을 우주원리가 우리에게 알려주고 있는 것이다.

겸손/존중의 힘

한편 힐러리 클린턴 미국 국무장관이 한국을 방문했을 때 보여준 언행은 참으로 귀감이 된다. 클린턴은 청와대 예방과 같은 공식일정을 마친 후 이화여대에서 2000여 명의 학생들 앞에서 강연을 했다.

공식강연을 짧게 마친 클린턴은 20대 학생들과 눈높이를 맞춘 대담에 들어가는데, 학생들이 즉석에서 질의하면 클린턴은 대답하는 식이었다. 주로 연애, 결혼, 출산, 직장생활 등 일상생활 속에서 겪는 고충이나 행복 등에 관련된 질문이 많았고, 이에 그녀는 자신의 경험을 바탕으로 이야기를 풀어갔다. 예를 들면 결혼 후 첫딸을 낳아 키울 때 아이가 한밤중에 울어 초보 엄마로서 힘들었던 상황을 얘기한다. 아이가 우는 이유도 어찌해야 하는지도 모르는 그 순간에 아이에게 '너도 이

번에 처음 아기가 돼 보는 거고 나도 처음 엄마가 돼 보는 거니 우리 같이 잘해보자'와 같은 말을 할 수밖에 없었던 보통의 엄마들이 겪는 이야기를 스스럼없이 전달한다.

이러한 대담의 말미에 클린턴은 중요한 이야기를 했다. "인생에서 사랑하고 사랑받는 것이 중요할 뿐 나머지는 다 배경음악에 지나지 않으며 아무리 힘들고 어려워도 매일 감사할 일을 찾으라는 '감사의 원칙'을 명심하고 살아간다"는 것이 그것이다.

그렇다. 우리는 늘 겸손하고 감사하고 존중하면서 살아야 한다. 사랑하고 사랑받는다는 말은 바로 존중하고 존중받는다는 말과도 일치한다. 불확정성 원리상의 관측하는 마음가짐이요, 자신에게 향하는 관측하는 마음의 표현이다. 내가 나 자신을 관측하기 때문에 그 누구로부터도 교란당할 염려가 없다. 다만 존중하는 마음이 조금이라도 대외적으로 관측받고 싶어 하는 마음으로 표현이 되면 그 순간부터 교란당한다. 따라서 존중하고 존중받는 마음의 자세도 항시 순수함과 진정성이 마음속에 배어 있어야 한다. 존중하고 존중받기 위해서는 스스로 먼저 남에게 겸손하고 주어진 것에 감사하는 마음을 바탕으로 해야 된다. 나 자신을 낮은 곳에 두어야 상대방을 올려볼 수 있기 때문이다.

또한 겸손하고 존중하는 마음은 신념을 바탕으로 일어나는 마음이면서도 신념이 오만이나 자만으로 자라나는 마음을 막아준다. 우선, 내가 겸손하고 존중하면서 산다는 것은 그만큼 내가 나를 존중하고 삶에 대한 자신감이 있기 때문에 가능하다. 내가 나를 비하하고 천하게 여기면 다른 사람에게 겸손하고 존중하는 마음의 여유가 전혀 없게 된다.

하지만 내가 나에 대한 강한 자신감이 있다는 것은 내가 오만과 자만이라는 위험에 빠질 가능성도 내포하고 있다. 자신감과 자만심은 종이 한 장 차이로 쉽게 넘나들 수 있기 때문이다. 자신감은 자신에 대해 존중하는 마음이 내적으로 승화한 상태로서 내적 충만감으로만 자리 잡고 있어야지 겉으로는 드러나지 말아야 한다. 누가 해도 할 일이라면 자신이 스스로 나서서 하고자 하는 자세, 일단 맡은 일에 대해서는 열성을 다해 완수하고자 하는 자세, 이왕 일을 할 바에는 아주 잘해야겠다는 다짐으로 꽉 찬 자신감을 갖되 외부에 '나는 이러저러한 생각으로 일해서 아주 잘할 수 있다' 하고 외부에 광고하거나 암묵적으로 나타내고자 하는 얼굴표정조차도 지어서는 안 된다.

이러한 자신감이 내적으로 승화되지 않고 외적으로 표현되기 시작하면 자만에 의한 과시가 된다. 자신감이 자만으로 과시되기 시작하면 일을 처리하는 데 필요한 내부 에너지가 안으로 결집되지 않고 외부로 산만하게 흩어지기 시작한다. 과시의 단계로 넘어가면 내가 아닌 타인에게 어떻게 비쳐지는가가 주 관심사가 되어 나를 남에게 잘 보이고자 하는 방향으로 에너지가 쓰여 힘이 분산된다. 불확정성 원리에 따라 관측당하는 상황으로 몰리고 결국엔 교란당하는 입장에 처하게 되는 것이다.

'하던 짓도 멍석 깔면 안 한다'라는 우리네 속담도 이러한 불확정성의 원리를 반영한 말이다. 하던 짓도 멍석을 깔면 안 하게 되는 이유가 바로 관측당하는 현상에 있다. 남이 보지 않을 때는 나의 원래 의도대로 그 어떤 '짓'이라도 거리낌 없이 행할 수가 있지만 누군가가 멍석을 깔아주며 내가 무슨 짓을 하는가를 지켜보겠다고 하면 그 순간부터 나는 관측자의 관측행위를 의식해서 행동을 조심하게 되고 수줍음을 타거나 좀 더 잘 보이려고 무리를 하든가 해서 원래 내가 의도했던 행동과는 많이 다른 결과를 보이게 된다.

이러한 현상에 입각해서, 내가 어떤 일을 통해서 나를 과시하고자 하는 행위도 나의 '잘남'을 남으로부터 관측받고자 하는 마음이 도사리고 있다고 보는 것이다. 즉, 내가 남에게 과시하고자 하는 마음은 바로 관측당하고자 하는 마음의 다른 표현인 것이다. 전자가 관측당하는 즉시 그 행동이 교란되듯이 내가 과시하고자 하는 마음이 일어나는 순간 나의 자신감은 교란당한다.

자신감이 교란당하니 일에 충실을 기하기가 어렵게 되어 그 일 자체가 추구하고자 하는 목표를 달성하기 어렵거나 달성한다 해도 미흡하게 되는 법이다. 결국 자만심에 빠지면 일의 결과가 신통치 않게 끝나게 마련이다. 힐러리 클린턴의 예에서 보다시피 겸손/감사하는 자세는 자신감이 자만과 오만으로 빠지는 것을 막아주며 주변의 많은 사람들로부터 공감대를 형성할 수 있어 내가 가고자 하는 길에 많은 도움이 된다.

겸손과 존중하는 마음은 자신의 건강에도 지대한 영향을 미친다. 명지대에서 문화심리학을 가르치는 김정운 교수는 하나의 실험결과를 인용하면서 존중하는 마음을 갖고 살아 갈 것을 권한다.

미국의 한 심리학자가 만성질환 환자들을 두 집단으로 나누어 A집단의 환자들에게는 지난 한 주간 고맙고 감사했던 일들을 5개씩 적게 하고 B집단에게는 불쾌하고 불만스러웠던 일들을 5개씩 적게 하는 작업을 9주간 지속했다. 9주 후에 두 집단의 생활태도를 비교해보니 서로 상반되는 결과가 나타났다고 한다. A집단의 사람들은 심한 통증에도 불구하고 잠을 푹 잔 후 아침에는 상쾌한 기분으로 일어났고 자신의 미래에 대해 낙관적인 태도를 유지하고 있었으며 사회적 관계도 잘 유지시키고 있었던 반면에 B집단의 사람들은 그렇지 못했다는 것이다(동아일보, 2008.12.20.).

고맙고 존중하는 일들을 생각하면 그만큼 마음이 편해지기 때문이다. 또 내가 지난 세월 이루어 놓은 결과들에 대해 뿌듯함을 느낄 수 있는 구체적인 증거들이기 때문에 자신에 대한 자신감도 한층 높이는 역할을 한다. '아니, 내가 이런 일들을 다 했었네!' 하는 깨달음과 같은 기분이 들기도 한다. 자신의 잠재 마음속에 묻어두고 이러저런 이유로 꺼내보지 못했던 사실들을 고마워하고 존중하는 마음으로 끄집어내고 보니 새삼스럽게 자신이 대견해진다.

구체적인 상황을 글로 적어서 표현하고 눈으로 보고 소리 내어 읽으면 확실하게 자신의 마음에 각인된다. 그냥 기억을 더듬으며 내가 이런저런 자랑스러운 일들을 하지 않았나 하고 생각하는 것은 나름대로 자신의 자신감 회복에 영향을 끼치기는 하지만 글로 적어서 구체적으로 표현하여 읽는 것보다는 그 영향력이 훨씬 떨어진다. 기억을 더듬는 것은 하나의 추상적인 상상작용이고 글로 나타내서 읽는 것은 명확한 오감활동이기 때문이다. 이러한 내적 충만감을 자극하는 훈련으로 자신감도 키우고 자만의 경계를 넘지 않는 습관을 부단히 키워야 한다.

마케팅만 33년 동안 연구한 마케팅 전문가인 고려대 채서일 교수는 나를 낮추고 남을 배려하는 행동이 최고의 마케팅이라고 말한다. 고객에 대한 배려, 종업원에 대한 배려, 경쟁사에 대한 배려 등이 장기적으로 가장 큰 성과를 가져다준다고 말한다. 배려는 자신을 낮추고 상대방을 존중하는 마음의 다른 표현일 뿐이다. 기업이든 개인이든 자신을 낮추고 남을 존중하는 자세야말로 자신이 원하는 것을 얻을 수 있게 하는 좋은 방법들 중 하나임이 자명하다.

마쓰시타 전기회사가 자만에서 겸손으로 자세를 바꿔 사업 역전을 일궈낸 사례는 이를 잘 보여준다.

도쿄 올림픽이 열린 해인 1964년, 고도 경제성장기의 과잉 설비투자와 주력 가전제품의 시장 포화상태로 마쓰시타는 수익이 줄고 재고가 쌓이는 위기를 맞았다. 게다가 판매회사와 대리점 사장들은 마쓰시타의 대리점 운영방식에 대해 불만과 원성이 높았다.

낭시 경영일선에서 물러나 있던 69세의 마쓰시타 고노스케 회장은 해결책을 강구하고자 '전국판매회사/대리점 사장단 간담회'를 열었다. 간담회라기보다는 '마쓰시타 규탄대회'라고 할 만큼 마쓰시타에 대한 불만들이 마구 쏟아져 나왔다.

사흘간 온갖 불평불만을 묵묵히 다 들은 마쓰시타 회장은 회의 마지막 날 단상에 올라 눈물로 사죄한다. '아무도 거들떠보지 않던 마쓰시타의 전구를 팔아준 게 여러분입니다. 지금의 마쓰시타가 있는 것도 다 여러분의 덕입니다. 저는 여러분께 한 마디 불평을 할 자격도 없습니다.' 그로서는 시장이 포화상태니 불경기니 하는 나름대로 현실상 이유를 댈 만도 했지만 그러지 않았다. '다 내 탓이다'라는 자세로 그간의 자만을 반성하고 사과했고 회사의 잘못된 점들에 초점을 맞추어 판매망의 개혁과 함께 새로운 출발을 약속했다.

반성하고 사과하고 머리를 숙이자 한 동안 회의장에는 침묵이 흘렀고 잠시 후 약속이라도 한 듯 대리점 사장들은 뜨거운 박수와 눈물로 협력과 단결을 약속했다. 이를 계기로 마쓰시타는 대리점 사장들의 대동단결을 이루어 회사를 부활시켰다(중앙일보, 2009.3.11.).

이것이 바로 겸손과 존중의 힘이다. 선순환의 공명증폭을 일으키는 힘이다. 마쓰시타 회장이 시작부터 자신을 낮추고 대리점 사장들에게 존중감을 표시하지 않았다면 대리점 사장들로부터 심정적인 공명의 터전을 형성하지 못했을 것이고 이는 그들의 단결과 협력의 행동을 이끌어내기 어려웠을 것이다.

다음의 직장 내 상하 간 관계의 예도 상대방을 존중하는 자세가 어떤 결과를 낳게 하는가를 잘 보여준다.

모 중소기업 사장인 A 씨는 그 회사 직원 B 씨와 함께 KTX를 타고 지방 출장을 가려고 새벽부터 서울역에 나와 B를 기다렸다. 출발 시간이 가까워졌을 때 B로부터 몸이 너무 아파 출장을 도저히 갈 수 없다는 전화를 받았다. 화가 머리끝까지 났고 현지에 가서 처리해야 할 일이 난감하기도 했지만, 그 자리에서 화를 낼 수도 없어 마음을 진정한 후, 혼자서 처리하고 올 테니 몸조리나 잘하고 있으라는 말을 전했다. B는 죄송하다는 말과 함께 전화를 끊었다.

A는 생각했다. 화를 낸다고 일이 풀릴 것도 아니고 또 B가 오죽 아팠으면 출장을 갈 수 없다 했을까 하는 B의 입장에서 자신의 마음을 다독이곤 좀 더 친절한 말로 그를 위로해주지 못한 것을 아쉬워했다. 나중에 돌아와서 미팅 결과를 이메일로 B에게 알려주고 다음 미팅의

계획도 잡았다. B는 한 마디로 눈물을 흘릴 정도로 감격했다. 크게 야단맞을 것을 각오하고 향후 자신의 거취문제까지도 심각하게 고려하고 있었던 B는 모든 부정한 마음을 버리고 열과 성을 다해 일할 것을 다짐했다(Dong-A Business Review, 2009, Feb, No.26).

A가 자신의 지위만 생각하고 직원 B를 야단쳤으면 어떠한 결과가 나왔을 지는 뻔하다. 사장이지만 자신을 낮추고 심지어 미팅결과도 친절하게 직원인 B에게 알려주었으니, 아니 보고한 셈이 되었으니 그 부하직원이 감복하지 않겠는가. 이러한 자세는 자신을 낮추고 상대방을 존중하지 않으면 나오지 않는다. 몸이 불편하다는 직원의 입장을 우선 존중한 것이다. 사장이라는 지위에서 내려와 나를 낮추면 직위가 낮은 사람의 입장이 보이고 그를 존중하게 되는 것이다. 개인이건 조직이건 겸손하고 존중하는 마음이야말로 선순환의 공명증폭을 일으켜 사람을 끌어들이는 좋은 자세 중 하나임을 여실히 보여주고 있다.

5 | 근심/걱정을 버리고 의지/희망을 키운다

**근심/걱정의 결과,
의지/희망의 힘**

1. 빅터 프랭클은 정신분석학자이자 의사이다. 유대인이라는 사실 때문에 나치 시절, 나치 수용소에서 3년간 죽음을 넘나드는 고통의 세월을 보낸 사람이고 그때의 고통스런 이야기를 담아 《죽음의 수용소에서》라는 책을 출간했다. 그 내용 중에 희망을 잃어버린 사람이 겪는 참담한 내용도 포함되어 있는데, 절망에 빠져 자포자기 상태가 되면 어떠한 결과가 일어날 수 있는가를 잘 보여준다.

"언젠가 나는 미래에 대한 믿음의 상실과 이런 위험한 자포자기가 서로 밀접한 연관을 가지고 있다는 사실을 보여주는 아주 극적인 사례를 보았다. 우리 구역이 고참 관리인인 F는 전에는 꽤 유명한 작곡가이자 작사가였다. 그가 어느 날 나에게 고백했다.

"의사 선생, … 꿈에서 어떤 목소리가 말하라는 거예요. 그러면 질문에 모두 대답을 해줄 거라고 하더군요. 그래서 나를 위해서 이 전쟁이 언제 끝날 것이냐고 물어보았지요."

"그래, 꿈속의 목소리가 뭐라고 대답합디까?"

"1945년 3월 30일이래요." 그가 내 귀에다 나직하게 속삭였다.

F는 희망에 차 있었고 꿈속의 목소리가 하는 말이 맞는다고 확신하고 있었다. 하지만 약속의 날이 임박했을 때, 우리 수용소로 들어온 전쟁 뉴스를 들어 보면, 그 약속한 날에 우리가 자유의 몸이 될 가능성이 거의 없어 보였다.

3월 29일, F는 갑자기 아프기 시작했고 열이 아주 높게 올랐다. 3월 31일에 그는 죽었다. 사망의 직접적 요인은 발진티푸스였다.

F의 죽음을 초래했던 결정적인 요인은 기대했던 해방의 날이 오지 않았다는 데에 있다. 그래서 그는 몹시 절망했으며, 잠재해 있던 발진티푸스 균에 대항하던 그의 저항력이 갑자기 떨어진 것이다. 미래에 대한 그의 믿음과 살고자 하는 의지는 마비되었고 그의 몸은 병마의 희생양이 되었다."

2. 날 때부터 두 팔과 두 다리가 없이 태어난 호주의 닉 부이치치는 열일곱 살에 '팔다리 없는 삶'이라는 비영리 조직을 구성해 강연을 시작했고, 작게 남은 두 다리로 글씨를 써가며 스물한 살에는 대학을 졸업했으며, 현재 스물다섯 살인 그는 부동산 투자 회사를 운영하는 한편, 지금까지 전 세계를 돌며 24개국 200여만 명에게 희망을 불러일으키는 강연을 하고 있다.

어느 날 홍콩의 한 종교단체로부터 강연요청을 받고 그는 홍콩 첵납콕 국제공항 아시아 월드 엑스포박람회장에서 관중 2만여 명이 지켜보는 가운데 강연을 하다가 갑자기 앞으로 넘어진다. 생각해보자. 두 팔과 두 다리가 없는 사람이 갑자기 앞으로 고꾸라지면 그 장면을 보는 사람들은 어떤 생각이 들겠는가? 깜짝 놀라는 것은 물론이요 안

쓰러운 마음에 당황하기도 하고 심지어는 불쌍한 생각이 들어 눈물도 글썽이게 될지도 모른다. 그렇게 엎드려져 있다가 그는 머리를 발판삼아 오뚝이처럼 혼자 곧추 일어선다. 아주 힘들여서 말이다. 이때 관중은 숨죽이면서 그 장면을 지켜보다가 그가 다 일어서자 모두 일어서서 우렁찬 박수를 보낸다.

이러한 행동을 보이기까지 그도 무척 고생을 했다고 한다. 여덟 살이 되었을 때, 일도 결혼도 못 할 뿐만 아니라 결혼한다 해도 아내 손도 잡아보지 못할 것이라는 생각이 들어, 내가 왜 이 지경이 되었는지, 누가 잘못해서 내가 이렇게 태어나게 된 건지, 나의 미래는 어떻게 될 것인지 수도 없이 묻고 울었다고 한다. 그러다가 가장 큰 장애는 자신의 신체에 있는 것이 아니라 마음속에 있는 두려움이라는 것을 깨달았으며 그 후 웃는 것, 남을 웃기는 것을 배우고 수영도 배우고 몸을 즐기는 것을 배웠다고 말한다(동아일보, 2008.11.26.).

3. 김해석 씨는 직장도 있고 부인과 함께 두 아이를 키우며 단란한 가정을 꾸려온 전형적인 한국의 보통 가장이다. 1999년 12월 부인이 가출하면서 이 단란함이 시련을 맞았다. 6개월여를 폐인처럼 살던 김해석 씨는 자살할 결심으로 소주 2병을 단숨에 들이켠 후 부모님 묘소로 갔다. 거기서 자살할 마음이었으나 술에 강하지 못한 김해석 씨는 술기운에 그만 묘소 옆 기찻길에서 잠들어 버린다.

얼마 후 잠에서 깨어나자 집에서 굶고 있는 두 아이의 얼굴이 떠올랐다. 해맑은 두 아이를 생각하며 새로운 마음을 먹은 김해석 씨는 은행으로부터 2,000만 원을 대출받아 송아지 15마리를 샀고, 송아지가 잠들 때까지 그 옆을 지키는 등 온갖 정성을 들여 키운 덕에 송아지와 함께 생활도 어느덧 안정이 되었다. 불행의 기운이 덮치려 했는지 1년 뒤 전염병으로 송아지가 모두 쓰러졌고, 어쩔 수 없이 축산업을 포기한 채 2,000만 원의 빚을 갚으려고 대리운전도 해보았으나 여의치 않았다.

궁리 끝에 큰 돈 없이 할 수 있는 도넛 장사를 시작했고, 밤 12시까지 반죽을 준비하고 오전 7시부터 반죽이 떨어질 때까지 도넛을 만들어 팔았다. 고생은 심했으나 생활비와 아이들 학비를 대면서 조금씩 저축도 할 수 있게 되자 재미도 붙었다. 하지만 또 하나의 시련이 그를 덮쳤다. 과로로 간이 나빠져 병원에 입원해야 했고 3개월간 병원에 입원해 있으면서 그간 모아두었던 돈이 병원비로 다 나갔다. 송아지 빚 2,000만 원은 그대로인 채.

그래도 포기하지 않고 김해석 씨는 2005년 여수지역자활센터를 찾았다. 그곳에서 그는 월 75만원을 받고 청소 일을 시작했고, 적은 월급이었지만 다닐 직장이 있다는 뿌듯한 마음에 빠지지 않고 출근했다. 매일 청소를 하면서 청소기술이 늘어가자 김해석 씨는 센터에서 만난 동료 5명과 함께 뜻을 모아 '푸른청소여수'라는 청소업체를 창업했다. 김해석 씨는 부지런히 발품을 팔면서 예상 고객을 끌어들이고 일단 맡은 청소는 윤이 나도록 정성을 들여 깨끗하게 했다.

호프집, 볼링장 등에서 청소의뢰가 들어왔고 준공검사를 앞두고 있던 180여 가구의 아파트도 화장실 타일의 사이사이는 물론이고 구석구석을 윤이 반짝반짝 나도록 청소했다. 청소를 정성들여 한다는 입소문이 나면서 까다롭다는 병원의 왁싱 작업까지도 맡게 된다.

푸른청소여수는 이제 여수시 소재 14곳의 빌딩 청소를 맡아 한다. 그는 말한다. "세상살이가 아무리 냉정하고 어려워도 포기하지 않으면 살아가는 길이 열리는 모양이다"라고. 김해석 씨는 이 내용을 글로 써서 2008년 보건복지가족부가 주최한 자활성공수기 대상을 받았다(중앙일보, 2009.1.5.).

앞의 모든 사례는 우리가 어떤 마음을 먹고 어떤 행동을 하느냐에 따라 희망했던 결과가 나타나느냐, 아니면 걱정했던 결과가 나타나느냐 하는 점을 잘 보여준다. 희망을 간직한 채 희망대로 실현될 것을 굳게 믿고 앞으로 움직이면 선순환의 공명증폭이 일어나 그 희망이 내 앞에 나타날 것이요, 희망을 잃고 걱정 속에 빠져서 움직이면 악순환의 공명증폭이 일어나 스스로를 걱정되는 그 상황으로 몰고 간다는 것을 실제로 보여준다. 특히 2와 3의 사례의 주인공들은 공통적으로 한때는 지독한 절망의 세계에서 헤맨 적이 있다.

그러나 불확정성 원리에 입각하여 과도한 절망의 집착에서 벗어나 희망으로 자신의 마음을 무장했고, 그 희망도 무리하거나 과도한 희망이 아니라 현재에서 한 단계 더 높이려는 '겸손'으로 무장한 희망이었기에 그들은 활발히 움직일 수 있었고 활발한 움직임을 지속적으로 펼쳐 나갈 수 있었다. 남에게 과시하고자 가진 희망이 아니고 현재의 나의 상황을 좀 더 개선하고자 진심이 어린 겸손의 희망이었기에 그들은 그 어떤 관찰자로부터 교란 받을 이유 없이 자신의 희망을 펼쳐갈 수 있었다. 나의 일에 희망을 갖고 몰입함으로써, 나의 일에 관찰자의 에너지를 갖고 진력함으로써, 그 누구로부터도 관찰로부터 오는 교란현상을 방지할 수 있었다. 아래 인용하는 신문칼럼 내용이 이 불확정성 원리의 작용을 간접적으로 지원해준다.

"… 한국 국제정치학회가 발간한 최근 논총(48집 4호)에 재미있는 논문이 수록됐다. 국제정치를 양자물리학 관점에서 보자는 것이다.
… 원자 이하의 미립자들은 우리 눈에 보이지도 않고 무게나 양도

가늠할 수 없을 뿐 아니라 원인도 없이 나타났다가 사라지는 '유령 같은 존재'라는 것이다. 특히 양자의 세계는 관찰되는 순간 관찰자 의도에 따라 움직이기까지 한다.

따라서 영원불변의 객관적인 실체가 존재하는 것이 아니라 관찰자의 의도가 객체에 영향을 미친다는 것을 발견했다. … 실험할 때 양자 물리학자들이 빛을 입자로 보고 싶으면 입자로 나타나고, 파동으로 보고 싶으면 파동으로 나타난다고 한다. 이런 관점을 확대시키면 세상 모든 일이 어쩌면 자기 눈에 따라 사실이 달라지는 것이다. 한 걸음 더 나가면 무슨 객관적인 현실이 있는 것이 아니라 우리 의식이 현실에 영향을 미치며 현실을 창조하기까지 한다는 얘기다. … 위기 이후 우리가 어떤 나라를 만들 것인가에 대한 의지에 따라 미래는 만들어지는 것이다. 양자 이론처럼 관찰자의 믿음대로 세상이 현실화하기 때문이다."(중앙일보, 2009.3.17.)

문창극 기자는 위 칼럼에서 막스 보른의 전자 파동함수 붕괴 이론을 예로 들었다. 관측자의 의지에 따라 확률상태로 널리 퍼져 있는 전자의 파동형태가 관측되는 즉시 입자로 그 모습을 드러내는 양자물리 현상에 입각하여 우리의 의지에 따라 미래가 만들어진다고 말하고 있다. 그러나 과욕이나 집착에 찬 의지는 금물이다. 불확정성 원리에서 우리는 이를 충분히 이해했다. 현실을 극복하고 조금씩 개선해 갈 수 있는 그런 의지와 희망을 가지라고 전자 파동함수 붕괴와 불확정성 원리는 절묘한 조합으로 우리에게 가르침을 주고 있다.

근심/걱정을 버리고 의지/희망을 키우는 방법

이제 결론은 났다. 내가 생각하고 그리는 대로 나의 미래는 만들어 갈 수 있다. 문제는 어떻게 근심/걱정의 생각을 의지/희망의 생각으로 바꾸느냐다. 근심/걱정으로 가득 찬 사람들은 자신의 행동으로 나타난 결과를 놓고 좋게 끝나면 주변의 여건이 잘되어 있어서 또는 일 자체가 쉬워서 그렇고, 나쁘게 끝나면 자기가 행동을 잘못해서 또는 능력이 떨어져서 그렇다는 생각을 한다고 한다. 정신심리학계에서는 이러한 심리상태를 '내적이고 안정적인 귀인변인'이라고 부른다.

그러나 이러한 전문용어를 통한 설명은 전문가에게 맡기고 현실세계에서 이러한 심리적 난관을 극복해야 하는 우리에겐 이 심리전환 방법을 깨우치는 것이 중요하다. 그래서 정신심리학계에서 내놓은 방법이 있는데, 쉽지만은 않은 방법이니 잘 연구해서 실천하길 바란다. 왜냐하면 전문가들은 이러한 부정적인 사고를 긍정적인 사고로 전환시키기 위해서는 무엇보다도 스스로 생각을 바꿔야 한다고 말하는데, 자신의 생각을 바꾸는 것은 자신 이외에 그 누구도 대신해 줄 수가 없기 때문이다.

내가 근심/걱정의 생각을 하고 있는데 제3자가 와서 '걱정하지 말고 희망을 가져'라고 해서 나의 생각이 쉽게 바뀔 수만 있다면, 그 어느 누가 근심과 걱정으로 허망한 시간을 보내랴? 근심/걱정을 하고 싶지 않지만 자꾸 자신도 모르게 그쪽으로 생각이 집중되니까 어려운 것이다. 그래도 이 세상 일이 내가 생각을 안 하고 노력을 안 하면 되는 일이 하나도 없다는 것을 우주의 물리현상이 정확하게 알려주고 있으니 어찌하겠는가?

　어쨌거나 우리는 생각을 바꿔 움직여야 한다. 그 방법으로《내 감정 사용법》(프랑스와 를로르, 크리스토프 앙드레 공저)에서 나온 내용과《행복의 공식》(슈테판 클라인)에서 말하는 '로빈슨 크루소 대차대조표 방식'을 소개한다. 이 내용의 전개에는 기본 줄거리 외에 저자의 개인 경험과 지식이 가미되어 많이 각색되어 있음을 밝힌다.

(1) 운동하고 웃어라. 육체적 움직임이 두뇌를 활성화시키고 근심/걱정이 생길 공간을 주지 않는다는 것은 이미 〈신체의 바른 기운 생성〉편에서 설명한 바 있다. 가벼운 조깅도 좋고 단전치기나 명상과 웃음수련도 좋은 방법이다. 몸을 움직인다는 것은 뇌세포의 움직임과 직결되는 것이고 이때의 생각은 움직임의 방향과 맥을 같이 하여 근심/걱정이 들어설 자리를 주지 않는다.

　심리학적인 방법으로는 '페이셜 피드백' 시스템, 즉 웃기 동작을 행할 것을 권한다. 외부에서 시작된 의도적으로 웃는 행위가 마음이라는 내부로 영향을 준다는 원리 하에 이 웃는 행위는 근심/걱정이 연상되는 것을 차단해 준다. 또한 웃기동작은 이미 심리학계와 의학계에서 그 효험이 널리 인정되고 있다. 웃는 동작은 바로 우리 몸의 면역체계를 강화시켜주기 때문이다. 말기의 암환자라도 코미디 영화를 보면서 요절복통하듯이 계속 웃었더니 암이 치유되더라는 실험결과는 바로 이를 뒷받침해주고 있다.

　그저 시도 때도 없이 혼자 있을 때 미소를 지어도 좋고 크게 웃어도 좋다. 또한 그냥 웃는 표정을 살며시 지어도 좋다, 웃는 표정을 짓는 행위만으로도 마음이 밝아진다. 지금 당장 실험해보라.

(2) 기분을 전환할 수 있는 일, 인적 교류, 사회적 활동을 찾으라. 근심/걱정을 털어버리고 의지/희망을 찾을 수 있는 작은 일거리부터 시작하면 점차적으로 큰 자신감으로 확대된다. 자신이 즐길 수 있는 작은 일을 성취하면서 점점 자신에 대한 만족이 커진다. 처음부터 벅찬 일을 하면 실패하기 십상이고 실패하면 '거봐, 또 못하잖아' 하는 패배의식만 강화될 가능성이 크다. '작은 움직임이 모여 큰 움직임을 만든다'라는 원리는 모든 상황에 적용됨을 상기하자.

(3) 근심/걱정을 정면에서 바라보라.

우선, 근심/걱정의 상황을 있는 그대로 받아들여라. 근심/걱정은 누구나 다 갖고 있는 감정의 한 형태이니만큼 살면서 함께 할 수 있는 자연스러운 것이라 생각하고 받아들여야 한다. 근심하고 걱정하는 감정을 창피하게 여겨 자신의 마음으로부터도 감추려 하지 말고 솔직하게 인정해 애써 그렇지 않은 양 하지 말아야 한다. 나의 내부에는 늘 관찰하는 나와 관찰당하는 나가 공존하고 있기 때문에 자신을 속이는 것 자체가 이미 관찰자의 주도적인 광자의 에너지를 잃고 있기 때문이다. 나의 모든 감정 전부를 있는 그대로 인정하는 것은 바로 자신에게 겸손한 마음과 같은 진정한 관찰자의 에너지를 갖게 함을 잊지 말자.

다음, 내가 무엇 때문에 근심하고 걱정하고 있는지 그 근원을

따져 보라. 근심과 걱정의 대부분은 막연히 이루어지는 경우가
많다고 한다. 또한 닥칠지도 모른다는 생각에 미리 근심/걱정하
는 경우가 많다고 한다. 근심과 걱정의 근원을 따져본 후 보다 희
망적인 상황을 만들어내는 '로빈슨 크루소 대차대조표'를 소개
한다. 슈테판 클라인은 《행복의 공식》에서 미국국립정신건강연
구소의 심각한 우울증 환자 300명에게 이와 같은 인지적 치료를
한 결과 그들 중 60%가 우울증에서 벗어났다는 사실을 밝히고
있다.

① 종이와 필기구를 준비하고 반듯한 자세로 잠시 호흡을 가다
   듬는다.
② 근심/걱정되는 상황에 대한 내용을 종이의 왼쪽에 적는다. 자
   신에 대한 두려움, 자기비난, 비관적인 운명론 등 자신이 보기
   에 나쁘거나 불리하다고 생각되는 사항을 적는다. 이렇게 적다
   보면 자신에게 나쁜 상황이 너무나 많다는 사실에 처음엔 놀랄
   수 있으나 문자로 표현함으로써 한결 명확하게 근심/걱정이 상
   황을 이해하게 되고 적는 것 자체만으로도 어느 정도 해결의 실
   마리를 발견하게 된다.
③ 자신만의 내면세계에서 벗어나 외부세계로 눈을 돌려 다른 사
   람과 다른 유사한 문제들에 대해서도 생각한다. 나만이 이러한
   나쁜 상황에 몰리고 있다고 생각하지 않는다. 다른 사람들도 다
   이 같은 상황에 몰려 있다가 빠져나왔다고 생각한다.
④ 생각을 희망적인 방향으로 돌린다. 나쁜 상황이라 해도 더 이상

나빠질 수 없는 최악의 절망적 상황은 있을 수 없다. 그 나쁜 상황 중에서도 보다 긍정적이고 희망적인 상황이 있다고 믿고 희망적인 상황을 생각하여 종이의 오른쪽에 각각의 나쁜 상황에 대비시켜 적는다.

⑤ 생각하기에 따라서는 나에게 불리한 상황도 이와 같이 유리하게 작용되는 상황으로 바뀔 수 있다고 믿고 어두운 생각과 느낌을 밝은 면으로 돌리는 습관이 되도록 한다.

⑥ 새로운 뇌신경세포가 자라나고 왼쪽 앞이마 쪽 뇌의 능력이 강화된다.

예) 로빈슨 크루소 대차대조표(《행복의 공식》, 슈테판 클라인)

나쁜 상황	좋은 상황
1. 난 외로운 섬에 내동댕이쳐졌다.	1. 그러나 나는 아직 살아 있다.
2. 언젠가 이곳을 빠져 나갈 수 있으리라는 기약도 없다.	2. 다른 동료들처럼 물에 빠져죽지 않았다.
3. 나는 지독한 불행을 위해 모든 인간 가운데서 선택되었다.	3. 그러나 나는 죽음에서 벗어날 수 있도록 배의 모든 선원 중에서 선택되었다.
4. 나는 몸을 덮을 만한 옷이 전혀 없다.	4. 그러나 나는 옷을 입을 필요가 없을 정도로 더운 곳에 있다.

나무의
생각 질량으로 숨쉬어라

성취를 위한 질량흡인의 길

1 | 생각은 질량으로 끌어온다

에너지는 질량으로 전환된다

1900년 플랑크는 전자기파가 파동으로서의 이동을 가능하게 하는 힘의 세기, 즉 에너지의 세기는 바로 전자기파의 파동이 갖는 진동수에 의해 결정된다는 가설을 발표하였고, 이 가설로 그는 1918년에 노벨물리학상을 받았다. 이는 진동수가 큰 빛(짧은 파장)은 에너지의 세기가 크고, 진동수가 작은 빛(긴 파장)은 에너지의 세기가 작다는 뜻이다(파인만의 전자기 스펙트럼을 떠올리면 이해가 쉬울 것이다). 이 경우 우리가 기타를 켤 때 기타 줄을 아래위로 내리고 올리는 광경을 상상해보면 된다. 기타 줄에 힘을 가해서 세게 당기면, 즉 기타 줄에 전달되는 에너지의 세기를 크게 하면 기타 줄의 진동수가 커지고 소리도 크게 나듯이 전자기파 에너지의 양도 전자기파 진동수에 비례하여 커진다.

그런데 이러한 모든 에너지가 질량으로 전환이 된다! 아인슈타인의 특수상대성이론에 속해 있는 'E=mc²' 공식이 그 이유를 밝혀준다.

E=mc² 공식은 우리가 어떤 물체의 질량을 알고 있을 때, 그 질량에 빛의 속도의 제곱을 곱하면 그 물체의 에너지를 구할 수 있다는 이론이다. 이 공식에서 질량은 물체를 구성하고 있는 전자, 양성자, 중성자 등 양자들의 총합이라고 보면 된다. 그런데, 우리가 이 공식을 역으로 생각해서 에너지의 값을 알고 있을 때, 이 에너지의 값을 빛의 속도의 제곱으로 나누면 질량의 값을 구할 수 있다는 뜻도 된다. 그래서 '에너지와 질량은 상호 전환되는 물리량이다'라는 도식이 성립된다. 다시 말해서 에너지-질량 관계란 에너지가 질량으로 전환되고 질량은 또한 에너지로 전환되는 상호 왕래가 가능한 관계라는 것이다('E=mc²'와 관련해서는 '양자적 요동현상'과 'E=mc²'은 '움직임의 기본원리를 제공한다'편에서 좀 더 구체적으로 설명된다.).

자, 이제 파동이 에너지를 갖고 그 에너지가 질량으로 전환될 수 있음이 확인되었다. 그렇다면 우리의 생각활동도 각 뇌세포들이 보내는 전자기파동의 이동인데, 그 파동은 그 진폭의 크기에 비례하는 에너지를 갖지 않겠는가? 따라서 뇌에서 발산되는 전기파동도 당연히 그 진폭에 따라 에너지를 갖고 질량을 가지지 않겠는가? 결국 '생각은 질량을 갖는다!'라는 원리가 성립된다. 달리 말해서 생각은 전자기파동의 이동, 에너지의 이동, 질량의 이동에 의해 발현된다.

이쯤 되면 고개를 갸우뚱하는 독자가 있을 수 있다. '어떻게 무형의 생각이 형체를 갖는 질량에 의해 발현될 수 있을까' 하고 말이다. 그렇다면, 에너지는 또한 장 속에서 질량과 운동의 형태로 존재하고 있다는 물리현상을 상기해보라. 전자와 양성자를 포함한 입자들이 파동으로서, 입자로서, 그리고 에너지와 질량으로서 존재하고 있음도 상기해보라. 뇌의 전자기파동은 곧 전하를 가진 전자나 양성자를 포함한 입자들이 일으키는 파동임을 상기해보라. 입자라는 한 가지 형상에서 보더라도 입자는 질량을 갖고 있는 존재니까, 그들의 움직임에 의해서 일어나는 뇌의 전자기파동도 질량을 가진다는 것으로 당연히 귀결되지 않는가?

생각도 질량을 갖는다

파동으로서의 에너지와 운동으로서의 에너지가 합쳐진 생각은 질량을 일으킨다.* 이 생각의 질량은 당연히 중력작용에 따라 인력(引力: 끌어오는 힘)을 갖는다. 생각파동은 파동의 형태로 같은 주파수대에 있는 다른 생각파동과의 결맞음 작용으로 동조와 공명을 일으키기도 하지만, 한편으로 하나의 생각질량은 중력작용에 의해 그 질량의 크기가 상대적으로 크고 작음에 따라 다른 생각질량을 끌어오거나 다른 생각질량에게 끌려갈 수 있다. 왜냐하면 중력이란 질량을 갖는 두 물체가 서로 끌어당기는 힘이기 때문이다.

물리학에서는 질량을 갖는 두 물체라 할 때, 모든 물체를 말한다. 책상과 내 몸, 내가 읽고 있는 책과 자동차 등 모든 형체를 갖고 있는 생물/무생물을 포함된다. 내 몸도 그 물체의 범주에 들어가고 또한 질량을 갖고 있어서 그만큼 지구를 끌어당기고 있다. 다만, 내 몸 질량이 지구의 질량에 비해서 형편없이 작기 때문에 전혀 영향을 미치지 못할 뿐

* 용어의 단순한 표현을 위해서 이하에서는 이를 생각질량으로 표현하겠다.

인 것이다. 물리학적으로는 '중력이란 두 물체 간의 상호 끌어당기는 힘이고, 그 힘의 크기는 개개 물체의 질량의 크기에 비례하고, 개개의 물체 간 거리의 제곱에 반비례한다'라는 표현을 사용한다. 그러니까 질량이 크면 큰 만큼 그 물체가 갖는 중력의 세기도 크고 두 물체 간 거리가 멀어지면 두 물체 사이의 중력은 그만큼 작아진다는 뜻이다.

생각이 질량을 가진다는 말은 생각 자체가 질량을 가진다는 뜻이 아니라 생각을 일으키면 그 전자기작용에 의해서 형성된 파동 에너지와 운동으로 증가된 운동 에너지가 질량으로 전환된다는 뜻이다. 이는 생각을 불러일으키는 과정에서 뇌 안에 있는 신경세포들의 부분이 참여하느냐 전체가 참여하느냐, 일시적인 생각에 그치느냐, 지속적으로 이어지는 생각이냐, 뇌 안의 생각으로만 끝나느냐, 몸이 움직여 행동으로 이어지는 생각이냐 하는 과정과 깊숙이 연결된다. 통찰력이란 다름 아닌 전체 뇌신경세포의 폭발적인 동조라는 스티븐 스트로가츠의 말을 상기해보면, 생각파동이 전체 뇌로 확산되고 몸의 움직임으로 이어져야 생각이 나름대로 현실적인 힘을 행사할 수 있는 질량의 모습을 취할 수 있을 것이다. 이렇게 해서 생각파동으로부터 전환된 생각질량은 중력작용에 따라 주변의 생각질량을 끌어오거나 또는 그 생각질량에 끌려갈 수 있게 되는 것이다.

이 현상은 "전자기력은 전하를 가진 물체에만 작용하는 반면에, 중력은 종류를 가리지 않고 질량을 가진 모든 물체에 작용하고 있으므로, 모든 물체는 중력파를 만들어 낼 수 있고, 아무리 깊은 곳에 숨어 있어도 중력파를 감지하여 그 존재를 확인할 수 있다(《우주의 구조》, 브라이언 그린)"는 중력원리에 의해서 더욱 분명해진다. 다시 강조하건대, 우리의 생각에너지는 전자기파동으로서 파동의 결맞음 작용에 의해 공명을 일으키거나 파동의 결틀림 작용에 의해 불(不)공명을 일으키기도 하지만, 또한 질량으로서 중력파를 만들고 중력작용에 의해 인력(引力)을 작동시킨다!

그런데 질량의 크기는 단순히 물체의 외형적 크기에 의해서만 결정되지 않는다. "블랙홀을 이루는 대부분의 물질들은 중심부에 똘똘 뭉쳐 있는데, 이 중심부는 엄청난 질량을 갖고 있음에도 크기가 아주 작아서 일반 상대성 이론과 양자역학 중 하나만으로 설명할 수 없다. 질량이 크면 공간을 심하게 왜곡시키므로 일반상대성이론을 적용해야 하고, 그 질량이 점유하고 있는 공간이 엄청나게 작기 때문에 양자역학도 동원되어야 한다. 중력이 작은 우주공간에서 블랙홀이 형성되려면 매우 큰 질량이 필요하지만, 중력이 강한 작은 영역에서는 아주 작은 질량으로도 블랙홀이 형성될 수 있다(《우주의 구조》, 브라이언 그린)"라는 질량형성 이론에 따르면 질량이 외형적 크기에 따라 그 실제 크기가 결정되는 것이 아니라 그 자체가 갖고 있는 밀도에 의해 결정됨을 알 수 있다.

여기서 '중력이 강한 아주 작은 영역'이란 바로 우리가 미시세계라고 부르는 생각이 일으키는 전자기파동의 세계를 말하는 것이요, 생각질량의 세계인 파동 – 입자 – 원자 – 분자의 세계를 말하는 것이다. 따라서 우리의 생각질량은 곳곳에서 그 밀도와 질량의 크기에 따라 주변부에 영향을 미칠 수 있음을 다시금 확인할 수 있다. 그렇다면 생각질량의 밀도를 높이고 크기를 증대시키려면 내가 어떤 생각을 해야 할까?

에를 들어, 우리가 일정한 크기의 큰 상자 안에 정육면체, 삼각사면체, 원통형의 작은 물체들을 집어넣는다고 치자. 이 물체들을 그냥 뒤섞어서 그 상자 안으로 되는대로 집어넣는 것과 정육면체는 정육면체대로, 삼각사면체는 삼각사면체끼리, 원통형은 원통형끼리 서로 빈틈이 적게 생기도록 차곡차곡 쌓는 것과 비교할 때, 어느 것이 더 많은 양의 물체들을 큰 상자 안으로 넣을 수 있겠는가는 자명해진다. 더 많은 양의 물체들이 들어간 상자가 전체적으로 밀도도 높고 질량도 크듯이 우리의 생각도 정돈되고 균질하게 응축되어야 그 질량의 밀도와 크기가 커짐 또한 자명해진다. 생각을 '어떻게 물질세계의 밀도와 비교할 수 있겠는가' 하는 이의도 제기할 수 있겠지만, 지금까지 설명해왔듯이 생각도 물질세계의 범주 안에 있고 질량의 이동으로 발현됨을 잊지 말아야 한다. 생각이 왜 질량을 갖는가를 기억하자.

게다가 일반상대성 이론에 의하면, 중력 또는 중력장의 세기를 결정하는 것은 물체의 질량 이외에도, 그 물체가 갖고 있는 총에너지까지 포함된다. 이를테면 내가 어떤 운동을 통해서 체온이 올라가면 내가 갖는 총에너지도 증가하여 질량으로 편입되어 나의 중력의 세기를 크게 한다. 온도란 물체를 이루고 있는 원자들의 평균적인 운동상태인 운동에너지를 나타내는 양이므로 온도가 높아지면 물체가 품고 있는 에너지도 커지기 때문이다.

따라서 중력과 중력파 이론, 블랙홀 이론, 일반 상대성 이론에서 설명된 내용을 종합하면 다음과 같은 결론을 도출할 수 있다:

(1) 생각질량의 밀도와 크기 측면에서 '정돈되고 균질하게 응축된 생각'이란 바로 '진정어린 열정'의 생각이요, '일관하는 믿음'의 생각이요, '멈춤 없는 끈기'의 생각이다. 열정의 생각이란 왕성

한 의욕을 갖고 하나의 생각에 몰입한다는 의미이고, 몰입한다는 것은 그만큼 그 생각에 빠져서 옹골차게 한다는 뜻이므로, 이는 차곡차곡 쌓인 물건의 밀도가 높듯이, 그 생각을 차곡차곡 쌓아 응축시켜 밀도를 높이는 효과가 있다.

게다가 '균질'의 물리적 의미가 일정한 상황하에 있는 한 물체의 어느 부분을 취해도 물리적으로나 화학적으로 같은 성질을 가리키는 바와 같이, 일관하는 믿음의 생각이란 뇌에서 발산되는 뇌파의 모든 부분에 있어 일관된 진폭과 파장을 갖는다는 것을 의미한다. 일관된 진폭과 파장을 가져야 뇌 전역에 걸쳐 공명증폭이 일어나서 전체적으로 뇌파의 에너지를 증대하고 질량을 크게 할 수 있지, 뇌의 이곳저곳에서 진폭과 파장이 다른 뇌파가 서로 뒤섞여 있으면 앞에서 예를 든 상자 안에 뒤죽박죽 섞여 있는 물체들처럼 그 질량을 크게 할 수 없다.

(2) 에너지의 총합이란 측면에서 본 때, 멈춤이 없이 끈기 있게 생각한다는 것은 뇌의 전자기파동의 움직임이 뇌에 전체 영역에 걸쳐 중단 없이 활발해야 한다는 뜻이다. 이를테면 내가 한 가지 생각을 하루나 이틀 동안 하다가 그 다음에는 거의 안 하거나 이따금씩 일주일에 한 번 한다면, 그 생각이 일으키는 에너지는 거의 연결이 일어나지 않는다. 일단 한 가지 생각을 일으키면 그 생각의 실현을 이룰 때까지 그 생각을 잠시라도 멈추어서는 안 된다. 이것이 멈춤 없는 끈기의 생각이요, 이는 한 가지 뇌 전자기파동의 흐름을 지속하게 하여 뇌파가 이동함으로써 생기는 운동에너지를 높이는 효과가 있고 따라서 생각질량을 크게 한다.

(3) 에너지의 총합의 또 다른 측면에서 볼 때, 질량이 큰 생각이란 생각이 일으키는 파동에너지에 더하여 이러한 생각이 행동으로 이어져야 함을 제시하고 있다. 생각이 생각 자체로만 끝나서는 안 되고 이를 실천적인 움직임으로 이행하고 그 움직임이 끊임없이 줄기차게 지속되어야, 뇌와 몸 전체의 운동에너지를 크게 하여 전체적으로 뇌를 포함하는 내 몸의 에너지의 총합을 높여 나의 생각질량을 크게 증대하는 결과를 가져올 수 있다.

이에 반하여, 상자 안에 여러 물체들을 집어넣는 예에서 보다시피 이것저것 뒤섞어 넣으면 그 상자 전체의 밀도와 질량의 크기가 작아지듯이 다음과 같은 생각들은 생각의 질량을 크게 할 수 없고 따라서 사람들의 생각을 끌어들일 수가 없게 된다. 즉, 이따금씩 하는 생각, 불쑥불쑥 튀어나오는 생각, 이랬다저랬다 하는 생각, 갈팡질팡하는 생각, 만나는 사람에 따라 변하는 생각, 강한 것 같다가 약해지는 생각, 다른 사람을 좇아서 하는 생각, 누구와 비교해서 더 잘나고 싶어 하는 생각, 진심과 열정이 들어가지 않는 생각, 무언가 드러내놓고 싶어 하는 생각, 기회에 편승하는 생각, 불안초조감에 의한 미약한 생각, 비난비방하고 불평하는 생각 등은 결코 그 질량의 밀도를 높일 수 없다. 이러한 생각들은 그 파동의 파장형태가 서로 다른데다가 이곳저곳에서 산만하게 흩어져서 형성이 되거나 생겼다가는 없어지곤 하므로 파동의 공명이 일어날 수가 없어서 더욱 그렇다.

그 무엇에 의해서도, 그 누구에 의해서도, 그 어떤 상황에 의해서도 끊임없이 지속되고, 흔들림 없이 일정하고, 막힘없이 뻗어

나가는 그런 생각이라야 한다. 이러한 각도에서 보면 생각질량의 밀도와 크기는 좋고 나쁨을 구별하지 않는다. 다시 말해 생각질량을 키우는 열정, 끈기, 일관, 움직임의 측면에서 보면 나쁜 사례에서도 그 실질적인 의미를 발견할 수 있다. 즉, 나치즘 하에서 수많은 독일 사람들이 히틀러에게 끌렸던 이유도, 종교 광신도들이 사이비 교주에게 그렇게 미친 듯이 빠져드는 이유도, 북한에 있는 많은 사람들이 아직도 김일성을 신처럼 떠받드는 이유도 히틀러, 사이비교주, 김일성이 보낸 그 나름대로의 열정, 끈기, 일관, 움직임으로 가득 찬 뇌파의 질량현상과 관련이 있고 다른 한편으로는 그 집단 대중이 서로 무의식적으로 내보내는 생각파동의 집단공명과 관련이 있다고 본다.

행운은 생각실량이 작동한 결과현상이다

어떤 사람들은 자신이 하고 싶은 일에 미쳐서 그 일의 성취에 전심전력을 다한다. 생각과 동시에 행동으로 연결시킨다. 쉬는 법도 없고 오로지 그 생각만 하고 그 생각에 따라 행동한다. 이렇게 생각과 행동이 일치하는 사람들에게는 자신이 예측하지 못한 어떤 힘이 자신이 추진하고자 했던 일의 성취를 도와주는 경험을 하곤 한다. 이것을 우리는 행운이라고 부른다.

그러나 우리가 소위 행운이라고 말하는 현상은 다 나의 생각질량의 힘 덕분이다. 생각해보라. 어떤 갑작스럽고 예기치 못한 도움으로 내가 처한 상황이 유리하게 반전되었을 때, 그 이면에는 나의 어떤 생각들이 자리 잡고 있었는가를. 내가 무언가를 지극히 열망하고 그것을 얻기 위해 끈질기고 줄기차게 노력하지 않았는가? 그 일만을 생각하면서 이리 뛰고 저리 뛰고 분투하지 않았는가? 모든 가식과 과시가 없는 순수한 열정으로 그 일의 성취를 위해 숱한 어려움에 몸으로 맞부딪치지 않았는가? 하다못해 속으로 울고불고 간절히 바라며 죽을 각오를 마다하지 않았는가?

나는 많이 겪었다. 대학에 들어가고자 했을 때, 중동의 건설현장 여건상 도대체 불가능한 수영을 매일 하고자 했을 때, 영어도 잘 못하면서 건설회사에서 외국계 회사를 선택하여 들어가고자 했을 때, 어떤 난감한 업무를 약속기일 내에 처리하고자 했을 때, 중동에서 무면허 교통사고로 사람을 죽인 동료를 감옥에서 구하고자 애썼을 때 등등.

이 중에서 이라크에서 한국인 근로자가 운전면허 없이 차를 운전하다가 교통사고로 이라크 현지인을 치어 사망케 한 사례로 생각질량의 현실감을 독자에게 전달하고자 한다.

1982년경 이라크와 이란이 전쟁의 막바지로 치닫던 시기에 현대건설은 이라크의 '사마라'라는 지역에서 약 4,000명의 근로자가 동원되고 총 공사비 3억 달러 규모의 3,000세대 주택단지를 건설하는 프로젝트를 수행하고 있었다. 나는 여기서 노무와 총무를 관리하는 일을 맡았다. 그러던 어느 금요일(중동에서는 금요일이 정기 휴일이다) 오전에, 이라크 경찰로부터 한국인이 차를 운전하고 가다가 이라크인을 치어 사망케 했으니 출두하라는 통보를 받았다. 경찰서로 가서 상황을 알아보니 직원식당의 요리를 총괄하고 있던 주방장이 이라크 시장에서 그

날 오후 반찬거리를 준비하려고 차를 몰고 나왔다가 그만 사고를 내고 만 것이다.

불행 중 다행인 것은 사고가 난 지점이 횡단보도가 아닌 일반 차도였는데 문제는 이 사람이 운전면허증이 없었다는 점이다. 무면허 운전으로 사람을 치어 사망케 한 것이다. 우리나라 실정에 비추어 보아 이런 사고의 당사자는 실형을 살 것이 분명해 보였다. 어차피 재판은 피할 수가 없었고 현지 변호사를 고용해서 어떻게 해서든 실형기간을 짧게 해주는 것만이 내가 해줄 수 있는 유일한 길이었다. 나는 재판 준비기간 중 감옥에 갇혀 있는 식당 주방장을 자주 면회를 했는데, 그는 나에게 감옥 안에서 여러 불량 현지인들과 섞여 자면서 많은 고통을 겪었음을 하소연하면서 '강 대리님, 어떻게 해서든 나 좀 이 지옥 같은 곳에서 빼내 주세요' 하고 눈물을 글썽이며 통사정하곤 했었다.

나는 참으로 난감했다. 왜냐하면 이라크 현지 법원에서는 이 사람이 한국에서 발급받은 운전면허증이라도 있으면 제출하라는 통보를 해 있기 때문이다. 주방장이 사고당시에 경찰에게 한국 면허증은 있는데 한국에 두고 와서 지금은 없다고 한 까닭이다. 그 당시에는 한국 면허증이 있으면 이라크 현지 면허증으로 바꿔서 통용할 수가 있었다.

이를 어이 할꼬? 궁리에 궁리를 하다가 한국에 있는 지인들에게 전화를 해대며 어떻게 하든 잠시 사용할 수 있는 가짜 면허증이라도 만들어 달라고 부탁을 했지만 그것은 불가능했다. 국가 공공기관에서 어떻게 가짜 면허증을 발행해 줄 수가 있겠는가. 그것도 외국에서 사용하겠다는 면허증을. 국가의 공신력에 관한 문제였기 때문에 가짜 면허증은 정말 얼토당토않은 생각이었다. 하도 다급해서 그런 무리한 생각을 하게 되었지만 직원식당 주방장의 개인적 처지가 매우 딱해서 어떻게 해서든 이 주방장을 이라크 감옥에서 빼내주고 싶은 열망이 크게 작용했다. 그는 정말 어렵고 어려운 과정을 거쳐서 가족과 노모를 봉양하기 위한 돈을 벌려고 이라크에 온 것을 나는 잘 알고 있었다.

그가 이라크 감옥에서 몇 년을 보내면 그의 앞날은 물론이고 그 기간 중에 그가 겪을 고통과 그의 수입에 의존하며 하루하루를 살아가던 그의 나이 드신 어머니와 가족들의 생활은 뻔해 보였다. 그는 또 주방장 일을 하면서 정말 일을 열심히 하고 아주 잘해서 모든 직원들이 그의 음식에 아주 만족하고 있었기 때문에 나는 이 주방장을 이라크 감옥에서 빼내는 일에 골몰했다. 정말 몰두해 있었다.

이도저도 안 되어 낙담에 젖어 있다가 퍼뜩 아이디어가 떠올라서 우리 측 변호사에게 면허증을 사본으로 제출할 수 있도록 힘을 써달라고 부탁했다. 나의 일념이 통했는지 며칠 후 오케이라는 답을 듣고는 나의 면허증에 그 주방장의 사진을 붙여서 그 주방장의 운전면허증인 양 복사본을 만들어 법원에 제출하였다. 재판 당일 그는 무죄판정을 받고 법정에서 곧바로 풀려 나왔다. 사고를 낸 장소가 횡단보도가 아닌데다가 면허증도 있으니 정상 참작을 해서 무죄선고를 한 것이다.

지금도 이따금씩 아찔한 생각이 들곤 한다. 이라크 법원에서 나중에라도 그 면허증 사본의 사실관계를 파악하기 위해 원본을 제출할 것을 요구했다면, 나는 공문서 위조로 같이 감옥에 갈 신세였던 것이다. 참으로 아슬아슬한 때였다. 당시의 이라크의 법체계의 허술한 점도 작용했음을 부인할 수 없으나 그 당시 내가 쏟았던 그 진정어린 열정과 일관하는 믿음의 크기를 이제 생각질량의 법칙에서 반추해 보면, 그 생각질량의 형성이 당시 재판을 맡았던 판사의 마음을 움직여 운전면허 증 사본이라도 받아들이도록 하게 만들었다는 확신이 든다.

피터 번스타인과 애널린 스완의 저서, 《The Rich》에서 하버드대학의 사회학과 교수 크리스토퍼 젠크스의 연구결과를 인용한 내용을 보면, 사람마다 각기 다른 소득을 얻는 것은 근면, 열정, 확신, 도전, 비전, 경험 등 개인능력의 차이에 따른 결과도 있지만, 행운이 상당히 큰 작용을 한다는 것이다. 우연히 어떤 사람을 만나 도움을 얻는다든지, 자기가 하고자 하는 일에 도움이 되는 법령이 나온다든지, 알맞은 타이밍에 자신에게 맞는 일자리를 찾아주는 사람이 생긴다든지 하는 경우가 있는데 이런 경우에 해당되는 사람들은 모두 자기가 현재 하고자 하는 일에서 열망을 갖고 점진적인 발전을 기약했던 사람들이었다.

심지어 《The Rich》의 저자들은 미국의 40대 부호들의 재산축적 과정을 추적하면서 그들이 정상에 오르는 데 운이 많이 작용했다는 점에 대해서는 부호들도 이론(異論)을 달지 않는다고 말한다.

자기가 하고자 하는 일 또는 얻고자 하는 것 등에서 진정한 행운의 작용을 바란다면, 우선 자신이 현재 하는 일에 열정과 믿음과 끈기로 임해야 한다. 앞에서 말한 바와 같이 이러한 열정, 끈질김, 일관성은 생각파동의 주파수를 크고 멀리 뻗어 나가게 할 뿐만 아니라 그 질량의 밀도를 크게 하여 흡인의 힘을 증대시키기 때문에 주변에 관계되는 사람들의 생각질량을 끌어들여서 현실적으로는 예기치 않은 도움을 받는 행운을 얻게 된다. 다시 말해서 자신도 모르는 사이에 주변의 유사 생각파동을 움직여 자신이 원하는 방향으로 다른 사람들의 생각을 움직이게 되고 자신이 원하는 쪽으로 유리한 상황이 전개되는 것이다.

박방주가 지은 《한국의 뇌과학자, 세계의 정상에 서다》의 주인공 조장희 박사의 일화가 좋은 예이다. 조장희 박사는 세계최초로 2테슬라 MRI를 개발하고 현재는 노벨상 예비 후보군으로 꼽히는 미국학술원 회원으로 있는 한국과학계의 거물이다. 조장희 박사는 서울대 공대 대학원 석사과정 시절, 해외 유학에 많은 노력을 쏟았다. 그 시절에는 대학에서 교수직을 맡으려면 해외경험을 필수 코스로 여겼기 때문이다. 그러던 차에 한국원자력 연구소에서 국제원자력기구의 의뢰를 받아 1년짜리 해외 연수자를 선발한다는 소식을 접했다.

그는 그 소식을 접한 다음 날, 응시원서를 받으러 아침을 일찍 먹고 선발시험장소인 과학박물관으로 갔다. 그러나 막상 그 장소에 가보니 이미 선발시험을 치르고 있었다. 응시원서를 배부하는 날인 줄 알고 갔는데 시험 보는 날이었던 것이다. 고사장 안을 들여다보니 30여 명이 이미 15분 전부터 시험을 치르고 있었다.

허탈한 심정으로 고사장을 나오려는 순간 "어이, 학생, 기왕에 왔으니 시험이나 보고 가지 그래" 하는 시험 감독관의 말이 들리는 것 아닌가? "벌써 시험은 시작되었고 연필이고 뭐고 아무것도 준비한 것이 없는데요" 하고 주저주저하니까 그 시험 감독관이 필기도구까지 빌려주면서 시험을 보게 해주었다고 한다. 그 결과, 그는 시험에 합격하여 결국 스웨덴 웁살라 대학으로 연수를 갈 수 있었다. 생전 처음 본 시험 감독관의 배려로 스웨덴행 티켓을 잡을 수 있었던 것이다. 행운은 이렇게 찾아온다. 생각파동 – 질량의 법칙도 이렇게 작동된다.

독자들이 좀 더 확신을 가질 수 있도록 하나의 예를 더 들어 보겠다. 스티븐 스트로가츠가 그의 책 《동시성의 과학》에서 밝힌 다음의 이야기도 무슨 일이든 진정으로 열정을 갖고 끈기 있게 한다면 우연한 기회에 뜻하지 않은 성과를 이룰 수 있음을 잘 보여준다.

　　페니실린을 발견한 알렉산더 플레밍을 생각해보자. 그의 발견은 우연히 공중에서 날아온 곰팡이가 실험기구를 오염시켜서 자신이 연구하던 세균을 죽이는 바람에 이룩된 것이다. 아르노 펜지아스와 로버트 윌슨을 보자. 이들은 벨 연구소의 대형 전파 안테나에서 비둘기 똥을 닦아 내고 있었다. 우주의 모든 방향으로부터 들려오는 것 같은 '쉬-' 하는 성가신 배경 잡음을 제거하는 것이 청소의 이유였다. 그러던 어느 날 이들은 잡음이 우주가 처음 태어나서 지르는 고고지성, 즉 140억 년 전 일어난 빅뱅의 메아리라는 사실을 깨닫게 되었던 것이다.

　　행운의 발견을 이룩한 사람들은 '언제나 특수한 마음가짐'을 가진 사람들이었다. 뭔가를 찾는 데 집중해서 정신이 긴장으로 깨어 있는 사람들 말이다. 이들은 그것을 찾고 있던 것이 아니었는데 뭔가 다른 것을 우연히 발견하게 되었다. 무생물 사이에서 일어나는 동조도 바로 이와 같은 과정으로 발견되었다. 1665년 2월 네덜란드의 물리학자 크리스티안 호이헨스도 경도 문제를 연구하다가 자신의 방 안에 놓여 있는 두 추시계의 추가 동조하는 것을 보고 무생물에도 동조하는 현상이 있음을 발견하였다.

　　위 사례에서 나오는 주인공들의 공통점은 무엇일까? 아무 노력도 하지 않았는데 예상하지 못한 도움이 나타났을까? 물론, 천만의 말씀이다. 그들은 한결같은 열정과 일관하는 믿음과 끈기 있는 행동으로 자신들의 정신과 몸 에너지의 총합을 크게 했고 결과적으로는 자아의 전체 질량을 크게 했다는 것이 바로 공통점이다.

나는 이 사실에 대해 자신 있게 말할 수 있다. 왜? 앞에서 말한 바와 같이 나도 이와 유사한 많은 경험을 했기 때문이다. 철학자, 역사가, 수학자이면서 월스트리트에서 투자전문가로 일하며 '월스트리트의 현자'라는 칭호를 듣고 있는 나심 니콜라스 탈레브의 저서 《블랙스완》의 내용도 나의 주장을 뒷받침해준다. 탈레브는 '행운도 준비된 자에게만 온다'는 위대한 발견자 파스퇴르의 말을 인용하면서, 발견과 발명의 대부분은 '우연의 산물'이고 이 '우연'을 최대한 자주 만나려면 찾고 또 찾는 길밖에 없으니, 기회를 만들고 만들어서 그 다음단계로 올라가라고 조언한다. 탈레브가 말하는 '우연'이란 물론 내가 말하는 행운이고 탈레브의 '찾고 찾고 또 찾으라'는 말은 열정을 갖고 끈기 있게 움직여 몸 에너지의 총합을 크게 하라는 나의 주장과 연결된다.

'양자적 요동'현상과 $E=mc^2$은 움직여야 하는 기본원리를 제공한다

사람과 일은 결코 분리해서 생각할 수 없다. 사람을 포함한 모든 생명체는 입자들의 움직임을 통해서 만들어졌기 때문에 입자들이 끊임없이 움직이는 것처럼 사람도 끊임없이 움직일 수밖에 없다. 여기에 '일'이 탄생한 이유가 있다. 움직임의 지속은 바로 일을 통해서만 가능하기 때문이다. 일이란 도끼로 장작을 패는 일, 밥을 만드는 일, 차를 운전하는 일, 청소를 하는 일, 등산하는 일 등과 같이 나와 나 자신의 관계에 관한 일과 집회시위를 하는 일, 전쟁을 하는 일, 회사에서 주어진 업무를 처리하는 일, 사람과 대화하는 일, 청중에게 연설하는 일,

사람에게 물건을 파는 일, 이성과 연애하는 일 등 나와 다른 사람의 관계에 관한 일을 말하며 궁극에는 나의 생존을 위해 해야 하는 모든 움직임을 포함한다.

그런데 일을 하려면 무엇이 필요한가? 에너지다. 에너지 없이 우리는 조금도 움직이거나 일을 할 수 없다. 이 에너지는 그 근원을 계속 파고 들어가면 결국 우주 에너지와 맞닿는다. 왜? 반복하여 말하지만, 우주에는 에너지가 가득 차 있고 이 에너지가 어떤 진동의 형태로 존재하고 그 진동이 커지면서 파동이 되며 입자가 되어 물질을 이루었기 때문이다. 우리가 음식을 먹고 기운이 나는 것은 우주 에너지가 변형되어 생겨난 물질을 먹었기 때문에 이루어지는 현상이다. 근원에 근원으로 파고 들어가면 에너지와 에너지의 만남이 우리 몸 안에서 이루어지는 현상이다. 이는 우리 몸 안에 '미토콘드리아'가 우리가 섭취한 음식을 통해 들어온 고에너지의 전자를 공급받아 자신의 안에 있는 양성자들을 밖으로 밀어내는 과정을 상기해보면 수긍이 갈 것이다. 게다가 우리 몸의 세포들이 활동하는데 필요한 에너지를 제공하는 ATP분자가 바로 미토콘드리아에서 나온 양성자들이 공급하는 에너지 덕분이라는 사실을 떠올리면 더욱 분명해질 것이다. 앞장에서도 누차 말한 바 있지만 이것은 입자들이 우주에너지로부터 에너지를 공급받아 끊임없이 움직이는 현상과 그 맥락을 같이 하고 있는 것이요, 그 연장선상에 있는 것이다.

그런데 한편, 에너지란 양자장 안에서 운동과 질량의 형태로 존재하면서 장과 장 사이를 오가는 그 무엇임을 우리는 알고 있다. 이에 더하여 브라이언 그린의 저서 《엘러건트 유니버스》에 따르면 그렇게 존재하고 있다가 그 장의 안에서 어떤 연유로 에너지의 격동이 일어나면, 아무것도 없는 진공 속에서 전자(-)와 양(+)전자가 갑자기 생겨났다가는 서로 합쳐지면서 빛의 상태로 사라지곤 하는데, 이는 전자가 우주로부터 에너지와 운동량을 잠시 빌려왔다가 다시 우주로 되돌려주어야 하기 때문이라고 한다. 이는 또한 파인만의 전자기 스펙트럼에서 보았다시피 에너지가 진동이 커지면서 파동으로 바뀌고, 그 파동도 또한 진동이 보다 커지면서 입자로 변환하는 과정과 일맥상통한다.

우주가 무한한 에너지를 공급하는 현상은 사실은 '양자적 요동' 현상이라고 하는 우주원리에서 태동된다. 브라이언 그린에 의하면 전자와 양전자의 생성-소멸 현상이 전자뿐만 아니라 모든 만물, 모든 공간의 초미세 영역(10억×10만 분의 1mm인 플랑크 길이)에서 나타나고 에너지와 운동이 그 변형된 형태로 나타낼 수 있는 모든 물리량, '모든 것'들에 대하여 언제든지 발생할 수 있다고 한다. 이러한 현상을 '양자적 요동'현상이라고 하는데, 다시 말해서 전자를 포함한 양성자, 중성자 등 모든 입자의 생성과 소멸, 전자기장의 격렬한 진동, 물결치는 것과 같은 중력장의 요동, 강력과 약력의 요동현상 등 에너지의 대란이 '모든 것'의 초미세 영역에서 일어나고 있는 현상을 말한다.

이 현상을 생명체의 생존측면에서 해석하면, 에너지라는 원초적인 무형의 상태에서 입자라는 유형의 구체적인 상태를 창출하기 위해서는 끊임없는 에너지의 보급이 필요하다는 뜻이고, 또한 우리의 실생활에서 우리의 생각활동이 어떤 구체적인 결실을 맺으려면 우리 스스로가 생각에 끊임없이 에너지를 제공하고 그 생각을 움직임으로 연결시켜야 함을 예시하는 물리법칙이기도 하다.

그렇다. 끊임없는 에너지의 공급, 그것이 답이다. 생각 에너지와 운동(움직임) 에너지를 꾸준히 발산해야 내가 원하는 일을 얻을 수 있다. 이것은 우주존재의 원리이고 만고불변의 진리다. 많은 사람들이 이러한 이치를 이해는 하고 있어 보이지만, 단지 이해에 그치고 실질적이고 체험적이고 생명유지 측면에서 그 실현성을 실감하고 있어 보이지는 않는다.

'세상에는 공짜가 없다'나 '하늘은 스스로 돕는 자를 돕는다'와 '진인사대천명(盡人事待天命: 사람으로서 자신이 할 수 있는 일이라면 어느 일이든지 가리지 말고 갖고 있는 힘이 다 소진되도록 노력한 연후에 하늘의 지시를 기다리라는 의미)'이라는 말도 다 이와 같은 물리법칙에서 연유된 것이다. 이 말은 끊임없는 움직임을 통해서 일을 창출하고 유지하라는 뜻이다. 일단은 움직이고 움직여야 하는 것이다.

우리는 행복, 기쁨, 사랑, 명예 같은 정신적인 만족감과 질병 없는 신체의 건강함, 그리고 돈, 고급주택이나 자동차 등과 같은 물질적인 충족을 바라며 살아간다. 그런데 이러한 우리의 소망은 단지 원하다는 생각만으로는 이루어지지 않는다. 어떤 것을 간절히 바라고 애절하게 원한다고 해서 저절로 이루어지지는 않는다. 마음속으로 생각하고 그림을 그리듯이 상상한다고 해서 원하는 대상이 원하는 대로 이루어지지는 않는다. 우리의 소망 대상은 바로 '일의 장' 속에서 일을 매질로 하여 현실에서 구현되기 때문이다. 일은 끊임없는 움직임(에너지+운동량)이 있어야 이루어지는 법이고 끊임없는 움직임은 끊임없는 에너지의 공급을 전제로 해야 하기 때문에 여기에는 반드시 끈질기고 집념어린 생각의 투사와 움직임의 연결이 있어야 하는 법이다. 그런데 최근에 단지 염원하고 기도만 하면 원하는 것이 이루어질 수 있다고 하는 사조가 유행하고 있어 나를 안타깝게 한다. 기독교나 불교를 포함한 종교계에서도 이런 말을 하지는 않는다. 그들도 기도나 축원을 한 후 그것을 성취하기 위해 끈질기게 행동을 해야 하느님의 도움이나 부처님의 가피가 나타나 그 축원이 이루어지게 한다고 말하는 이유를 깨달아야 한다.

한편, 움직인다는 것은 이것저것을 하기 위해 부지런히 궁리를 하고 궁리한 결과에 따라 몸을 움직여 행동하는 것을 뜻한다. 생각도 뇌의 전자기파동의 이동이고 몸 근육의 움직임도 근육세포 간의 전자기파동의 이동이라는 현상을 근거로 해서 볼 때, 생각하며 움직인다는 것은 결국 몸 전체적으로 전자와 양성자의 이동이 아주 활발해짐을 의미한다. 나아가 이 활발한 움직임은 곧 에너지의 흐름으로 이어지며, 이 흐름은 바로 질량으로 전환되는 한편, 몸 에너지의 원활한 움직임은 나의 몸 에너지의 총합을 키우고 우주 에너지와 상통하는 기반을 조성한다. 그래서 나의 정신과 몸의 움직임으로부터 생성된 에너지는 전체적으로 나의 생각질량을 커지게 하고, 그 생각질량이 지속적으로 진행되면 언젠가는 주변의 유사 생각질량을 끌어들여 내가 하고자 하는 일에 어떤 형태로든 도움이 되는 사람이나 상황을 만들어낸다.

이는 앞에서도 말한 바 있지만 아직도 미심쩍어하는 독자를 위해서 아인슈타인의 에너지-질량 상호전환 법칙($E=mc^2$)이 왜 생각질량의 크기를 증대해주는지 그 과정을 좀 더 살펴보기로 한다.

'$E=mc^2$'은 우리가 어떤 물체의 질량을 알고 있을 때 질량에 빛의 속도의 제곱을 곱하면 그 물체의 에너지를 구할 수 있다는 뜻이다. 우리가 이 수식을 역으로 생각하면, 즉 에너지의 값을 알고 있을 때, 여기에 빛의 속도의 제곱으로 나누면 질량의 값을 구할 수 있다는 뜻도 된다. 그래서 나온 결론이

① 에너지와 질량은 상호 전환되는 물리량이다. 그 다음, 운동하는 물체는 '1/2×질량×속도의 제곱'이라는 운동 에너지를 갖는다. 따라서 이 법칙을 다른 말로 바꾸면 ② 물체의 속도가 빨라지면 물체의 에너지도 증가한다.

①과 ②의 설명을 잘 연계해서 생각하면 물체의 운동에 의해서 생긴 운동 에너지는 질량으로 전환될 수 있다는 것을 알 수 있다.

(a) 물체가 달리거나 이동하거나 속도를 내거나 운동을 하면 운동 에너지가 생성된다.

(b) 모든 에너지의 최소단위는 양자 덩어리로 구성되어 있다(흥미롭게도 아인슈타인이 노벨 물리학상을 받게 된 업적분야는 그 유명한 상대성이론이 아닌 바로 에너지의 최소단위는 양자덩어리로 구성되어 있다는 물리현상이었다).

(c) 질량의 구성단위도 전자, 양성자, 중성자 등과 같은 양자들의 총합이다.

(a)+(b)+(c)는, 즉 에너지도 양자로 구성되어 있고 질량도 양자로 구성되어 있으니 운동에 의해서 생겨난 운동에너지가 양자의 형태로 그 물체의 질량이 본디부터 갖고 있는 양자에게로 편입이 된다는 법칙이 성립되는 것이다. 따라서 ③ 물체의 속도가 빨라질수록 그 물체의 질량이 증가한다.

거듭 말하지만, 이 에너지- 질량전환의 법칙은 '왜 우리가 집중적으로 그리고 끊임없이 생각해야 하며, 그 생각을 좇아서 원하는 것을 찾아 이곳저곳으로 활발히 움직여야 하는가? 하는 근원적인 원리를 제공해 준다.

내 몸의 육체적 질량이 커지는 것과 생각질량이 커지는 것은 별개라고 생각하는 사람도 있을 것이다. 맞다. 별개다. 그러나 여기서 설명하는 것은 나의 생각질량 대 다른 사람의 생각질량에 초점이 맞춰져 있음을 알아야 한다. 우리 몸이 물질파동을 발산하지만 그 파동의 발산을 우리가 느끼지 못하는 이유가 나의 몸 질량이 상대적으로 매우 커서 그 파동의 미미한 영향력을 감지하지 못하고 있기 때문이라는 사실을 기억하는가? 또한 파동 대 파동의 미시세계로 들어가면 이 파동 간 영향력은 아주 뚜렷하게 작용하고 있음을 기억하는가? 또한 중력은 종류를 가리지 않고 질량을 가진 모든 물체에 작용하고 있으므로 모든 물체는 중력파를 만들어낼 수 있고 아무리 깊은 곳에 숨어 있어도 중력파를 감지하여 그 존재를 확인할 수 있다는 사실을 기억하는가? 나의 몸 질량과 타인의 생각질량의 상관관계는 거시세계와 미시세계에서 그 물리법칙의 작용원리가 확연히 다른 문제이므로 인력- 척력의 작용이 발생하지 않으나, 나의 생각질량과 타인의 생각질량의 인력- 척력작용은 중력과 전자기력의 영향을 받는 똑같은 미시세계에서 일어나는 현상이므로 당연히 작용한다.

이에 대한 많은 예는 이 책의 초반부에서부터 여러 번에 걸쳐 소개되었음을 독자는 기억할 것이다. 재차 강조하는 의미에서 직접적인 또 하나의 유명한 예로서 세계적인 자기계발 전문가 나폴레온 힐의 아들에 관한 이야기를 소개한다.

"이론적으로 이 아이는 전혀 들을 수가 없어야 정상입니다"라는 의사진단을 받은 아이가 바로 그의 아들이다. 갓 태어난 아들의 두개골 사진을 보면 머리에서 귀 쪽으로 이어지는 지점에 이르기까지 아무 연결통로가 없고, 게다가 얼굴 옆에는 단지 2개의 구멍만이 있을 뿐 귀와 비슷하게 생긴 그 어떤 것도 없다. 의사는 아들이 평생 청각 및 언어 장애자로 살 것이라고 최종 진단을 내리지만 나폴레온 힐은 의사 진단을 받아들이지 않는다. 그는 어떻게 해서라도 아들이 자신의 말을 듣게 하고 싶다는 강렬한 소망을 깊이 간직하고 결코 자기 아들을 농아로 살게 하지 않겠다는 맹세를 매일 매일 새롭게 다져 나간다.

이러한 결코 물러설 수 없는 소망이 통했는지 아이가 자라 주변 사물을 인식하면서부터 아주 미약하나마 귀를 기울여 듣는 것과 같은 행동을 보인다. 이러한 아이의 반응에 힘입어 그는 소망의 맹세를 더욱 굳은 믿음으로 지속해나간다. 그가 축음기를 새로 사서 틀었더니 아이는 음악 소리를 알아들었는지 황홀한 표정을 지으며 축음기 음악에 집중한다. 이때부터 그는 자신의 입술로 아이의 귀가 있어야 할 자리 주변의 뼈를 문지르거나 입을 대고 말하는 흉내를 내고 아이는 무슨 말을 하려는지 알겠다는 표정으로 반응을 보이더니 점차 나아지면서 몇 개의 단어를 발음하려는 시도를 한다.

이렇게 점차 나아지는 상태에 어느 부모가 흥분하지 않을 수 있을까? 그는 아이가 잠자리에서 이야기 듣는 것을 좋아한다는 사실을 알고는 자신감과 상상력을 자극하는 이야기를 자신이 직접 창작하여 반복적으로 들려준다. 이야기의 주된 내용은 인생에서 나타나는 고난을 불행으로 여기지 않고 기회로 삼아 부단한 노력으로 고난을 극복한 사람들에 관한 것이었다. 아이의 자신감과 상상력 발휘는 드디어 현실이 된다. 아주 가까이서 큰 소리로 말하지 않으면 알아듣지 못하는 아이였지만 장애인을 위한 특수학급에 다니거나 수화를 전혀 배우지 않은 채, 일반 고등학교를 마친 후 대학교에 진학한 것이다.

또한 대학 4년 때 우연히 시판 중인 전기보청기를 사용해 난생 처음으로 정상인의 청력을 경험하게 되고 졸업 후에는 그 전기보청기 회사에 입사해서 장애인, 즉 실수요자의 입장에서 그 보청기에 대한 여러 가지 좋은 점들을 개발하는 데 크게 기여한다.

참으로 경이롭지 않은가? 우리가 듣기 위해서는 외부의 소리를 음파로 바꾸어주는 '내이' 안에 '고막'이 있어야 하고 이러한 음파를 전기파동으로 바꾸어 뇌의 청각인식 부위에 전달해주는 청각신경이 있어야 한다. 그런데 그러한 고막이나 청각신경이 없는데도 아이가 들을 수 있다는 사실이 참으로 놀라움을 넘어 전율할 정도다.

이를 바탕으로 나폴레온 힐은 진정으로 가득 찬 간절한 소망, 염원을 끈기의 힘으로 지속해서 발원하면서 강한 신념을 갖고 또 그에 따른 일련의 행동으로 뒷받침하면 불가능해 보이는 것도 원하는 대로 이룰 수 있다고 말한다. 그는 아이의 귀 주변 뼈를 문질러주고 입을 귀 주변에 대고 말을 하거나 잠자리에서 이야기를 들려주는 등의 행동으로 그 염원을 실현시키는 움직임을 계속했다. 그는 거의 하루도 빠지지 않고 아이에게 이야기를 들려주고 말해주고 귀 주변의 뼈를 문질러주는 움직임을 계속했다. 그는 아인슈타인의 에너지－질량의 전환법칙에 따라 끊임없이 생각하고 끊임없이 움직였던 것이다.

이러한 현상을 볼 때, 에너지-질량의 법칙, 다시 말해 생각파동-생각질량의 법칙은 우리 생명활동의 생물학적 원리를 뛰어넘는 무언가가 있음을 알려준다. 그것은 나폴레온 힐의 생각파동과 아이의 생각파동 간 동조와 공명에 의해 그 아이의 청각신경이 고막의 도움 없이도 외부소리를 전기파동으로 송신하는 능력이 활성화되었을 것이라는 점이다.

이제 정리를 해보자. 나의 생각에너지가 일의 장 속에서 지속적인 힘을 발휘하여 원하는 것을 실제로 성취하게 하기 위해서는 생각질량의 밀도와 크기 측면에서 본 '정돈되고 균질하게 응축된 생각' 즉, '진정어린 열정'의 생각, '일관하는 믿음'의 생각, '멈춤 없는 끈기'의 생각을 말했다. 여기에 더하여 몸 에너지의 총합의 증대라는 측면에서 본 행동 즉 움직임을 강조하였다. 간단히 말하면 열정, 끈기, 일관, 움직임의 네 가지라고 할 수 있다. 원하는 것을 성취한 사람들은 모두 이 네 가지 요소를 충실히 이행했다. 이 네 요소가 충실히 이행되었을 때, 몸 에너지 총합이 증대로 승화되었고 행운이라는 기회도 찾아왔고 주변의 도움도 찾아왔다. 이 네 가지 요소 중 그 어느 것 하나라도 부족하면 생각질량의 중력에 의한 흡인력이 부족하여 행운도 오지 않았다.

올해 58세인 유인촌 문화체육관광부 장관의 장관에 오르기까지의 성취 스토리도 '움직여야 질량이 커지고 그 질량만큼 끌어온다'가 만들어내는 성취모습의 좋은 예를 보여준다. 한 주간지와의 인터뷰에서 유인촌 장관이 한 말을 생활인으로서, 직업인으로서 깊이 새겨들었으면 한다. 그의 정치적 신념이나 정책의 방향은 도외시하고 한 개인의

성취의 행보만을 지켜 봐주었으면 한다. 내가 이루고자 하는 것, 내가
원하는 것을 성취한 측면에서만 봐주었으면 한다.

"끊임없이 움직여요. 평생 습관인데 시간 나면 뭐든 합니다. 대학 때
는 무조건 새벽 6시에 학교에 가서 두어 시간씩 발성 연습하고, 수업
듣고, 연극하고 그랬어요. 펜싱, 검도, 승마, 암벽등반, 윈드서핑 등 안
해본 운동도 없어요. 언젠가 연기에 필요할 것 같고, 또 건강을 위해서
했죠."

이렇게 끊임없이 움직이니까 몸 에너지의 총합이 커지고 생각질량
도 덩달아 커져서 주변 사람들의 생각질량이 몰려들게 하는 원동력이
되었을 것이다. 이것은 그 사람들로 하여금 무언가 이끌리는 감정이나
공명하는 마음의 표현으로 나타나게 만들었을 것이고 이러한 공명하
는 마음은 점차 영역을 넓혀가서 보다 많은 사람들의 마음을 움직이게
만드는 동인이 되고 이러한 공명하는 마음의 확산은 더욱 많은 사람들
로부터 어떤 믿음을 이끌어내는 동인으로 작용하였을 것이다. 공명증
폭현상이 일어난 것이다. 다시 말해 '그래, 그 사람은 쉼 없이 활동하
니까 뭔가를 이룰 거야' 하는 끌림의 믿음판을 조성하였을 것이다. 이
끌림의 믿음판은 다른 사람들로 하여금 주시하고 주목하게 만드는 힘
으로 작동하여 장관 인사권자의 마음에도 영향을 미치게 되었을 것이
라는 게 나의 판단이다.

'월스트리트의 새로운 현자'인 나심 니콜라스 탈레브가 그의 책《블
랙 스완》에서 주장하는 내용이 나의 생각질량에 대한 믿음과 일맥상
통하고 있어서 이를 소개한다. 그는 이 책에서 대체로 우리가 예견하
지 못했던 극단의 상황들이 역사의 진행방향을 많이 바꿨다고 말하면

서 목표에 대한 구체적이고 세세한 계획에 골몰하기보다는 어떤 기회
가 자신에게 나타날 때까지 부지런히 자신을 닦달할 것을 주문한다.
그러니까 항상 준비된 상태에 있어야 한다는 뜻이다. 그는 누구든 공
격적이고 진취적으로 행동하다보면 행운이 그의 행동을 받쳐줄 수 있
다고 말하면서 '최대한 집적거려서' 행운이 자신에게 다가올 기회를
최대한 늘리라고 우리에게 충고하고 있다. 최대한 집적거리라는 말은
바로 최대한 움직이라는 표현과 같은 뜻이 된다. 나는 독자에게 말한
다. '움직이고, 움직이고, 자꾸 자꾸 움직여라.'

2 | 불확정성 원리에 따라 관찰한다

**불확정성 원리에 따른
관찰이란 무엇인가?**
원시시대부터 우리는 늘 주변을 살펴
왔다. 앞으로 나가기 위한 길을 찾기
위해서, 먹을 것을 찾기 위해서, 짝을 찾기 위해서, 짐승들의 공격에
대비해서 우리는 늘 이리저리 주변을 살피고 훑어보아야 했다. 사실
먹이를 찾고 갈 길을 찾는 행위는 사람에게만 국한된 행위가 아니고
모든 생명체가 다 그러했으므로 살피는 행위는 생명체의 생존을 위한
행동인 셈이다. 짝을 찾고 먹고 살기 위해 사람의 살피는 행위는 문명
이 발달된 현대에 와서도 여전하다. 먹을 것을 찾고 짝을 찾는 행위는
현대사회에 있어서도 사람의 변함없는 기본욕구이기 때문에 이는 자
연현상이다.

불이나 돌연장의 발견과 같이 주변을 살피면 살필수록 나의 삶을 낫
게 해주는 것들이 많이 있음을 알게 된 사람들은 더더욱 주변을 보다
세심하게 살피게 되었다. 그렇게 해서 사람들에게는 단지 먹잇감과 짝

을 찾고 추적하거나 도망가기 위해 주변을 살폈던 행위는 뇌 신경회로 속에 박힌 하나의 고정된 습관이 되어, 호기심을 갖고 무언가 더 나은 것이 있을 것이라는 생각을 하며 주변 상황을 면밀히 살피는 관찰로 발전해 나갔다. 나와 내가 살아가고 있는 주변상황은 어떤 관계가 있으며 나의 삶에 어떤 영향을 미치고 있는지를 파악하기 위해서 관찰에 관찰을 더해 왔다.

다시 말해서 원시시대 사람들이 살아남기 위해서 주변상황을 살펴야 했던 행위는 점차 진화하여 이제 보다 고차원적인 삶의 단계를 만들기 위해 주변상황을 수동적으로 살피는 것에서 주변상황을 바꾸기 위한 능동적인 관찰행위로 진화하였다. 관찰을 통하여 얻은 지식으로 주변상황을 나에게 유리하게 바꿀 수 있음을 알게 된 것이다. 관찰은 단순히 주변을 살피는 행위로부터 진화하여 이제 보다 넓은 분야로 보다 깊이 있게 확대되었지만, '살피기 행위' 차원과 '관찰 행위' 차원의 양자가 추구하는 가치는 변함이 없다. 즉 예나 지금이나 내가 먹고 살기 위한 행위임에는 변함이 없다. 보다 범위가 넓어지고 보다 깊이가 깊어지기는 했지만, 이는 현대사회의 생활에서 먹고 살기위한 방편들이 보다 복잡하고 서로 얽혀져 있기 때문에 그에 적응하느라 발생된 자연발생적인 현상인 것이다.

그렇게 해서 관찰 분야가 나와 나의 주변의 관계로 뻗어 나갔을 때, 과학, 사회학, 공학 등이 되었고 관찰의 분야가 나의 내부로 초점이 모아졌을 때, 철학, 심리학, 생리학 등이 되었다.

복잡한 현대사회에서 살아남으려면 지식을 쌓는 일이 원시시대에 먹이를 사냥하는 행위만큼이나 중요해졌다. 이제는 동물을 사냥하는 것이 지식을 사냥해야 하는 시대로 바뀐 것이다. 지식은 무엇인가? 어떤 것을 간접적으로 배우거나 직접 실천하여 내가 그것이 무엇인가를 확실하게 이해하게 된 내용이라고 할 수 있다. 이를테면 현대에 거의 모든 사람들에게 필수품이 되다시피 한 컴퓨터나 핸드폰을 사용하려 해도 그 사용법을 배워서 실천해봐야 사용할 수가 있는 법이다. 그 내용이 복잡한가, 간단한가의 차이는 있을지언정 배우고 실천하는 행위 자체에는 차이가 없다. 이러한 배우고 실천해서 알아야 하는 지식의 깊이와 종류는 현대에 광범위하게 퍼져 있고 그래서 현대사회에서 지식 사냥은 원시시대의 먹잇감 사냥만큼이나 중요하다. 한 마디로 지식이 있어야 먹고 살 수가 있다. 그런데 이러한 지식 사냥을 하기 위해서는 먹잇감 사냥에 필요했던 살피는 행위와 마찬가지로 관찰행위가 필수적으로 요구된다. 그래서 미시간 주립대학 생리학과 교수이면서 맥아더 펠로십 상 수상자인 로버트 루트번스타인과 역사학자인 미셸 루트번스타인은 그들의 공동저서, 《생각의 탄생》에서 "모든 지식은 관찰에서부터 시작된다. 우리는 세계를 정밀하게 관찰할 수 있어야 한다. 그래야만 행동의 패턴들을 구분해내고 패턴들로부터 원리들을 추출해내고 사물들이 가진 특징에서 유사성을 이끌어내고 행위모형을 창출해낼 수 있으며 효과적으로 혁신할 수 있다"라고 말한다.

루트번스타인은 관찰은 모든 지식의 출발점이라고 말하면서 관찰의 궁극적 목적을 혁신에 두고 있다. 우리가 지식을 사냥하는 목적이 복잡한 현대 사회에서 내가 원하는 삶을 원하는 대로 살아가기 위함이고, 원하는 삶을 살아가기 위해서는 끊임없이 변하는 주변환경 속에서 나를 보다 적응력 있게 혁신하기 위함이고 보면, 관찰의 목적을 혁신에 두는 그의 통찰은 우리의 공감을 일으킨다. 그러니까 나의 삶의 혁신을 위한 방편으로서 관찰의 필요성을 역설하는 것이고 이를 바꿔 말하면 관찰은 내가 원하는 삶을 살기위한 방편으로서 가장 기본적인 가치를 지닌다는 뜻이 된다.

따라서 관찰을 통해 주변환경에서 벌어지는 현상을 파악하여 알고 있어야, 즉 주변환경에 대한 지식이 있어야 '이 환경 속에서 나는 어느 위치에 있고, 환경이 나에게 끼치는 영향은 무엇이고, 나는 또 어떤 지식으로 이 환경의 영향을 이용할 것인가'라는 판단을 할 수 있으며 그래야 앞으로 나아갈 방향을 설정할 수 있기 때문이다. 과거에 답습했던 습관에서 벗어나 변화나 혁신을 통해 자신이 원하는 삶을 성취하기 위한 방향을 결정할 수 있기 때문이다.

이와 관련하여 세계를 정밀하게 관찰하라는 루트번스타인의 주장은 원리탐구, 패턴인식, 모형축조, 분석과 통합 등의 연구, 발명, 발견 등과 같은 전문적인 분야를 위한 것이지만, 이를 우리의 일상생활의 측면에서 받아들이면 주변환경에서 일어나는 일들에 대해 '의심하면서 예민한' 보기, 듣기, 느끼기, 맛보기, 냄새맡기 등을 의미한다. '의심하면서 예민한' 관찰이란 주변에서 일어나는 현상에 대해 '그건 당연한 거야'라고 말하기 전에 왜 그런 현상이 일어나는지 '왜'라는 질문을 통하여 의식적으로라도 주변환경에 대해 오감을 사용하여 면밀하게 주의를 기울이는 관찰을 의미한다. 한 마디로 '오감관찰'이다.

걸어가면서 들리는 새소리, 산책하면서 들리는 바람소리, 밤하늘에 밝고 고고하게 떠 있는 보름달의 모습, 집 주위에서 피어오르는 꽃잎의 모양, 사람들이 말하는 억양과 표정의 변화와 차이, 포도주마다 다른 맛과 향기, 부드럽고 차갑고 따뜻한 촉감이 가져다주는 섬세한 느낌 등 일상의 모든 현상에서 오감으로 전달되는 것들에 대해 주의를 기울여 관찰하고 그 관찰의 결과물을 기억에 담아두라는 뜻이다. 이 외에도 오감관찰을 위한 보다 깊은 훈련을 하기 위해서는 다음의 예들을 참고로 하면 좋다.

(1) 스쳐 지나가면서 언뜻 본 사람의 얼굴 모습을 영상화하여 다시 기억해내기
(2) 눈을 감은 채로 어떤 물건들을 만져서 촉감으로 알아맞히거나 눈을 가린 채로 길을 걸어가며 주변의 소리 느끼기
(3) 어떤 물건을 뚜렷이 응시하여 머릿속에 다 담았다고 생각되면 그 물건 보지 않고 백지에 다시 그려내기
(4) 지하철에서, 걸어가면서, 밥 먹으면서 문뜩문뜩 일어나는 느낌이나 생각들을 메모지에 적어내려 가기
(5) 지하철에서 만난 노숙자는 왜 현재 그와 같은 상황에 있게 되었는지, 길가의 노점상들이 파는 꼬치구이의 재료는 어떻게 해서 반입이 되는지 등등 우리가 늘 무심코 스치며 지나치는 광경들을 의심하며 그 이유를 알아보기

이러한 오감을 통한 객관적인 관찰의 축적은 이후 내가 어떤 생각을 발현할 때마다 귀중한 밑받침이 되어 생각의 흐름을 원활하게 해준다. 관찰은 우리의 뇌 안에서 전기적 파동의 흐름을 원활히 해주는 고속도로를 만드는 과정과 같기 때문이다.

관찰과 관련하여 주의해야 할 것이 선택과 집중이다. 책을 읽으려면 책에 나타난 문자에 집중하고 음악을 들으려면 음악에서 나오는 음이나 박자 등에 집중해야 한다. 책을 보면서 음악을 들어서는 두 가지를 다 놓친다. 요즈음 지하철을 타보면 사람들이 귀에 이어폰을 꽂고 음악을 들으면서 책을 읽는 경우를 많이 본다. 이는 뇌 과학적으로 보나, 뇌의 전자기파동 성질의 측면에서 보나, 하이젠베르크의 불확정성의 원리 측면에서 보나, 선택과 집중의 관찰과는 거리가 멀다.

첫째, 뇌는 두 가지 현상을 동시에 다 받아들이지 못한다. 나도 실험을 해보았다. 컴퓨터로 이 책을 쓰면서 이어폰을 끼고 컴퓨터에서 나오는 음악을 들어보았다. 책을 쓰는 데 집중하는 동안 음악소리는 전혀 의식할 수가 없었다. 간간이 글을 쓰기 위한 생각을 멈추는 동안에만 음악소리를 의식할 수가 있었다. 글을 쓰는 행위를 잠시 멈출 때는 생각을 정리하여 다음에 어떤 맥락으로 문장을 이어갈 것인가에 생각이 모아져야 하는데 오히려 음악소리로 인해 생각이 분산됨을 느꼈다.

둘째, 뇌의 전자기파동 측면에서 볼 때, 쓰고 듣는 행위를 동시에 하면 뇌에 두 가지 이상의 전자기파동이 섞인다는 의미이다. '정돈되고 응축된 생각'의 뇌파동적 의미는 무엇인가? 열정이라는 에너지를 갖는 생각파동이 일관하여 지속적으로 흘러서 차곡차곡 쌓여야 생각에너지의 밀도와 질량의 크기를 높일 수 있다고 말한 바 있다. 명상을 하라고 권유하는 이유도 이러한 생각에너지의 밀도와 질량을 높이고자 함이다. 그런데 뇌에 동시에 두 가지 이상의 뇌파를 흐르게 하는 행위는 생각에너지의 밀도와 질량을 높이기는커녕 낮추는 데 일조하는 것이다.

셋째, 불확정성의 원리 측면에서 보면 더더욱 자명해진다. 우리가 전자의 속도와 위치를 동시에 측정할 수 없음은 이제 익히 아는 사실이다. 속도를 정확히 알려고 하면 할수록 위치는 점점 불명확해지고 위치를 정확히 알려고 하면 할수록 속도가 점점 불명확해지는 현상을 우리는 알고 있다. 위치와 속도라는 두 가지 현상 중에 한 가지를 선택해야 함을 양자역학을 연구하는 물리학자들이 누차 설명하고 있다. 우리는 일상생활에서도 이를 경험하고 있는데 '두 마리의 토끼를 동시에 쫓을 수가 없다'가 그것이다. 이는 엄연한 물리현상이자 우리의 삶에서 벌어지는 생활현상이다. 양자역학적으로 우리는 속도든 위치든 하나를 선택해야 한다. 일상생활에서도 책을 읽든 음악을 듣든 하나를 선택해서 그 하나에 집중해야 한다.

결론을 내리자. 우리 주변에서 일어나는 일들에 대해 의심하고 예민한 관찰을 습관화해야 하되, 동시에 두 가지 이상을 다 관찰하려 하지 말고 한 번에 하나씩 선택과 집중을 하라.

이렇게 해서 관찰행위에 익숙해지면 말콤 글래드웰이 그의 저서 《블링크》에서 말한 '2초의 직관'을 활용할 수 있는 능력이 키워진다. 글래드웰은 2초의 직관능력을 키우기 위해서 '얇게 조각내어 관찰하기' 기법을 소개한다. 그는 이러한 능력은 우리 인간이라면 누구나 다 갖추고 있는데, 다만 평소에 의식하고 있지 못할 뿐이고, 얼마나 선택과 집중을 통해서 그러한 관찰기법을 활용했느냐에 따라 사람간의 2초 직관능력의 차이가 있을 수 있다고 말한다. '얇게 조각내어 관찰하기'는 이를테면 상대방의 얼굴에 퍼뜩 스치고 지나가는 감정의 궤적, 대화 속에 나타나는 어조와 억양의 변화, 간간이 드러나는 적절치 못한 단어의 사용 등을 포함하여 개인이 소장하고 사용하는 물품들에 대한 선호경향, 자신의 생활주변에 대해 정리하고 정돈하는 상태 등으로 미루어 그 사람의 전체적인 인격과 습관의 정도를 파악하는 것을 말한다.

결국 글래드웰의 '2초 직관능력'은 앞에서 말한 '오감관찰'과 직결된다. 우리가 보고 듣고 먹고 마시고 만지고 냄새를 맡는 모든 행위를 하나씩 선택해서 우리의 의식 속으로 끌어들여야 한다. 무심코 흘려버리지 말고 생각을 통해서 맛이면 맛, 냄새면 냄새, 본 것에 대해서는 그 모양과 특성, 들은 것에 대해서는 그 느낌 등을 생각을 통해서 머릿속으로 세세하게 영상화시켜야 한다. 여기에는 물론 꾸준한 인내심이 필요하다. 꾸준히 지속함으로써 그 분야에 대한 예민성은 더욱 커지기 때문이다.

이렇게 저변을 확대해서 기반을 탄탄히 한 다음에는 무엇보다 무엇에 대한 관찰을 할 것인가를 선택해야 한다. 선택과 집중이 요구되는 단계이다. 일상생활을 통해서는 오감관찰에 의한 자신의 의심하고 예민한 감각의 저변을 확대하고, 다음에 내가 집중할 분야를 선택해서 그 분야에 몰입하면 그 분야에 있어서 관찰직감의 능력은 뛰어난 힘을 발휘하게 된다. 이에 대한 한 예가 《블링크》에서 소개된 세계적 조류학자 데이비드 시볼리의 경우이다. 시볼리는 200미터 거리에서 날고 있는 새 한 마리를 보아도 무슨 새인가를 금방 알게 된다고 하는데, 그의 말에 의하면 '많은 훈련을 거친 후 새를 보면 뇌에서 방아쇠가 당겨집니다. 제대로 보이는 거지요. 한눈에 그게 뭔지 알게 되는 겁니다'와 같은 경지에 이른 관찰을 말한다.

주변환경과 나를 관찰한다

우리는 살아가면서 여러 가지의 의사결정을 해야 한다. 저축을 하거나 아이들 교육을 시키거나 주어진 업무 처리를 하거나 진로를 결정하거나 등등 무수히 많은 결정을 내리면서 살아야 한다. 지식이 필요한 이유도 살면서 나에게 올바른 길이 무엇인가를 파악하기 위한 정보를 주거나 판단하기 위한 기준을 제시하기 때문이다. 그런데 이와 관련하여 우리가 정말로 명심해야 할 것은,

(1) 하나의 의사결정이 그 의사결정과 관련된 자료와 정보들을 취합, 분석, 통합하는 이성적 사고와 직감적으로 느끼는 감각적 사고의 적절한 배합을 통해서 이루어져야 우리의 삶에 좋은 결과를 이끌어낼 수 있다는 점이다. 나아가

(2) 이성적 사고 중에서도 관련된 정보들을 취합했으면, 이 중에서 핵심사항만을 추려내어 균질하게 응축하는 작업이 반드시 필요하다. 정돈되어 있지도 않고 연결되지도 않은 채 복잡하게 나열되어 있는 정보들은 판단에 혼선만을 주기 때문이고, 물리적인 측면에서 보더라도 우리의 생각은 '정돈되고 균질하게 응축된' 상태에 있어야만이 그 에너지가 갖는 밀도와 질량이 커져서 주변의 생각 에너지들을 끌어들여 나의 결정에 도움을 주게 하는 영향을 미칠 수 있기 때문이다.

따라서 이와 같은 기준을 근간으로 나의 목표설정을 위한 탐색전으로서 나에 대한 관찰과 나에게 많은 영향을 끼치는 주변에 대한 관찰을 어떻게 할 것인지를 진행해보고자 한다.

비즈니스 컨설팅 산업에서 어느 특정 기업에게 앞으로 나아갈 방향을 제시하고자 할 때, 우선적으로 하는 일이 내부역량 관찰과 외부환경 관찰이다. 손자병법의 지피지기 백전불태(知彼知己 百戰不殆: 적을 알고 나를 알면 백번을 싸워도 위태로워지지 않는다)에 해당하는 방법론으로 우선 나 자신의 기본 역량을 면밀히 관찰하고 다음에 내가 처해 있거나 처하게 될 환경을 개략적으로 관찰해서 내가 갖고 있는 강점을 활용해 나아갈 길을 모색하기 위한 방법이다. 이 방법 중 첫 단계로서 SWOT(Strength, Weakness, Opportunity, Threat) 관찰이 있다. 굳이 번역을 한다면 "기회-위험-강점-약점" 관찰이라고 할 수 있다.

이것은 기업이 현재 어떠한 환경에 처해 있으며 이러한 환경에 있어서 다가올 기회요인들은 무엇이며 위험요인들은 무엇인가를 알아보고 다음에 그 기업이 갖고 있는 강점과 약점을 파악해서 ①강점을 활용한 기회공략방안, ②강점을 활용한 위험방지방안, ③약점보강을 통한 기회공략방안, ④약점보강을 통한 위험방지방안의 네 가지 전략방향을 설정하는 데 활용하는 방법이다. 이 방법이 개인의 역량 발전이라든가 목표를 설정하는 데 있어서도 아주 유익하게 활용될 수 있어 그 내용을 소개하여 활용하고자 한다.

[양식보기]

(1) 내가 처해 있는 상황을 열거한다. '나는 지금 어떠한 입장에 있는가? 또한 '어떠한 상황이 나에게 지금 다가오고 있는가?'와 같은 사실적인 상황을 적는다. 2, 3년 후에 일어날 것 같다고 생각

되는 상황은 잊어버리고 지금 또는 1년 이내에 일어날 수 있는 상황으로서 a. 자아에 관한 상항, b. 인간관계 사항, c. 직장관계 상황, d. 재산과 부에 관한 상황, e. 가정에 관한 상황 등 여러 가지를 고려해야 한다. 어떤 문제점에만 국한하지 말고 희망적인 상황을 다 포괄하되 이 중에서 나에게 유리한 기회를 제공해 줄 상황은 '외부기회'에, 불리한 결과를 가져다 줄 상황은 '외부위험' 항목에 적는다.

이때 오감관찰을 통해서 얻은 여러 가지 통찰, 경험, 지식 등을 총 동원해야 한다. 별지를 마련해서 그간 보고 듣고 느낀 것들을 그저 생각나는 대로 열거하면 된다. 그저 마음이 가는 대로 적어

1. 자아에 관한 사항 2. 직장관계 상황 3. 사회 네트워크 상황 4. 재산관계 상황 5. 가정관계 상황		나의 강점	나의 약점
기회(유리한 상황)		강점을 활용한 기회공략방안	약점보강을 통한 기회공략방안
위험(불리한 상황)		강점을 이용한 위험방지방안	약점보강을 통한 위험방지방안

내려 가야 한다. '이걸 할 수 있을까, 이게 중요한 의미가 있을까' 하는 식으로 미리 추측하여 단정하지 말고 일단은 마음이 가는 대로 적으면 된다. 그저 떠오르는 대로 적어라.

(2) 나의 강점들을 열거한다. 이제껏 살아오면서 나에게 긍정적인 결과를 가져다주었거나 생각만 해도 공연히 흥분되는 나의 모든 플러스 능력을 열거한다. 이성적이건 감성적이건 모든 능력을 다 포함한다.

(3) 나의 약점들을 열거한다. 낭패감 혹은 실패를 안겨주었거나 마음에 들지 않는 나의 마이너스 능력을 열거한다. 여기서도 이성과 감성을 포괄하는 능력을 다 적는다.

(4) 이제, ①강점을 활용한 기회공략방안, ②강점을 활용한 위험방지방안, ③약점보강을 통한 기회공략방안, ④약점보강을 통한 위험방지방안의 네 가지 행동방향을 생각해서 적어 넣는다. 이때는 단순한 목표설정을 위한 방향임을 명신해야 한다. 세세하고 세밀한 방법을 궁리하려 하지 말고 개략적인 방향을 생각나는 대로 적으면 된다.

여기서도 오감관찰의 힘은 크게 작동된다. (1)의 경우와 같이 별지를 사용해서 나의 강점을 이용해서 기회를 적극 활용할 방법은 무엇인가를 그저 직감이 말하는 대로 적어내려 가라. 나머지 세 개의 칸도 그런 식으로 별지를 사용해서 적으면 된다.

(5) 이제 여러 가지 공략 및 방지 방안들이 도출되었다. 그러나 이러한 방안들을 다 한꺼번에 실행할 수는 없다. 바로 불확정성 원리에 따른 선택과 집중이 필수인 단계이다. 다음의 그림을 주목하자.

A	B
하기 어렵고 효과/비중 크다	하기 쉽고 효과/비중 크다
C	D
하기 어렵고 효과/비중 적다	하기 쉽고 효과/비중 적다

상기 도표에서 하기 쉽다, 어렵다의 기준은 내가 힘 안 들이고 할 수 있느냐 없느냐의 주관적인 기준이고 또 효과/비중의 기준도 나의 인생에 있어 얼마나 큰 효과를 미치고 중요한 의미를 갖는지 전적으로 자신의 주관적인 판단에 달려 있다. 이러한 기준을 염두해 두고 아래의 도표에서 예를 든 내용들을 각각 A, B, C, D의 각 항목에 분류해 넣어야 한다. 즉, 강점활용 공략방안으로는 '1. 베트남 지사에 적극적으로 지원한다, 2. 현재의 기획부서에서 인내심을 갖고 끈질기게 일한다'와 강점이용 방지방안으로는 '3. 몸무게를 줄이고 체력을 강화하기 위해 체력단련 운동이나 식이요법을 실행한다, 4. 해외영업 조직에 지원이 안 될 경우 이직이나 적성에 맞는 창업을 한다, 5. 상사/비방직원과 각각 일대일 면담을 통해 원인을 파악하되 절대 차분히 대한다' 등이 도출되었는데 이들을 각기 알맞은 박스 안에 분류해 넣은 후 그 중에서 하기 쉽고 효과가 큰 내용, 그 다음엔 하기 어렵고 효과가 큰 내용으로 중요한 목표순위로 잡으면 된다.

(6) 마지막으로 자신을 아주 잘 안다고 생각되는 사람들이나 연륜이 많고 세상경험을 많이 한 사람들로부터 의견을 구한다. 사람들은 자신이 스스로 의식하지 못한 채 타인에게 무심코 노출되는 행동

들이 아주 많다. 즉 자신에 대해서 상대방은 알고 있는데 정작 자신은 모르는 부분이 있다. 심리학계에서는 이 부분을 '맹점분야'라고 해서 반드시 상대방으로부터 의견을 구하라고 권고한다.

따라서 마음을 열고 제3자로부터 자신이 모르는 자신의 강점/약점에 대해 의견을 구하면 보다 폭넓은 자신의 면면을 파악할 수 있다. 이뿐만 아니라 여러 사람에게 의견을 구하면 자신에게 일어나고 있는 현재와 앞으로 일어날 미래 상황에 대해서도 보다 정확한 진단을 할 수 있고 이를 기반으로 깊이와 폭이 있는 현명한 공략방안이나 대응방향을 생각해 낼 수 있다.

이 SWOT 기법은 나의 인생헌장 확립과 목표 일을 확정하는 데 하나의 가이드나 방향예시의 기능을 하는 개략적인 관찰임을 확실히 이해해야 한다. 독자들의 이해를 돕기 위해 SWOT 분석기법에 대한 간략한 사례 하나를 소개한다. 작성방법을 돕기 위한 간략한 예이므로 자신의 상황에 맞게 응용하는 것이 좋다.

	나의 강점	나의 약점
1. 자아에 관한 사항 2. 직장관계 상황 3. 사회 네트워크 상황 4. 재산관계 상황 5. 가정관계 상황	• 영어를 능통하게 한다. • 정보를 분석하고 종합하는 기획력이 좋다. • 부하직원들에게 솔선수범으로 행동한다.	• 상사에게 직언을 잘한다. • 자심감이 넘쳐 거만하게 보인다. • 사람을 설득하는 인내심이 부족하다.
기회 · 자아 - 조직 내에서 신의가 굳은 사람으로 알려져 있다.	강점을 활용한 기회공략방안 • 해외 영업 조직에 적극적	약점보강을 통한 기회공략방안 • 상사에 대해 불만이 있어도 참고 기다리는 습관을

		강점을 이용한 위험방지방안	약점보강을 통한 위험방지방안
(유리한 상황)	• 직장 – 해외 영업 조직이 확장된다. • 직장 – 부하직원들로부터 존경받고 있다.	으로 지원한다. • 해외 영업을 지원하는 본부 기획부서에 지원한다.	키운다. • 차분한 감정으로 상대방을 설득하는 능력을 키운다.
위험(불리한 상황)	• 자아 – 몸무게가 10kg 늘었다. • 자아 – 아침에 일찍 일어나기가 힘들다. • 직장 – 조직구조가 전체적으로 정체되어 있어 승진기회가 제한되어 있다. • 직장 – 등급직원 중 하나가 나를 심히 헐뜯고 있다.	• 몸무게를 줄이고 체력을 강화하기 위한 체력단련 운동을 한다. • 해외 영업 조직에 지원이 안될 경우 이직이나 적성에 맞는 창업을 고려한다. • 상사/비방직원과 각각 1대1 면담을 통해 원인을 파악하되 절대 차분히 대한다.	• 겸손한 마음을 키우는 훈련을 한다. • 사람에 대해 평점심을 키우는 훈련을 한다.

독자들의 이해를 좀 더 돕기 위해 상기의 분석단계가 현실적으로 아주 좋은 효과를 갖고 있음을 보여주는 한 사례를 소개한다.

임화연 씨는 대학에서 산업디자인을 전공하고 승무원 교육 전문기관에서 1년간의 교육과정을 수료한 밝고 긍정적인 항공기 승무원 지망생이었다. 그녀는 1년 6개월간 승무원시험에 5번이나 응시했지만 번번이 낙방했다.

어느덧 자신감은 사라지고 불안감이 엄습할 때 친구의 소개로 6주짜리 취업프로그램인 '경기청년뉴딜'을 알게 되었고 일자리 해결사라는 황연희 연구원의 도움으로 다음과 같은 자기관찰을 통해 주식회사 한샘에 취직하는 데 성공하고 서비스 전문가(Showroom Coordinator)라는 업무를 맡고 있다(조선일보, 2009.5.4.).

(1) 임화연 씨는 우선 자신에 대한 관찰에 들어갔다. 구체적으로 과거에 어떤 일을, 어느 정도 열정으로 했는지를 관찰했고 직업선호도검사, 직업가치관검사와 같은 테스트도 거쳤다. 그 결과 밝고 호감 가는 외모와 학창시절 외식업체에서 3년간 매니저로 근무했을 때 몸에 익힌 서비스 매너, 밝은 미소와 경쾌한 목소리, 긍정적 마음자세, 탁월한 인맥형성 능력 등은 장점으로 판명되었으나 잦은 취업실패로 인한 자신감 결여는 단점으로 지적되었다.

(2) 자신의 장점과 궁합이 맞는 일을 찾았다. 승무원이라는 하나의 직업에만 한정시키지 않고 '할 수 있는 일' 쪽으로 범위를 넓혔다. 그러자 승무원을 포함하여 이미지 컨설턴트, 서비스 강사 등으로 희망직업군이 늘었다. 각각의 직업이 요구하는 인재성향, 즉 기질이나 기본자세 등을 파악한 후 자신의 가치관, 적성도, 능력의 범위, 자질 등을 파악했고 이 과정에서 자신에게 맞는 일이 무엇이고 무엇을 준비해야 하는지를 최종적으로 찾아낼 수 있었다. 일이 선정되면 그 분야에서 성공한 사람들의 성공과정에 대한 인터뷰기사나 수기, 전기, 자서전 등을 접한 후 자신은 무엇을 준비해야 하는지를 고민했다.

(3) 일을 통해서 자신이 바라는 10년 후 목표를 정했다. 이 과정에 이르러서야 임화연 씨는 자신의 직업 목표를 항공기 승무원에만 한정시키지 않고 범위를 더욱 넓혀 서비스 교육, 지도자로 확장시켰다. 승무원이라는 한정된 분야만을 생각하다가 '서비스'라는 넓은 분야를 통해 보니 승무원은 서비스의 한 분야일 뿐이었다.

이처럼 어느 한 직업에만 얽매이지 않고, 분야를 넓혀 직업을 살펴보니 '서비스 전문가'라는 길이 보였고, 대기업에 취직하는 데 성공할 수 있었다.

(4) 임화연 씨는 앞으로 '서비스 전문가'라는 일을 통해 자신의 전문성을 지속적으로 배우고 익히고 단련하는 과정을 거쳐야 한다. 직책이나 직위보다는 일의 종류나 범위로 시야를 확대해야 한다.

상기의 예에서 (1)과 (2)에 걸친 설명은 나를 둘러싸고 있는 상황에 대한 파악과 내가 갖고 있는 능력에 대한 관찰이 매우 큰 상관관계를 갖고 있음을 잘 보여주고 있다. (2)의 설명 중 임화연 씨의 가치관과 기질 관찰은 〈인생헌장을 확립한다〉편에서 전개되는 내용과 아주 관계가 깊다. 또한 임화연 씨가 전문가의 도움을 받았다는 사실은 자신을 잘 아는 제3자의 도움이 있어야 한다는 이치와 맥락을 같이하고 있다. (3)의 설명은 〈목표는 내밀하게 추진한다〉편에서 보다 상세히 전개된다.

3 | 인생헌장을
확립한다

인생헌장은 왜 반드시
필요한가?

〈성취신념 다지기는 뇌파를 공명증폭 시킨다〉편에서 '일관된 가치관'과 '흔들리지 않는 신념'을 지속적으로 갖고 움직여야 제대로 된 인생을 살아갈 수 있다고 설명한 바 있다. 여기서 일관된 가치관이란 내가 나의 삶을 살아가면서 평생을 지켜나가고 가꿔나가야 하는 삶의 기준 또는 원칙을 말한다. 내가 나로서 당당한 나의 존재를 실감할 수 있는 삶의 원칙으로서 그 어떤 어려움이 닥치더라도 회피하지 않는 삶의 길을 말한다. '나'라는 개인이 사회에 속한 사람으로서 살아가는 의미를 갖게 해주는 행동원칙을 말한다. 이는 한 마디로 표현해 '인생헌장'을 말한다.

확고한 인생헌장은 주체적이고 성취지향적인 인생의 행로를 열어가는 데 지대한 역할을 한다. 인생헌장은 '정돈되고 균질하게 응축된' 생각의 4요소(열정, 끈기, 일관, 움직임)를 두루 충족시키고 있어 내가 일으키는 생각에너지의 밀도와 질량을 크게 하여 타인에게 영향을 끼쳐 나의 성취 행로에 유리한 상황을 열어주기 때문이다.

인생헌장은 한 마디로 내 삶의 주체성을 확립하는 길이다. 한 나라의 헌법과 같은 것이라고 말할 수 있다. 우리나라는 헌법전문에서 우리나라가 이 지구상에서 어떠한 나라로서 그 주체성을 유지할 것이며 또 하나의 나라로서 어떠한 방향을 향해 나아갈 것인가를 표방하고 있다. 이를 바탕으로 헌법 제1조에서는 대한민국은 민주공화국이고 대한민국의 주권은 국민에게 있으며 모든 권력은 국민으로부터 나온다고 밝히고 있다. 이러한 헌법전문과 이에 따르는 여타 헌법 조문들은 바로 우리나라가 국가로서 어떻게 존재해야 할 것인가를 말하고 있음과 동시에 우리가 대한민국을 구성하는 사람으로서 지켜나가야 할 원칙이 된다. 이 헌법은 국회나 정부가 헌법정신에 비추어 어긋난 법안이나 정책을 입법화하거나 집행했을 때, 그 어긋난 법과 정책을 제대로 돌려놓게 하는 기준이 된다.

개인의 인생헌장은 또한 '신체와 정신의 바른 기운'의 연장선상에 있다. 나의 신체-정신의 기운이 바로 서 있어야 나의 인생헌장도 나의 본래 면목에 맞게 세워진다. 신체-정신의 바른 기운이 뿌리 깊은 나무의 뿌리이듯이 나의 인생헌장도 인생의 뿌리이다.

신체-정신의 바른 기운은 '자아인식'이라는 정신활동의 뿌리라면 인생헌장은 '일의 장'에서 일이라는 줄기를 세울 수 있는 뿌리다. 온갖 인생풍파에 흔들림 없이 꿋꿋하게 나의 길을 가기 위해서는 뿌리 깊은 나무가 온갖 비바람에 넘어지지 않듯이 나의 인생헌장도 마음속에 깊이 뿌리를 내리고 있어야 한다. 인생헌장과 신체-정신의 바른 기운은 나라는 인간 자체와 그 인간이 일의 장에서 펼치는 합주곡이다. 신체-정신의 바른 기운과 인생헌장은 불이(不二)의 관계로 서로 떼려야 뗄 수 없다.

기업에서는 인생헌장 대신에 이와 비슷한 미션을 작성한다. 기업의 미션은 "우리는 왜 이 사업을 하는가?"에 대한 물음으로 시작된다. 이를테면 W라는 경영전략 컨설팅 회사는 그 미션을 작성할 때 "우리는 왜 컨설팅 비즈니스를 하는가?"에 대한 물음에 대한 답을 구하고자 했다. 경영전략 컨설팅을 하고자 하는 명확한 이유가 무엇인가를 우선 정립해야만 했다. 돈을 벌기 위해서 컨설팅 사업을 하고자 한다면 여러 방법 중 왜 굳이 컨설팅 사업을 하고자 하는지를 자신이 명백하게 밝힐 수 있어야 한다. 그 결과 W 경영컨설팅 회사는 "우리는 고객에게 현재의 실질적이고 효율적이며 효과적일 뿐만 아니라 미래의 성공을 담보하는 탁월한 결과 산출적인 경영전략을 제공하여 고객이 사업을 지속하여 번창시키는 데 도움을 주고자 한다"라는 답을 구하게 되었다.

W 경영컨설팅회사에게 컨설팅을 제공하는 이유는 명확하다. 고객의 사업이 번창하도록 도움을 주는 것이다. 고객의 사업이 번창하도록 도움을 제공하되 그것이 먼 훗날에 이루어져서는 안 되고 현재에 실질적인 도움을 주는 경영전략이어야 한다. 그러나 현재의 도움이 현재에만 머물러서는 안 되고 미래까지 이어져서 미래의 성공도 보장하는 경영전략이어야 한다.

W 경영컨설팅회사 직원들이 항상 머릿속에 우선적으로 담아두고 실천해야 할 내용은 고객의 사업번창에 기여하는 전략, 실질/효율/효

과를 바탕으로 한 전략, 현재와 미래를 아우르는 전략, 이 세 가지다. 그들은 고객을 향한 이 세 가지 실천행동을 이행해야 할 뿐만 아니라 조직 내부적으로는 ①고결한 윤리적 행위, ②신뢰에 근거한 팀워크, ③고객 혁신을 선도하는 전문지식, ④고객을 감동시키는 서비스, ⑤구성원 상호 간에 존중을 이행해야 한다. 이 다섯 가지는 구체적이고 현실적인 각각의 세부 실천 행동강령이 있어서 누구나 현실적으로 준수해야 한다. 이것은 사람의 경우에는 인생헌장이 된다.

한 나라의 헌법이 국가주체성을 밝혀주듯이 한 기업의 미션도 기업의 주체성을 밝혀준다. 국민이 주체성을 축으로 규합하고 단결하고 자긍심을 갖고 국가의 발전에 기여하고자 하듯이 한 기업의 미션도 기업의 구성원들로 하여금 똑같은 역할을 한다. 또한, 기업의 미션은 그 구성원들로 하여금 직업인으로서 자신의 삶을 반추하고 반성하고 되돌아보게 하는 중심축 역할을 한다. 예를 들면 '나는 회사의 직원으로서 고객에 대한 감동적인 서비스와 고객의 혁신을 선도하는 전문지식을 쌓았는가?'와 같은 질문을 통해서 자신에게 지속적인 경각심을 불러일으키게 하거나 제대로 이행하지 못했다면 자신을 꾸짖어서 한층 더 발전할 수 있는 계기로 삼을 수 있다.

**인생헌장을 확립하고
유지하는 방법을
말한다**

한 국가의 헌법과 한 기업의 미션이 그 소속 구성원들에게 현재와 미래에 걸쳐 준수해야 할 중심적인 행동기준의 역할을 하듯이 개인에게 있어서도 인생헌장은 개인이 삶을 살면서 지켜야할 가치를 밝히는 매우 중요한 역할을 한다. 자신이 평생 지켜야 할 삶의 가치가 담긴 인생헌장은 중추적인 인생 나침반 역할을 한다.

내가 어떤 목적지를 향해 가다가 길을 잃었을 때, 그 길을 안내해주는 역할을 한다. 내가 어떤 목적지를 정하지 못하고 우왕좌왕하고 있을 때, 그 목적지를 정하는 안내자 역할을 하기도 한다. 내가 삶의 의욕을 잃게 되었을 때, 걸어온 길을 되돌아봄으로써 그 이유를 발견할 수 있도록 도와준다. 내가 어느 날 허망하고 부질없는 욕망의 비교에 휘둘려서 삶의 가치를 잃어버렸을 때, 본래의 나를 되찾게 해준다. 내가 집착에 사로잡혀서 미래를 내다보지 못하는 '미래 장님'이 되었을 때, 오늘 내가 어느 위치에 있는가를 깨닫게 해주어 미래를 볼 수 있게 해준다.

왜냐하면 나의 인생헌장은 바로 깊은 가슴속에서 자발적으로 우러러 나온 것이요, 생각만 해도 나의 마음을 편하게 해수는 것이요, 한평생 아끼고 사랑하고 보살펴주고 싶은 것이요, 항상 우러러 떠받들어야 하는 것이요, 나의 떳떳함을 자주적으로 자신에게 표방한 것이요, 나만이 아는, 나만의 행복의 길을 주체적으로 결정한 것이기 때문이다.

다음의 방법을 통하여 '나만의 인생헌장'을 만들 것을 제안한다. 소위 관찰직감을 사용하는 것이다. 눈을 지그시 감고 안에서 들려오는 소리에 귀를 기울여 보라: "어떻게 살 것인가?"

① 나의 현재 모습과 생활상을 생각해 보라.

② 내가 지금까지 살아오면서 성공한 상황과 실패한 상황들을 떠올

려 보라.

③ 남들이 세운 원칙, 경험들을 철저히 무시하고 하얀 백지 상태에서 나를 생각하라.

④ '나는 이렇게 사는 것이 편해' 할 때, '이렇게'에 해당되는 말들을 생각해 보라.

⑤ '나는 이러한 삶이 바람직한 삶이라고 생각해' 할 때, '바람직한' 것이 무엇인가를 생각해 보라.

⑥ 나를 가슴 벅차고 흥분시켰던 사례들을 생각하고 무엇이 그것을 가능하게 했는지 생각해 보라.

⑦ 시시때때로 나를 가슴 쓰리게 하고 공연히 후회하는 마음이 들게 하는 사례들을 떠올리고 무엇이 그렇게 만들었는가를 생각해 보라.

나를 편하게 하는 것, 나를 흥분시키는 것, 내가 바람직하다고 생각하는 것 등은 그대로 적는다. 이를테면 '나는 어느 경우에도 사람을 정직하게 대하고 싶다' 하면 '나는 정직하게 사람을 대한다'라고 적는다. 그러나 내가 후회하는 것, 내가 해서는 안 된다고 단호히 생각하는 것 등은 부정의 표현을 긍정의 표현으로 바꾸어 적는다. 이를테면, '아, 내가 그때 거만하게 행동하는 바람에 그 사람들로부터 미움을 사서 일이 제대로 안됐지' 하는 생각이 들면 '앞으로는 거만하게 행동해서는 안 되겠구나' 하는 생각이 들 것이다. 이 경우 '앞으로 거만한 행동을 하지 않겠다'라는 부정의 표현 대신에 '나는 겸손하고 감사하는 마음으로 행동한다'라는 긍정의 표현을 적는다.

마찬가지로 내가 남을 비방하고 갈등을 일으켜서 추진하고자 하던 일이 제대로 안 되었거나 조직에서 퇴출되는 쓰라린 경험이 있다면 '나는 남을 칭찬하고 격려한다'라는 말을 적는다. '거만하지 않겠다' 라든가 '남을 비방하지 않겠다'와 같은 부정어를 쓰면 소극적 의미 전달에 그칠 뿐 아니라 거만이나 비방이라는 의미가 계속 뇌에 전달되어 자신을 계속 부정적인 의미 속에 가두는 결과를 초래하므로 적극적이고 긍정적인 언어로 바꿔 적어야 한다. 뇌 신경회로에 전혀 새로운 의미의 표현을 각인시킴으로써 예전에 남아 있었던 부정적 언어에 대한 약간의 흔적이라도 철저히 지워버리기 위함이다.

처음에는 그저 생각나는 대로 적어 내려가야 한다. 문장 구성이 제대로 되든지 안 되든지 개의치 말고 몇 개의 단어도 좋으니 생각나는 대로 적는다. 이렇게 다 적으면 전체를 다시 한 문장 한 문장 살펴 나간다. 전체를 읽다 보면 각 문장 간 잘못된 연결이나 중복된 의미도 발견할 것이다. 이 경우 잘못된 연결은 한 문장으로 정리하고 중복된 내용은 빼서 각각의 문장들을 정리하면 된다.

단 하루 만에 이 모든 과정을 끝내고자 해서는 안 된다. 평생 동안 지켜야 할 나의 정체성을 확립하는 과업인데 단 몇 시간 또는 하루 만에 끝내서는 안 될 것이다. 왜냐하면 하루가 지나고 그 다음 날이 되면 미처 생각하지 못했던 다른 행동원칙들이 다시금 새록새록 생각날 수 있기 때문이다. 적어도 한 달간은 처음 작성한 인생헌장을 언제라도 고칠 수 있다는 열린 상태로 생각나는 대로 수시로 고쳐 나가면 된다.

이렇게 해서 작성된 인생헌장은 액자에 넣어 내가 자주 보고 읽을 수 있는 위치에 놓거나 걸어두어 적어도 하루에 2번 이상, 아침저녁으로 소리 내어 읽도록 한다. 반복적으로 소리 내어 읽는 이유는 나를 인생헌장에 몰입시키기 위함이다. 사람의 인격은 생각하는 대로 이루어짐을 기억하라. 내가 어떤 생각에 몰입한다는 것은 생각질량의 밀도를 높이는 효과가 있음을 상기하라. 뇌의 전체 영역으로 한 가지 생각파동을 확산시켜 끈질기게 지속시킬 때, 그 밀도가 높아지고 질량이 커져서 결국엔 자신의 행동도 바꾸고 타인의 생각도 끌어들임을 잊지 말자. 사랑하는 가족의 사진이나 연인의 사진을 액자나 지갑 안에 넣어두고 자주 보는 이유와 같다. 자신이 마음속 깊이 사랑하고 좋아하고 아끼는 대상이기 때문에 가장 가까운 곳에 두고서 자주 보고 생각하면서 그 사랑의 강도를 높여가는 것이다.

나의 인생헌장은 바로 자신이 그 무엇보다도 가장 사랑해야 할 대상이다. 가족이나 연인의 사진 이상으로 액자에 담아 매일매일 사랑하라. 그리하여 그 사랑의 강도를 매일매일 다져 나가라. 그러면 나와 인생헌장은 한 몸이 되어 나는 그야말로 제대로 '나만의 품격을 갖춘' 사람이 될 것이다.

인생헌장의 일상 생활적 가치는 크다

자신만의 인생헌장을 확립했을 때 무엇보다 중요한 첫 번째 효과는 자신을 남과 비교하는 행위가 없어진다는 데 있다. 우리는 자주 남과 비교하며 산다. 남과 자신을 비교한다는 것은 필연적으로 내가 잘났느냐 못났느냐 하는 비교우위 또는 비교열등의 생각에 빠지게 한다.

비교우위의 위치에 있다고 생각하는 사람들은 비교의 대상보다 '잘났다'는 생각으로 자신을 과시하고자 하고 비교열등의 위치에 있는 사람들은 잘난 사람들이 갖고 있는 성격이나 태도의 장점을 본 따서 자신의 능력개발에 힘쓰기보다는 그 외형적 결과물에 집착하여 자신은 못났다는 열등의식으로 스스로를 괴롭힌다. 그래서 늘 불안하다.

비교우위에 있다고 생각하는 사람들도 불안한 마음으로 살아가기는 마찬가지다. 자신 삶의 가치가 타인과 비교해서 상대적 우위에 서는 데 있다면 그 비교의 기준이 항시 변하기 때문이다. 자신보다 비교열등의 위치에 있는 사람이 언제 자신을 추월할지 몰라 불안하고 또한 그 비교의 상대방이 자신을 오랫동안 따라오지 못할 위치에 있다 해도 이런 사람들은 여전히 불안한 심정에서 벗어나지 못한다. 왜냐하면 이들에겐 비교의 대상이 수시로 바뀌기 때문이다.

게다가 비교 대상은 사람의 내면에 있는 본래적 가치에 있는 것이 아니라 외형상으로 보아 쉽게 판정할 수 있는 물질 보유 상태나 사회적 지위에 치우치게 되는데, 각각의 사람이 갖고 있는 내면의 가치는 겉으로 보아서 쉽게 파악할 수 없기 때문이기도 하겠지만 이는 비교하는 사람들의 심성 자체가 자신만의 내면 가치를 개발하고 정립하는 것을 싫어하거나 못하기 때문이다. 아니 삶의 가치를 물질적인 재산의 축적이나 사회적 지위 상승에 두고 있기 때문이다.

비교의 기준을 좀 더 구체적으로 표현하면 '아이가 어느 좋은 학교에 다니는가'에서부터 시작하여 소유하고 있는 자동차나 집의 크기나 사회적인 지위 등이다. 누군가가 사장이나 장관으로 있다가 퇴임하면 그 사장과 장관 타이틀이 평생 따라다닌다. 모 정당의 대표를 지내다가 물러나도 '○○○ 전 대표'라는 직함이 따라붙고 심지어는 그 사람들이 어느 강연회에서 강연이라도 하면 그 '대표'라는 직함이 꼭 따라붙는다.

우리는 그런 사람들을 부를 때, 현재 아무 직함이 없음에도 불구하고 '○○○님' 또는 '○○○씨'라고 부르지 못한다. 그러면 그 사람들이 자신의 품격이 폄하된다고 생각하기 때문이다. 또 어떤 사람이 모 회사의 전무이면 그 사람의 인격이나 품격도 전무이고 부장이면 품격도 부장이 된다. 심지어는 그 부인들도 전무가 되고 부장이 되기도 한다. 결혼식장이나 장례식장에서는 그 식장에 진열돼 있는 화환이나 조화를 보고 혼주나 상주의 사회적 위치를 판단한다. 누구누구가 책을 출판한 기념으로 열리는 책 출판기념회에 보내지는 화환들이나 어떤 기관이 그 사업의 활동을 시작한다는 사실을 알리기 위해 여는 출범기념회에 보내지는 화환들도 다 같은 맥락에 있다.

우선 얼마나 많은 꽃들이 왔는가가 첫 번째의 과시를 위한 판단기준이고 사회적으로 어느 계층의 어떤 지위를 가진 사람들로부터 꽃이 왔느냐가 두 번째의 과시를 위한 판단기준이 된다. 꽃들의 수가 많으면 사회적으로 상주와 혼주가 사회적 네트워크가 아주 넓고 활동적임을 나타내는 징표가 되고, 사회적으로 높은 지위를 가진 사람의 이름으로 화환이 많이 오면 상주와 혼주가 사회적으로 지위가 높았거나 높음을 나타내는 징표가 된다. 남과 비교해서 자신을 과시할 수 있는 아주 좋은 수단이 된다.

　그런데 화환이 많다고 신랑신부가 앞으로 행복하게 살 수 있는가? 조화가 많이 오면 망자가 극락이나 천당엘 가는가? 많은 사람들이 유명한 정치가나 고위직에 있는 사람들이 조화나 화환을 보내줄 수 있도록 이러저런 연줄을 이용하여 부탁까지 한다. 자신의 정체성을 확립하면 이와 같은 쓸데없는 비교를 통한 자기과시욕을 갖지 않는다. 비교우위나 비교열등에서 오는 불안감도 있을 수 없다.

　인생헌장의 두 번째 효과는 내가 추진하는 일 자체에 집중할 수 있게 해주어 일의 완성도를 높여주는 데 있다. 이를테면 내가 전무니 사장이니 하는 직함에 나의 삶의 가치를 둔다면 결국에는 전무나 사장이 되기 어려워진다. 바로 불확정성 원리가 현실 세계에 작용하여 관찰당하는 입장으로 바뀌어 나의 마음이 교란되기 때문이다. 다시 말해 전무나 사장이라는 자리에 목표를 두면 정작 전무가 되기 위해 필요한 일을 하는 데 과욕이 생겨 일을 추진하는 데 고려해야 할 여러 요인들에 대한 사려가 부족해지기 때문이다.

　지위나 사회적 위치에 집착하는 것은 인내심 부족으로 조급해지고 관계된 사람들과의 진솔한 대화를 통한 설득에서 진정성이 부족해져 주변 동료들로부터 협조를 불러일으키는 데 방해가 된다. 동료들이 나의 흑심을 알아차리고는 경계심을 갖고 대할 것이고 내가 추진하고자 하는 일에 진정한 협조는커녕 오히려 방해 공작을 펼칠 수도 있기 때문이다. 동료들의 관찰의지에 걸리면 불확정성 원리에서의 전자의 입장이 되기 때문이다. 결론은 이렇다. 일의 결과가 가져다주는 부가적인 이익에 정신을 쏟지 말고 일 자체의 성취여부에만 온 정신을 집중하라. 나만의 인생헌장은 바로 이것을 가능하게 해준다.

인생헌장의 세 번째 효과는 생각의 일관성을 유지하게 해주어 생각의 밀도와 질량을 키우는 정돈되고 균질한 생각을 하게 함으로써 주변 사람들에게 자신의 의지대로 많은 영향력을 발휘할 수 있는 데 있다. 주체성의 확립은 바로 생각파동의 일관성 형성에 더할 나위 없이 중요한 부분이다. 돌아가신 김수환 추기경을 생각해보자. 그분은 늘 한결같았다. 사랑을 말하고 실천적 행동으로 모범을 보였다. 박정희 체제의 유신독재시대, 전두환 군사정권의 군사독재 시대에도 한결같은 목소리를 내었다.

1987년 6월 항쟁시 명동성당으로 피신한 학생들을 보호하기 위해, 한밤에 찾아온 고위 정부당국자에게 "학생들을 체포하려면 먼저 나를 밟고, 그 다음 신부와 수녀들을 밟고 넘어 가라"와 같은 말씀이나, 박정희 대통령의 10월 유신 발표를 보고 "10월 유신 같은 초헌법적 철권 통치는 우리나라를 큰 불행에 빠뜨릴 것이라고 단언합니다. 정권욕에 눈이 먼 박 대통령 자신도 결국 불행하게 끝날 것입니다"와 같은 말씀이나, 1980년 1월 추기경에게 새해 인사차 방문한 당시 전두환 보안 사령관 겸 합동수사본부장에게 "서부 활극을 보는 것 같습니다. 서부 영화를 보면 총을 먼저 빼든 사람이 이기잖아요"와 같은 말씀은 김수환 추기경이 한결같은 자신만의 내면 정체성을 확립했기 때문에 가능한 일이다. 그래서 무수히 많은 사람들이 그 죽음을 슬퍼하고 안타까워하고 그 분의 말씀과 행동에 감명받고 그를 본받으려 하는 것이며, 바로 한결같은 생각파동의 일관성이 작용했기 때문인 것이다.

인생헌장의 네 번째 효과는 무엇보다 불확정성의 원리에서 자기가 자신을 관찰하는 기준으로 삼음으로써 자신을 항상 관측자의 위치에 놓을 수 있어 피관찰자가 겪는 경로의 교란으로부터 벗어날 뿐만 아니라 양자역학적으로는 나의 생각질량 밀도를 높여 카리스마와 매력을 한껏 키울 수 있다는 데 있다.

내가 자신을 관측하는 기준은 나만이 알고 있는 인생헌장이므로 누구에게도 관측당할 필요 없이 스스로 관측자의 입장에서 주체적으로 살 수 있다. 나는 누구로부터 교란당할 염려가 없는 셈이다. 교란당할 염려가 없으니 나의 본래 길을 갈 수 있고 소기의 목적한 바를 달성할 수 있게 된다. 교란당하지 않으니 한결같은 평상심으로 자신의 일에 매진할 수 있고 일의 완성도도 당연히 높아지게 된다는 말이다.

다른 한편으로 남을 관측할 필요도 없고 자신을 관측하기 위해 항상 높은 에너지 상태를 유지해야 하므로 이 또한 당연히 자신의 생각질량을 크게 만들고 커진 생각질량은 주변의 다른 생각질량들을 흡인하게 될 것이므로 나의 카리스마가 확장될 것이다.

이러한 자신만의 인생헌장으로 인생을 충실하게 살아가는 사람들을 우리는 주변에서 많이 볼 수 있다.

원세훈 국정원장은 고위직 공무원들 중에서 자신의 행동원칙을 세우고 이를 그대로 실천에 옮긴, 일반인이 본받을 만한 사람들 중 한 사람이다. 앞으로 전개되는 이야기를 이명박 정권의 핵심인물 중 한 사람이라는 정치적 관점에서 파악하려 하지 말고 그 사람의 인생궤적을 관찰함으로서 우리의 인생행로에 귀감으로 삼기 위한 관점에서 이해해주기를 바란다.

원세훈 씨는 1974년 서울법대를 졸업하기 전해인 1973년에 14회

행정고시에 합격한다. 그는 내무부 소속 행정 사무관으로 강원도에서 잠시 근무한 경력을 제외하고는 대부분 서울시에서 일하게 된다. 성동구청 도시정비국장, 서울시 보건 사회국장, 3개월간의 강남구청장 등의 직책을 거치지만 소위 '잘나가는 자리'에 있어본 적은 아주 적다. 3개월간의 구청장직은 당시의 구청장이 세무비리사건 여파로 경질되면서 잠시 그 공석기간을 메운 것뿐이다.

그 당시는 지금과 같이 시장이나 구청장이 국민투표에 의해서 선출되지 않고 중앙정부에서 임명하는 임명직이었기 때문에 이러한 임명이 가능했다. 그는 서울시 공무원들 중에 깔끔한 원칙주의자로 평판이 나 있는 사람이다. 두루뭉술하게 대충 보고하는 것을 싫어하고 목표에 맞는 확실한 대책을 요구하며 이것저것 두루 관리해서 무사안일하게 지내는 태도를 배격하고 하나를 하더라도 전력투구하여 끝장을 내는 자세를 좋아한다.

그는 서울시 부시장과 행정안전부 장관으로 근무할 당시 업무관계자들은 물론 부하직원들하고 식사를 하고 나서 거의 업무용 신용카드를 사용하지 않고 전부 개인카드로 비용을 지불해서 매년 수천만 원을 개인비용으로 처리할 정도로 청렴행위를 실천적으로 보여 주었다. 과거에 어느 시장이 산하기관 말단 자리에 인사 청탁을 받고 그에게 부탁을 하지만 그 피추천인이 그 직책에 도저히 맞지 않는 사람임을 내세워 거절하기까지 한다.

일반인의 눈으로 보면 답답할 정도로 자신의 원칙을 지켜나가는 원세훈 씨는 이렇게 해서 1999년 서울시의회 사무처장, 2002년 1월 서울시 상수도사업본부장의 직위까지 25년여 동안을 그다지 뚜렷하게 부각되지 않는 직책들을 맡아 공직업무를 수행해 왔다. 그러다가 6개월 후 이명박 서울시장이 취임하면서 이 '깔끔한 원칙주의자'는 서울시 안살림을 책임지는 기획예산실장으로 발탁된다. 당시 이명박 시장은 원세훈 씨를 사전에 알고 있었던 것이 아니고 시장 취임 후 능력이 출중하고 자신의 기대에 부합하는 사람을 내부에서 찾던 중 이미 청렴하고 깔끔한 원칙주의자라는 평판이 나 있는 그를 발견하고 발탁한 것이다.

이후부터 그는 용이 승천하는 기운을 받는다. 25년여 동안 축적되어 있던 자신만의 인생헌장의 힘이 용이 승천하는 기운을 받아 빛을 발하기 시작한 것이다! 이듬해 행정제1부시장에 임명된 후 청계천 복원사업, 시내버스 체제 개편, 상암 DMC 등 이 시장의 주요 추진사업을 예산과 조직개편을 통해 성공적으로 지원하고 특히 4조 8000억 원에 달하던 서울시 지하철 부채를 절반 가까이 줄이는 능력을 발휘하여 이 시장의 인정을 받아 통상 1년이 임기인 부시장 자리를 3년 반이나 유지한다. 이후 그는 행정안전부 장관을 거쳐 국가정보원의 수장자리에 임명된다(신동아, 2009.3.).

나는 여기서 자신의 인생헌장을 확립하고 그 헌장을 고집스럽게 지켜나가면 언젠가는 원세훈 씨와 같이 용이 승천하는 기운을 얻게 된다는 사실을 말하고자 한다.

우리는 원세훈 씨가 자신과 남을 비교하지 않는 모습을 우선 알 수 있다. 자신만의 기준을 만들어 공직이 갖는 특수성에 초점을 맞췄다. 그는 불확정성의 원리상 관측자의 입장에 있게 된 셈이다. 관측자의 입장에서 생각의 고(高)에너지를 유지-발산해 질량을 크게 함으로써 흔들림 없는 자신의 의지를 관철할 수 있었다. 그 예가 국민세금을 함부로 낭비하지 않기 위해 업무용 회식비조차도 개인 돈으로 지불하고 시장이 부탁한 인물까지도 능력이 떨어지는 인물이라고 해서 채용하지 않는가 하면 여러 사람의 의견을 두루뭉술하게 짜깁기하는 식의 업무보고와 처리를 배격했다는 사실이다.

둘째로 어느 직책을 맡아도 꾸준히 그 일에 전력을 다해 일 자체의 흠 없는 완수를 목표로 했지 직위, 직책 등에 연연하지 않았음을 알 수 있다. 목표에 적합한 확실한 대책을 강구한다든가 이런저런 일로 얼굴을 내밀며 대인관리에 신경 쓰기보다는 맡은 한 가지 일에 집중하여 집요하게 물고 늘어져 완벽하게 처리하는 그의 태도가 이를 말해준다.

셋째, 그의 이러한 원칙주의적인 행동은 지난 30여 년의 공직생활 기간 내내 한결같았음을 알 수 있다. 그가 만일 이랬다저랬다 하는 사람이었다면 원칙주의자라는 평판도 없었을 것이고 그러한 평판이 없었다면 당시의 이명박 시장에 의해서 서울시에서 관장하는 모든 돈을 관리하는 기획예산실장의 자리에 발탁되지도 못했을 것이다.

이는 발탁되었다는 표현보다는 생각질량의 법칙 측면에서 보면 당시의 이명박 시장이 그에게 끌렸음을 의미한다. 진정어린 열정의 생각, 멈추지 않는 끈질김, 일관된 믿음으로 정립되는 '정돈되고 응축된 생각'의 개념을 다시 한 번 떠올려보라. 고밀도의 생각질량을 유지함으로써 서울시 공무원들은 그에게 이끌리는 상태에 있었을 것이다. 작은 이끌림이 중력작용에 의해 점점 커져 많은 사람들에게 그에게 이끌리면서 하나의 주류의 추세가 되어 표면으로 부상함에 따라 당시 이명박 시장도 그러한 끌림의 와중에서 그를 발탁했다고 봐야 한다.

내가 인생헌장을 세우면 바로 이와 같이 장기적인 안목에서 생각질량의 밀도를 높이고 그 질량을 크게 함으로써 외부환경에 대한 나의 영향력을 확대해준다. 흔들림 없는 나의 길을 가게 해준다. 자주 다니는 길이 많이 패이듯이 꾸준히 나만의 태도를 견지하면 많은 사람들에게 뚜렷하게 각인된다.

국민대 법학과 교수로 재직하고 있는 45세의 이호선 씨는 '6040120'이라는 인생목표를 갖고 있다. 60은 법학자로서의 전공 관련 논문 수, 40은 자신의 관심분야에 대한 저서 수, 120은 자신의 죽음을 진심으로 애도하는 사람의 수를 의미한다고 한다. 그는 "내가 태어났을 때 너 혼자 울고 모든 사람이 웃었다. 네가 죽을 때 너 혼자 웃고 모든 사람이 울게 하여라"와 같은 인생헌장을 갖고 있다.

강원도 평창이 고향인 그는 중학교를 졸업한 후 아버지가 뇌출혈로 돌아가시는 바람에 외동아들로서 집안의 생계와 농사를 떠안았다. 공부는 계속해야겠다는 결심으로 이웃집 형이 보던 '통신 강의록'으로 공부해보았지만 여의치 않아 가을 추수를 끝내고 무작정 서울로 왔고 서울에서 독서실 총무, 구로공단 비닐공장, 김포의 주물공장, 액세서리 가내 수공업체 등에서 일하며 틈나는 대로 공부했다.

1982년 4월 고교검정고시에 합격하면서 자신에 대한 크나큰 믿음을 갖고, 내치김에 대학까지 가겠다는 결심으로 공장 일을 그만두고 받은 퇴직금으로 입시학원 문제집을 사들고는 평창으로 내려가 군 도서관에서 대학입시 공부에 전념하여 드디어 국민대학교 법학과에 장학생으로 입학했다.

대학 1학년에 다니던 중 '내가 누구인가?' 하는 심각한 자기정체성에 혼란을 겪고 왜, 무엇 때문에 사는지에 대한 답을 구할 수 없어 정신적으로 방황하면서 어느 목표에도 집중하지 못하는 등, 심한 방황 속을 헤매다가 '나는 이 세상에 우연히 던져진 오발탄이 아니라 아주 신중하고 선한 계획의 결과물이며 지금도 괜찮은 놈이다'라는 답을 구했다. 그 다음부터 '무엇을 해도 신이 났고 두려움과 의심이 없어졌다'고 한다.

이후 대학교수의 꿈을 키우다가 현실적으로 어려울 것이라는 지도 교수의 말을 듣고 방향을 돌려 사법시험공부에 뛰어들었고, '승리는 쟁취하는 것이 아니다, 다만 확인할 뿐'이라는 글을 적어 책꽂이에 붙여놓고 읽으면서 자신감과 확신을 불러일으키며 사법시험공부에 매진했다. 1988년 사법시험 1차에 합격하고 1989년 사법시험 2차에 합격하여 드디어 자신이 성취하고자 하는 바를 이루고 지금은 본래 원하던 대학교수의 꿈을 모교에서 이루었다(조선일보, 2009.2.15.).

이호선 씨의 사례는 두말이 필요 없을 듯하다. 분명한 인생헌장, 분명한 성취목표, 분명한 신념다지기 활용으로 매일매일을 살아가는 그의 모습은 바로 내가 말하는 성취모습의 모범이기 때문이다.

이에 반해서 나는 제대로 된 인생헌장 없이 인생을 살아왔다. 나의 실패 경험이 독자들에게 하나의 교훈이라도 되었으면 하는 바람에서 솔직하게 적어 본다. 나는 직장인으로 근무하면서 직장생활 후반부에는 타이틀을 좇아다녔다. 전무, 부사장, 사장 등의 사회적 지위에 대한 욕망으로 직장 후반부 세월을 보낸 것이다. 결론부터 말하면 직장인 시절 일찍이 나의 정체성을 확립하지 못하고 사회적 지위를 좇아 이리저리 헤맨 것이 지금 가장 후회스럽다. 그래도 부장, 이사까지는 나름대로 일의 완성을 위해서 열심히 일했다. 물론 어느 정도 지위에 대한 욕구는 갖고 있었지만 그것은 일을 잘하는 데 따른 결과라고 생각했고 한눈을 팔지는 않았다.

그러나 어느 때인가부터 부사장, 사장이라는 타이틀에 욕심이 생기기 시작했다. 나보다 어린 후배가 부사장이 되고 사장이 되어서 기사가 모는 자동차를 타고 다니는 것을 보노라면 은근히 부러웠고 나의 목표를 일 자체보다는 사회적 지위에 따라오는 자동차와 운전기사 등에 두기 시작했다. 어떻게 해야 사장이 될 것인가 하는 생각에 골몰하다 보니 과욕이 생기고 조급해져 나 자신을 올바르게 관찰하는 지혜가 부족하게 되었다.

당시 근무하던 회사인 GE에서는 1, 2년 이내에 사장으로 올라가기가 어렵겠다는 생각이 들어 이직을 결심했다. 지금 생각하면 이는 아주 잘못된 판단이었다. 왜냐하면 나의 성격이나 태도가 그 기업문화와 잘 맞았기 때문이다. 그런데 그때는 조급함, 사회적 지위에 대한 집착 등에 함몰되어 그것을 깨닫지 못하고 단지 타이틀과 부대이익을 좇아 국내의 유명한 소비재 제조 회사로 이직하였다. 결과는 참담했다. 한마디로 적응을 하지 못했다. GE의 기업문화가 '아래에서 위로(bottom-up)'라면 그 회사는 '위에서 아래로(top-down)'라는 기업문화를 갖고 있었기 때문이다.

내가 인생헌장에 투철했더라면 나는 GE를 떠나지 말았어야 한다. 거기서 인내심을 갖고 끈질기게 기회가 오기를 기다렸어야 한다. 자신의 인생헌장을 버리고 자신의 인생헌장에 맞지 않는 기업문화를 갖고 있는 회사로 이직한 결과는 좋지 않게 끝난다는 사실을 독자들은 나의 실패로부터 통절하게 배웠으면 한다. 나는 원하는 것을 성취하는 네 가지 중요한 생각파동의 요소인 열정, 끈기, 일관하는 믿음, 움직임 중에서 '일관하는 믿음'이 기준에 미달하였기 때문에 남의 생각을 나 쪽으로 끌어들이는 데 실패한 셈이다. 거듭 말하지만 이 네 가지 요소 중하나라도 부족하면 내가 원하는 것을 성취하는데 장애를 가져온다는 우주원리를 독자가 다시금 확인하는 사례로 삼아 나와 같은 실수를 하지 않기 바라는 마음에서 이 실패담을 적었다.

인생헌장의 사례들을
살핀다

그러면 이제 어떤 내용이 인생헌장에 들어가야 하는가를 알아보자. 개개인의 개성에 따라 어떤 내용이든지 넣을 수 있고 고정된 형식이나 내용은 없다. 다만 독자들의 이해를 돕고 자신의 것을 만드는 데 참고가 되기를 바라는 마음에서 일반 직장인들을 대상으로 한 짧은 문장 형태로 예를 들어보겠다.

- 누가 해도 해야 할 일이면 내가 한다, 언젠가는 해야 할 일이면 지금 당장 한다, 이왕 할 일이면 아주 잘한다.
- 재미는 즐기되 탐닉하지 않고, 물질적 풍요는 추구하되 인간적 신뢰를 우선하며, 선이 작다고 그것을 아니 행하지 않고 악이 작다고 그것을 행하지 않는다.
- 군자는 모든 책임을 자기에게서 찾지만 소인은 모든 책임을 남에게 돌린다. 따라서 말과 행동을 일치하고 행동한 결과에 대해 끝까지 책임진다.
- 일의 성패 여부는 끈기에 달려 있음을 자각하며 용맹정진하여 포기하지 않되, 한눈을 팔지 않고 현재 주어진 일에 존중하는 마음으로 몸을 굽혀 전력을 다한다.
- 사회적 지위나 부를 좇아 일하지 않고, 일 자체가 결과로서 산출하

는 가치만을 바라보고 일하며, 어느 위기 속에서도 기회는 있게 마련이니, 위기 속의 기회를 좇아 적극적으로 행동한다.

▼ 남이 나를 알아주지 않는다고 걱정하지 말고 이보다 먼저 내가 남을 알아주지 않는지 근심한다; 자신과 다른 것을 공격하는 것은 자신에게 해가 될 뿐이요, 남에 대한 험담은 나에게 부메랑이 되어 돌아오니, 나와 다른 것의 가치를 인정할 것은 인정하며, 남에게는 진실한 마음으로 칭찬과 격려하는 말만을 한다.

▼ 자신에 대해 과장하지 않고 있는 그대로 진실만을 말하며, 오만과 자만을 버리고 남을 존중하고 겸손과 감사하는 마음으로 대한다.

▼ 나를 남과 비교하지 말고 남에게서 배울 것을 찾으며, 잘못을 알고도 고치지 않으면 그것이 잘못이니 즉시 고치고, 나에게 맞는 것만을 추구하되, 허례허식을 배격하고 실질을 추구하며 실질을 행한다.

▼ 어느 경우에나 가정의 화목이 최우선이며 일을 핑계로 가정의 화목을 깨지 않는다.

▼ 대화할 때는 80%는 듣고 20%만 말하고 토론과 협상에서 격분은 절대적인 패배를 자인하는 것이니 언성을 낮추고 차분하게 말한다.

▼ 한 사람에게서 들은 이야기는 칭찬이 아니면 다른 사람에게 전달하지 않고, 사람에 관한 소문은 당사자에게서 직접 확인하며, 두 사람이 서로 다른 주장을 하면 양 당사자의 주장을 모두 듣고 판단한다.

▼ 선공사후 신의일관(先公私後 信義一貫)

다음의 고 김수환 추기경의 인생헌장은 독자들에게 더욱 강한 인생
헌장의 필요성을 느끼게 할 것이다.

- ▼ 말: 말을 많이 하면 필요 없는 말이 나온다. 양 귀로 많이 들으며
  입은 세 번 생각하고 열라.
- ▼ 독서: 수입의 1%를 책을 사는 데 투자하라. 옷이 해어지면 입을 수
  없어 버리지만 책은 시간이 지나도 위대한 진가를 품고 있다.
- ▼ 노점상: 노점상에게 물건을 살 때 깎지 말라. 그냥 돈을 주면 나태
  함을 키우지만 부르는 대로 주고 사면 희망과 건강을 선물하는 것
  이다.
- ▼ 웃음: 웃는 연습을 생활화하라. 웃음은 만병의 예방약이며 치료약이
  며 노인을 젊게 하고 젊은이를 동자(童子)로 만든다.
- ▼ TV(바보상자): 텔레비전과 많은 시간을 동거하지 말라. 술에 취하면
  정신을 잃고 마약에 취하면 이성을 잃지만 텔레비전에 취하면 모든
  게 마비된다.
- ▼ 성냄: 화내는 사람이 언제나 손해를 본다. 화내는 사람은 자기를 죽
  이고 남을 죽이며 아무도 가깝게 오지 않아서 외롭고 쓸쓸하다.
- ▼ 기도: 기도는 녹슨 쇳덩이도 녹이며 천년 암흑 동굴의 어둠을 없애
  는 한 줄기 빛이다. 주먹을 불끈 쥐기보다 두 손을 모으고 기도하는
  자가 더 강하다.
- ▼ 이웃: 이웃과 절대로 등지지 말라. 이웃은 나의 모습을 비추어 보는
  큰 거울이다. 이웃이 나를 마주할 때 외면하거나 미소를 보내지 않
  으면 목욕하고 바르게 앉아 자신을 곰곰이 되돌아봐야 한다.
- ▼ 사랑: 머리와 입으로 하는 사랑에는 향기가 없다. 진정한 사랑은 이
  해, 관용, 포용, 동화, 자기 낮춤이 선행된다. 사랑이 머리에서 가슴
  으로 내려오는 데 70년이 걸렸다(동아일보, 2009.5.27.).

자신만의 인생헌장을 꼭 만들라. 만들어서 계속 지켜나가다 보면 일관된 자신의 모습을 만들 수 있다. 이는 자신의 몸과 정신의 총질량을 높여 많은 사람들에게 무언가 믿음을 갖게 하어 무의식적으로 끌림의 영향을 미칠 것이고 장기적으로 자신이 성취하고자 하는 바를 이루는 데 큰 도움의 안내를 받게 될 것이다.

<h1>4 | 목표는 내밀하게
추진한다</h1>

**목표는 나를
살아 움직이게 한다**

목표는 뿌리 깊은 나무로부터 커나가는 줄기다. 인생헌장이 뿌리이고 목표는 그 인생헌장에서 뻗어나가는 줄기요 가지다. 인생헌장이 확고하게 확립된 사람은 깊숙이 박혀 있는 뿌리로 인해 생명력이 강한 줄기라는 목표를 키우며 달성해 나갈 수 있으나 인생헌장이 확고하지 못한 사람은 뿌리가 부실하여 영양흡수작용이 제대로 이루어지지 않아 비바람에 쉽게 부러지는 줄기와 같은 목표밖에 세우지 못해 자주 흔들린다. 그러다 부실한 뿌리의 나무가 강한 폭풍이라도 만나면 순식간에 뿌리째 넘어지듯이 인생헌장이 확고하지 못한 사람은 삶의 과정에서 어려운 난관을 만나면 쉽게 목표를 포기하거나 이런저런 다른 목표를 궁리한다.

줄기와 가지가 제대로 뻗어 나가면 거기서 자연스레 열매도 맺고 잎도 생겨난다. 줄기가 목표라면 열매는 그 결과물이다. 따라서 인생헌장이라는 뿌리를 튼튼히 하면 목표인 줄기가 튼튼해지고, 달콤한 열매인 결과 또한 알차게 들어찬다. 뿌리와 줄기 없이 열매가 맺지 못하듯이 미리 열매부터 딸 생각을 해서는 안 되고 어떻게 뿌리와 줄기를 튼튼하게 할 것인가를 먼저 생각해야 한다.

나의 인생헌장이 나(신체와 정신)의 바른 기운의 연장선상에 있듯이 나의 목표 또한 인생헌장의 연장선상에 있다. 결국 나의 바른 기운, 인생헌장, 목표는 서로 밀접하게 연결되어 있다. 이는 신체와 정신에 흐르는 기운을 바르고 튼튼하게 가꾸고 키워서 기본 힘을 축적시킨 다음, 나를 관찰하여 인생헌장을 확립하고 인생헌장의 바탕 위에 목표를 정해서 나라는 인간의 인생흐름을 설정해야 한다는 의미이다.

삶에 있어서 인생헌장 - 목표가 없다면,

첫째, 우주의 생명원리와 어긋나는 인생이 된다. 움직이고자 하는 방향이 없기 때문이다. 원자들의 끊임없는 움직임의 결합에 의해 형성된 세포, 그 세포들의 전향적인 움직임을 통해서 생성된 생물과 사람은 움직이고자 하는 방향이 없을 때, 그 생명력을 잃게 되고 존재가치를 잃게 된다. 생명의 근본적인 출발은 앞을 향해 움직이는 것으로부터 출발했고 앞이라는 방향은 바로 우리네 삶에 있어서 목표임을 이해한다면 이는 부정할 수 없는 삶의 원리라 할 수 있다.

둘째, 막스 보른의 '전자의 파동함수붕괴 이론'과 리처드 파인만의 '경로합 이론'이 보여주는 양자역학적 물리법칙에 어긋나는 인생이 된다.

먼저 막스 보른의 '전자의 파동함수붕괴 이론'을 기억을 일깨우는 차원에서 다시 언급하면, 우리는 전자가 어디에 존재하고 있는지를 확률(%)로밖에 알 수 없다. 전자는 관측되기 이전에는 파동의 형태로서 '무수히 많은 곳'에 확률로서만 존재하고 있기 때문이다. 그러다 어느 지점, 어느 한 곳에 있는 전자를 관측한 즉시 다른 곳에 파동으로서 존재할 확률은 모두 없어짐과 동시에 전자는 파동의 성질을 버리고 입자로 그 모습을 드러낸다.

이러한 원리는 우리의 일상행동에서도 오류 없이 적용된다. 내가 오늘 오후 1시에서 4시까지 당구를 칠 확률이 60%이고 테니스를 할 확률이 40%라고 가정하자. 이러저러한 사유에 의해서 결국엔 확률이 높은 당구를 치게 된다. 그러는 순간 내가 테니스를 할 확률은 사라진다. 당구와 테니스를 동시에 할 수 없지 않은가? 하나의 목표를 선정해 매진한다는 사실은 분산되어 있던 나의 에너지를 결집시키는 역할을 하는 것이다.

원래는 내가 아무 것도 하지 않은 상태에서 당구는 60%, 테니스는 40%의 확률로만 존재하고 있을 터이다. 그런데 내가 60%의 가능성을 갖고 있는 당구를 선택하면 테니스에 쏠려 있는 40%의 가능성이 당구에 힘을 실어주어 100%가 되는 것이다. 다른 여타 가능성의 상황들이 선택을 도와주고 있는 것이다. 에너지를 몰아주고 있는 것이다. 숫자 놀음같이 들리는가? 말장난같이 들리는가? 결코 아니다!

여기에 파인만의 '경로합 이론'이 해답을 준다. 이해의 편의를 위해서 독자들은 다음의 설명을 보면서 그 상황을 머릿속에 찬찬히 그리면 좋을 것이다.

맨 왼쪽에 전자발사기가 있고 맨 오른쪽에는 하나의 스크린이 펼쳐져 있으며 전자발사기와 스크린 사이에는 스크린과 같은 형태의 판자가 설치되어 있다. 이 판자에는 판자를 따라 수직 형태로 뚫린 두 개의 슬릿(수직 상태의 기다란 구멍)이 일정한 간격을 두고 있다. 우리는 왼쪽의 전자발사기에서 발사된 딱 한 개의 전자가 중간에 있는 두 개의 슬릿 중 어느 슬릿을 통과하여 오른쪽의 스크린에 도착하는지 알아보기 위해 실험하는 중이다.

"파인만에 의하면 전자발사기에서 발산된 개개의 전자들은 두 개의 슬릿을 동시에 모두 통과한다. 무슨 뚱딴지같은 소리냐고 당장 반박하고 싶겠지만 조금만 참아주기 바란다. 전자발사기에서 발사된 전자는 스크린에 도달할 때까지 '모든 가능한 경로들을 동시에' 지나간다. 전자는 왼쪽 슬릿을 통과하면서 '동시에' 오른쪽 슬릿을 통과하기도 한다. 그런가 하면 처음에는 왼쪽 슬릿을 향해 가다가 도중에 갑자기 방향을 바꿔서 '동시에' 오른쪽 슬릿을 통과하는 경우도 있다. 그리고 발사된 후에 머나먼 안드로메다 성운을 한 바퀴 돌고 와서 왼쪽 슬릿을 통과하는 경로도 있을 수 있다. 물론 이보다 더 먼 경로도 얼마든지 가능하다.

파인만의 설명에 의하면 전자는 출발에서부터 도착지점 사이에 놓여 있는 모든 가능한 경로들을 '동시에' 다 지나간다. 하나의 전자가 스크린상의 특정 지점에 도달할 확률은 중간에 있는 모든 가능한 경로의 확률을 더하여 구해진다고 이해하면 된다. 이것이 바로 그 유명한 파인만의 경로합 이론이다."(《엘러건트 유니버스》, 브라이언 그린)

참으로 황당하고 터무니없는 내용이라는 생각이 들지 않는가? 그렇지만 파인만의 경로합 이론은 실험결과와 정확하게 일치하고 있어서 자연 자체가 원래 터무니없는 존재였다는 사실을 받아들일 수밖에 없다고 브라이언 그린은 파인만의 말을 인용하면서 이야기한다. 또한 그는 한편으로는 터무니없는 체계라는 이 양자역학을 거시세계인 우리의 실물세계에 적용해도 그대로 맞아떨어진다고 말한다. 이를테면 야구공이나 비행기, 행성 등 원자보다 큰 거시적 물체들의 움직이는 경로도 사실은 '모든 가능한 경로들 중 대부분이 서로 상쇄되어 없어지고 단 하나의 경로만이 남은' 결과라는 것이다.

부연 설명하자면 이렇다. 우선, 전자는 파동의 형태로 '무수히 많은 곳'에 확률상태로 이곳저곳에 존재하고 있음을 기억하라. 그래서 전자가 관측을 당하기 전에는 파동의 모습으로 모든 가능한 길을 다 동시에 갈 수 있다. 그러다가도 우리가 어느 슬릿을 통과하는지 알아내기 위해 광자를 쏘아 관측을 시도하면 광자가 가지고 있는 에너지에 영향을 받아 관측당하는 순간부터 모든 가능한 길이 관측된 딱 하나의 길로 모아지고 전자는 그 길을 간다는 것이다.

관측되기 이전에 가능한 모든 길을 갈 때는 파동의 형태로 가다가 관측당하면서부터는 입자로 바뀌어 하나의 길을 간다는 것이다. 이 현상은 이중슬릿 실험에서 명확하게 밝혀졌다! 여기서 경로합이란 모든 가능한 길의 확률을 합한 결과를 말한다.

거시세계의 언어로 바꿔 말하면 파동상태에 있을 때는 '무수히 많은 길'에 분산되어 확률적으로 분포해 있다가 입자상태에 있을 때는 딱 하나의 길로 집중된다는 의미이다. 우리 몸은 거시세계에서 입자상태로 있으니까 야구공의 경로든 비행기의 경로든 딱 한 가지 경로만을 갈 수밖에 없지만 우리 생각은 미시세계에서 파동상태로 있으니까 여러 가지 경로를 거칠 수 있다는 해석이 가능하다. 그러다 결심을 굳히고 움직임으로 이행하는 순간 딱 하나의 경로만을 선택하게 된다. 그래서 움직임이 중요하다. 움직이기 전까지는 여러 가지 가능한 길이 파동상태로 확률적으로 산만하게 존재할 뿐이기 때문이다. 자, 독자는 아직도 숫자놀음이라고 생각하는가?

나는 이 현상이 바로 우리가 목표로 하는 일을 선정하는 데 그대로 적용된다고 본다. 앞서 말한 테니스와 당구 이야기가 그것이다. 우리의 현실세계에서 전자의 파동함수와 경로합 이론은 내가 어떤 대상을 생각하고 행동에 옮기는 즉시 그 대상에 대한 실현 가능성을 나의 의지대로 바꿀 수 있다는 현상을 강력하게 보여준다. 나를 둘러싸고 있는 양자장에서 다른 모든 가능성의 확률이 사라지고 내가 선택한 상황으로 에너지의 흐름이 몰리는 물리현상이다. 이는 곧 내가 어떤 행동을 하느냐에 따라 내 의지대로 상황을 전개할 수 있는 기초환경이 형성된다는 엄연한 사실인 것이다.

'이 기초환경을 당연한 자연현상으로 여기지 말고 자연환경이 나에게 나의 의지대로 가라는 힘을 듬뿍 안겨주고 있으니 자꾸 이랬다저랬다 하지 말고 나의 결심을 초지일관하는 정신을 십분 살려라' 하는 메시지를 전자의 파동함수와 경로합 이론이 전달하고 있다는 말이다. 거듭 강조하건데 독자는 이 부분을 무심히 흘려들어서는 안 된다. 양자적 물리현상은 우리의 일상생활에서 선택과 집중을 계속 강조하고 있기 때문이다. 불확정성 원리가 그렇고 경로합 이론이 그렇다.

현실세계에서 드러난 많은 예들을 보더라도 그렇다. 이거 했다 저거 했다, 이리 갔다 저리 갔다 하는 사람들이 사회적으로 성공한 경우가 있는가?

이를테면, 내가 당구를 치면서 자꾸 테니스 생각을 하면 어떻게 될까? 에너지가 분산되어 결국엔 당구를 제대로 잘할 수 없을 것이다. 이런 경우 테니스는 테니스대로 못하면서 당구는 당구대로 '잘' 못하게 되는 결과를 낳는다. 여기서 '정돈되고 균질하게 응축된 생각'의 개념을 다시 기억해보자. 진정어린 열정, 멈춤이 없는 줄기찬 끈기. 일관하는 믿음, 그리고 실천으로 이어지는 움직임의 4요소 중 앞의 세 가지가 다 없게 되는 것이다. 파인만의 경로합 이론과 생각에너지의 밀도 및 질량 측면에서 보아도 결론은 마찬가지임을 알 수 있다.

그렇다면 이제 앞에서 말한 전자 파동함수붕괴이론과 경로합이론이 우리의 삶인 현실세계에서 실제로 어떤 효과를 발휘하는지 살펴보자. 앤서니 라빈스가 그의 저서 《거인의 힘, 무한능력》에서 인용한 예일대학교 졸업생들에 대한 목표설문조사의 결과를 통해서 상기 두 물리이론이 어떻게 목표의 힘을 뒷받침해주고 있는지 살펴보겠다.

1953년, 미국의 예일대학교는 그 해 졸업생들에게 어떠한 목표를 가지고 사회에 진출하는지를 알아보았다. 그 결과 답변 학생 중 3%만이 글로 작성한 구체적인 목표를 갖고 있었고 27%는 구체적인 목표조차 갖고 있지 않았으며 60%는 그저 막연한 목표를, 그리고 10%는 다소 구체적이기는 하나 생각만 있고 글로 적어서 갖고 있지는 않았다고 한다.

이러한 조사를 토대로 예일대학교는 20년 후에 그 졸업생들의 생활상태를 추적 조사했는데 놀랍게도 구체적인 글로 작성된 목표를 가졌던 3%의 졸업생들이 현재 보유한 재산이 나머지 97%의 졸업생들이 보유한 재산의 총합보다 많았을 뿐 아니라 행복과 기쁨 지수에서도 더 높았다는 것이다.

그러니까 구체적이고 현실적인 목표를 갖고 있으면 실현성이 훨씬 높아진다는 사실을 위 설문 결과가 잘 보여주고 있다. 목표를 막연히 갖고 있으면 목표를 이루고자 하는 의지가 별로 일어나지 않는다는 것이다. 이는 위 실험뿐 아니라 나의 경험이고 관찰의 결과다. 내가 구체적인 목표를 글로 적어서 수시로 보며 소리 내어 읽으면 자기 자신을 닦달하는 효과가 생겨 새록새록 각오를 굳게 다지는 결과를 낳는다. 또한 실현될 것이라는 희망도 덩달아 커지고 그에 따라 의지도 의욕도 커지는 효과가 있다. 글로 적은 목표를 갖고 있었던 예일대학교 졸업생들도 바로 그러한 상승효과로 인해서 목표를 향해 실천적 행동으로 매진할 수 있었다고 나는 단언할 수 있다.

이 설문조사에서 우리가 유의해서 보아야 할 점은 3%의 학생들은 '글로 작성된 구체적 목표를 갖고 있었고, 10% 학생의 경우도 구체적인 목표를 갖고 있기는 했지만 생각의 형태로 갖고 있었고 글로 작성되지는 않았다'는 대목이다. 글로 적은 목표를 갖고 매일 소리 내어 읽으면서 자신의 각오를 다졌는지 여부가 바로 3% 학생들과 10% 학생들의 차이를 가르는 분수령이 된 것이다. 〈성취신념을 다진다〉편에서 오랜 역사를 거쳐 나름대로 자신이 추구한 바를 성취한 사람들의 경우를 떠올려보라. 모두가 목표로 하는 내용을 매일매일 글로 적어서 크게 읽었거나 암송하듯이 매일매일 자신에게 말한 사실을.

다음의 이야기는 우리로 하여금 나이를 불문하고 목표를 갖는 것이 삶에서 매우 큰 의미가 있음을 절감케 한다.

'어느 95세 어른의 수기'

"나는 젊었을 때, 정말 열심히 일했습니다. 그 결과 나는 실력을 인정받았고 존경받았습니다. 그 덕에 63세 때 당당히 은퇴를 할 수 있었죠. 그런 지금 95번째 생일에 얼마나 후회의 눈물을 흘렸는지 모릅니다. 내 65년의 생애는 자랑스럽고 떳떳했지만, 이후 30년의 삶은 부끄럽고 후회되고 비통한 삶이었습니다.

'나는 퇴직 후 이제 다 살았다, 남은 인생은 그냥 덤이다'라는 생각으로 그저 고통 없이 죽기만을 기다렸습니다. 덧없고 희망 없는 삶…, 그런 삶을 무려 30년이나 살았습니다. 30년의 시간은 지금 내 나이 95세로 보면 3분의 1에 해당하는 기나긴 시간입니다. 만일 내가 퇴직할 때 앞으로 30년을 더 살 수 있다고 생각했다면 난 정말 그렇게 살지는 않았을 것입니다. 그때 나 스스로가 늙었다고, 뭔가를 시작하기엔 늦었다고 생각했던 것이 큰 잘못이었습니다.

나는 지금 95세지만 정신이 또렷합니다. 앞으로 10년, 20년을 더 살지 모릅니다. 이제 나는 하고 싶었던 어학공부를 시작하려 합니다. 그 이유는 단 한 가지, 10년 후 맞이하게 될 105번째 생일날, 95세 때 왜 아무것도 시작하지 않았는지 후회하지 않기 위해서입니다."(신동아, 2009.2.)

목표설정에는 열정을 불태우는 일이 들어가야 한다

새해가 되면 금년에는 무엇 무엇을 하겠다고 결심하지만 중도에 그만두는 사람들이 많다. 일례로 '금년에는 조깅을 하겠다, 일주일에 한 권씩 책을 읽겠다' 등의 결심을 하지만 얼마 못가 용두사미로 끝나버리고 언제 결심했느냐는 듯이 쉽게 잊어버린다. 또는 '지금부터 한 달 후에 시작하겠다, 6월 1일부터 시작하겠다' 등의 결심을 하는 것도 애초부터 실행할 의지가 없음을 내포하고 있는 것이다. 정작 한 달 후가 되거나 6월 1일이 되면 그간 몸 컨디션이 안 좋았다거나 집안에 신경 쓸 일이 많아서 그랬다거나 하는 핑계를 대며 다시 한 달을 미룬다. 그러나 이렇게 미루기 시작하면 끝이 없다. 계속 미루거나 나중엔 아예 생각조차도 안하게 된다.

이러한 맥락에서 볼 때, 목표를 설정했다가 미루거나 실천을 하지 못하는 이유는 목표를 설정할 때 어떤 절박함이나 간절함이 없어서 그렇다. 정돈되고 균질한 생각의 4요소 측면에서 보아도 생각에너지의 질량이 기준에 미달하기 때문이다. '이 목표를 이루지 못하면 나에게 크나큰 손해가 닥친다'거나 '이 일은 나에게 진정한 삶의 행복을 가져다준다'거나 하는 절대적 필요성이 있어야 한다. 다시 말해 내가 목표를 이루면 나 자신이 진정 기쁨과 희열로 충만한 상태가 될 수 있어야 한다는 그런 목표라야 한다.

'빅뱅'이라는 아이돌 그룹의 성공기를 보아도 이와 같은 맥락이 보인다. 그들은 연습생 시절에 6년여 동안 하루 12시간씩 춤, 노래, 웨이트 트레이닝, 외국어를 포함한 18개의 레슨을 소화하는 스파르타식 훈련을 견디어 냈다. 그만큼 힘든 훈련을 극복할 수 있었던 근원적인 힘은 그들이 춤과 노래를 매우 좋아했었다는 사실에 있다.

이를테면 멤버 중 한 명인 대성은 음악을 한다고 집에서 벌거벗긴 채로 쫓겨난 적도 있었지만 끈질기게 부모님을 설득했다든지, 태양은 연습한 양에 비해 자신의 실력이 늘지 않으면 자신에 대한 분노를 참을 수 없었다든지, 또 다른 멤버인 TOP은 미칠 정도로 좋아서 스스로 선택한 결정이었기에 후회하지 않는다와 같은 것들이 이를 잘 보여준다. 그들은 춤과 노래를 통해 자신들의 삶을 행복으로 이끌 수 있다고 한 치의 의심 없이 믿었기 때문이다.

대전시청 세미나실에서 대전 주부교실 주최로 열린 '경력단절 여성의 재취업 및 성공사례 발표회'에서 나온 '아줌마 판매왕' 김효선 씨의 성공 스토리를 예로 들어본다.

자칭 '뚱뚱하고 못생긴, 아무 것도 할 줄 몰랐던' 김효선 씨도 여느 주부처럼 평범한 전업주부였다. 그러다 어떤 계기로 2003년에 화장품 판매 전선에 뛰어들었다. 처음 3개월간은 주변의 아는 사람들을 상대로 화장품을 팔아서 그럭저럭 버텼다. 하지만 친구나 일가친척이 무한정 팔아줄 수 있는 것도 아니어서 한동안은 막막하게 회사와 집을 왔다 갔다 하는 무의미한 출퇴근만 되풀이하다가 어느 날 동료들의 매출액이 자신보다 2배 이상 높은 사실을 알고는 자존심이 상한 나머지 마음을 강하게 다져 먹었다.

더 이상 뒤로 물러설 수 없게 된, 벼랑 끝에 서 있는 절박한 상황에서 자신의 지난 상황을 되돌아보았다. 그 순간 어렵게 시작한 일인데 중간에 그만둘 수 없다는 결심을 다지게 되었고, "하루에 단 한 개만이라도 팔아보자"라는 자신만의 목표를 세웠다. 나름대로 목표에 대한 절박한 심정이 스며들기 시작했고, 나아갈 목표가 정해지다보니 남들보다 일찍 출근해 일을 시작하고 심지어는 화장실에서도 판매할 제품에 대해 철저히 공부했다.

단단한 결의와 상품에 대한 전문지식으로 무장한 김효선 씨는 친인척 위주의 '아는 사람 판매'에서 벗어나 다른 지역, 건물, 회사로 방문

지역을 확대하여 '모르는 사람' 위주로 판매활동을 했다. 이런 식으로 목표의식을 갖고 일에 매달리다보니 어느덧 화장품 판매 연간매출이 8천여만 원에 이르는 판매왕이 되었다(동아일보, 2008.10.1.).

이 아줌마 판매왕의 이야기를 통해서 우리는 열정을 불러일으킬 수 있는 목표, 내면으로부터 끌어 오르는 열정이 바탕이 된 목표를 설정하는 것이 삶에 있어서 얼마나 큰 의미를 갖는가를 다시 한 번 인식하게 된다.

세계적인 팝가수 마돈나도 특별한 재능은 타고나지 못했지만 분명한 목표의식과 꺾이지 않는 끈기로 성공한 사람이다. 그녀는 1980년대 암울한 날들이 계속되면서 쓰레기통에서 나온 통조림으로 연명하는 생활을 하기도 한다. 단돈 25달러를 받고 누드모델로 일하기도 한다. 포르노를 방불케 하는 마돈나의 전신누드 사진은 그녀가 20세 때 무명 댄서로 어렵게 생활하던 시절인 1979년 사진작가 '리 프리랜더'에 의해 촬영되었으며 1985년 플레보이 잡지에도 실린다.

리 프랜더에 의하면 그 시절 마돈나는 밴드를 하기 전이었는데 언젠가는 밴드를 할 것이라고 말했다고 한다. 아버지의 도움을 받아 디트로이트로 돌아갈 수도 있었지만 마돈나는 맨해튼에 남아 연예인이 되려는 목표를 결코 포기하지 않고 연습에 매진하고 매진하여 오늘날 우리가 알다시피 세계적인 가수로 성장했다. 가수로 성공하겠다는 근원적인 열정이 통조림 연명과 누드모델 생활에서 발생하는 여러 가지 험한 난관을 이겨내도록 만든 것이다.

위의 세 가지 예를 통해서 우리는 열정이 '정돈되고 균질하게 응축된' 생각의 기본적인 역할을 하고 있음을 알 수 있다. 열정이 있으면 우선 목표를 향해 매진할 수 있는 에너지가 모인다. 그 다음에 이 열정의 생각이 변함없는 믿음으로 일관하여 지속됨을 알 수 있다. 일관하는 믿음이란 추호의 의심도 없는 믿음으로서 목표를 이루겠다고 하는 결연한 의지의 지속이라고 할 수 있는데, 이는 '멈춤 없는 끈기'와 결합하여 늘 일정한 생각파동을 형성케 함으로써, 자신의 생각에너지의 밀도를 높임과 동시에 외부로도 일정한 파장을 발산하여 외부의 유사파동들에 대한 공명흡수작용을 일으키며, 이를 통해서 나의 목표성취에 유리한 상황을 열게하는 데 도움을 얻을 수 있게 한다.

멈춤 없는 끈기가 그 다음에 이어진다. 몸의 모든 에너지를 동원해서 어느 기간 동안 그 목표를 향해 매진할 수 있는지가 중요하다. 나의 에너지의 총합이 10이라고 할 때, 처음 일주일간은 힘이 넘쳐서 10의 에너지를 쓰다가 그 다음 일주일은 지쳐서 아예 쓸 에너지가 없으면, 이는 에너지의 흐름에 멈춤현상을 일으킨다. 생각질량 형성이 중단되므로 도움을 줄 수 있는 사람들에게 다가갈 수 있는 공명증폭 현상이 일어나다가 멈추게 되는 것이다. 끈기는 멈춤이 없이 발휘되어야 한다.

여기에 더하여 가급적이면 10의 에너지를 썼으면 계속해서 10의 에너지를 변함없이 써야 한다. 처음 일주일은 10, 그 다음 일주일은 4, 또 그 다음 일주일은 8 이런 식으로 끈기는 있게 버티지만 목표의 성취를 쉬엄쉬엄 하는 식으로 처리해서 에너지 흐름의 변동 폭이 너무 크면 거기서도 생각질량의 형성이 이루어지지 않는다. 내부에서 파동들이 산만하게 '왔다갔다' 하는 현상에 의해 공명이 일어나지 않아 질량이 차곡차곡 정돈되게 쌓이지 않고 또 균질하게 응축될 수가 없기 때문이다.

빅뱅, 아줌마 판매왕, 마돈나의 사례들은 진정어린 열정을 바탕으로 일관하는 믿음과 멈춤 없는 끈기를 더하여 움직여만 원하는 것을 성취할 수 있음을 다시 한 번 확인시켜 준다.

목표는 현실적으로 성취할 수 있어야 한다

자신의 능력의 관점에서 볼 때, 내가 최대 노력으로 매우 열심히 일하면, 나의 한계 능력까지 다 동원하면, 소위 젖 먹던 힘까지 다 동원하면 도달할 수 있는 그러한 목표를 세워야 한다. 내가 아무리 노력해도 도달할 수 없는 것을 목표로 삼으면 그것은 꿈속에서나 생각할 수 있는 목표이거나 공상이지 현실적인 목표는 아니다.

이러한 측면에서 봤을 때 2009년 세계피겨선수권 대회에서 우승한 세계적인 피겨 여왕 김연아의 목표설정은 많은 귀감이 된다. 김연아는 목표를 잡을 때 우선 자신이 처한 현실을 직시한다고 한다. 현재 상황에서 자신의 실력에 부담되는 목표를 잡지 않는다는 말이다. 자신의 실력을 과신해서 목표를 높게 잡지도 않고 지레 겁먹고 목표를 낮게 잡지도 않는 그때그때 매우 현실적인 목표를 설정해서 그 목표에 총력으로 몰입한다는 것이다.

〈주변환경과 나를 관찰한다〉편에서 나의 앞길에 영향을 미치고 있는 주변에서 어떤 상황이 일어나고 있는가를 살펴본 것도 현실 속에서 나를 관찰하고자 함이다. 나의 강점을 살리고 약점을 보완해서 나에게 일어나고 있는 기회요인은 어떤 것들이 있는가를 우선 분석한 이유가 여기에 있다.

나의 목표가 주변 여건과 능력으로 볼 때 현실적이고 구체적인가를 면밀히 살펴보라는 말이다. 내가 어떤 일을 단지 좋아하는 것과 진정 그 일을 잘할 수 있는 것에는 차이가 있다. 많은 사람들이 '노래 부르기'를 좋아하지만 그 많은 사람들이 다 가수가 되지는 못한다. 내가 진정 좋아하고 내가 젖 먹던 힘까지 내어서 노력하면 달성할 수 있다는 판단이 섰을 때 그쪽으로 매진하면 분명 길은 열린다. 그러나 현실적으로 내가 얼마나 노력하면 그것을 젖 먹던 힘까지 다 썼다고 당당히 말할 수 있는 것인지 불투명한 경우가 많다.

하지만 통계적으로 뚜렷한 수치를 제공한 조사결과가 있다. 즉 '내가 적어도 10,000시간 동안 그 목표를 달성하기 위해 전심전력을 다할 수 있는가'가 관건이다. 말콤 글래드웰은 저서 《아웃라이어》에서 말한다. 대다수 성공한 사람들에게 그들의 타고난 능력이 성공에 큰 역할을 한 것은 분명하지만 그것만으로는 부족하다. 글래드웰은 베를린 음악 아카데미 학생들을 대상으로 1990년대 초에 발표한 심리학자 안데르스 에릭손의 연구결과를 소개하고 있다.

이 연구는 우선 음악 아카데미 학생들인 바이올리니스트들을 세 그룹으로 나누어서, 각 그룹의 학생들에게 "처음으로 바이올린을 집어든 순간부터 지금까지 얼마나 많은 연습을 해왔는가?"라는 똑같은 질문을 했다. 그룹의 분류기준은 장래에 세계 수준의 솔로 연주자가 될 수 있는 엘리트라는 평가를 받은 학생들, 그냥 잘한다는 평가를 받은 학생들, 프로급 연주를 해본 적이 없는 공립학교 음악교사가 꿈인 학생들의 세 가지였다.

세 그룹에 속하는 학생들은 모두 대략 다섯 살 전후에 연주를 시작했는데 그룹 간 결정적인 차이를 가져온 것은 바로 연습시간이었다. 스무 살이 되었을 때 '엘리트' 학생들은 10,000시간을 연습했고 그냥 잘하는 학생들은 8,000시간, 미래의 음악교사가 목표인 학생들은 4,000시간을 연습했다는 것이다. 이 연구자들은 다시 프로 피아니스트들에 대해서도 조사했는데 그 결과는 마찬가지였다. 프로 피아니스트들도 10,000시간을 꾸준히 연습했다는 것이다.

말콤 글래드웰은 이와 같은 연습의 힘은 다른 분야에도 그대로 적용된다며 신경과학자인 다니엘 레비틴의 말을 다음과 같이 인용한다.

"작곡가, 야구선수, 소설가, 피아니스트, 체스선수, 숙달된 범죄자, 그밖에 어떤 분야에서든 연구를 거듭하면 할수록 이 수치를 확인할 수 있다. 10,000시간은 하루 3시간, 일주일에 20시간씩 10년간 연습한 것과 같다. … 그러나 어느 분야에서든 이보다 적은 시간을 연습해서 세계수준의 전문가가 탄생한 경우를 발견하지는 못했다. 어쩌면 누뇌는 진정한 숙련자의 경지에 접어들기까지 그 정도의 시간을 요구하는지도 모른다."(《아웃 라이어》, 말콤 글래드웰)

아이돌 그룹 '빅뱅' 멤버들이 지난 6년간 연습한 시간이 이 10,000시간을 초과하는지 알 수는 없으나 중요한 점은 그들도 엄청난 연습을 했다는 데 있다. 이러한 연습은 바로 자신이 선택한 분야에서 얼마나 뜨거운 열정을 갖고 노력에 노력을 하느냐는 문제와 그대로 직결된다.

이 통계 수치가 제시하는 10,000시간은 세계수준의 전문가, 마스터를 경계 짓는 연습시간임을 감안하면 내가 나의 목표를 세계수준에 두느

나, 국내에 한정하느냐, 한 조직 안에 두느냐에 따라 어느 정도 적정한 연습시간 또는 노력시간을 나름대로 계산해 보아야 한다. 아니면 현실적인 나의 상황을 고려해서 역으로 내가 얼마나 오랫동안 연습이나 노력을 할 수 있을까를 따져서 자신의 목표의 크기를 산정할 수도 있다.

이 10,000시간이 갖는 의미는 매우 크다. 그만큼 인생에 공짜란 없다는 현실을 절감하게 한다. 우주의 원리가 현실세계에 한 치의 어긋남도 없이 적용되고 있는 것이다. 기회니 행운이니 하는 상황도 10,000시간이라는 시간적 노력의 끈질김과 관련이 있다. 10,000시간을 내가 얼마나 매우 진지하게 받아들이고 노력하느냐에 따라 나의 생각파동과 질량의 힘이 어느 정도 작용할 수 있을 것이냐가 결정되어 행운과 기회의 크기가 결정되기 때문이다.

목표는 인생헌장체계와 부합되어야 한다

나의 각각 목표마다에는 마음 깊은 곳에서 우러나오는 분명한 나만의 이유가 있어야 한다. 목표를 성취했을 때 수반되는 기쁨과 희열에 대한 분명한 이유가 있어야 하고 그 이유가 자신이 세운 인생헌장에 적합한지 여부를 따져서 밝혀야 한다. 자신의 인생헌장에 부합되지 않는 목표는 단지 끼니를 때우는 목표로 전락할 뿐 지독한 끈기로 매진해야 할 열정을 불러일으키지 못한다. 왜냐하면 인생헌장에 부합되지 않는 목표는 자신의 본래 진면목과 일치하지 않아 자신의 내적 에너지 분출이 일어나지 않기 때문이다. 내적 에너지의 분출이 없으므로 생각질량도 낮아져 그만큼 주변사람들에게 미치는 영향력이 미약해진다.

이를테면 나의 목표가 직장에서 3년 이내에 이사가 되는 것이라면 이사가 되면 내가 기쁜지 스스로 정확하게 답할 수 있어야 한다. 3년 이내에 이사가 못되면 현 회사에서 물러나야 한다는 절박함이 있다든가, 3년 이내에 이사가 되어야 그 다음 자리로 승진할 수 있는 자격을 얻어 좀 더 큰 책임을 맡아서 내가 가지고 있는 능력을 최대한 발휘하여 회사 발전에 더 기여할 수 있다와 같은 명확한 이유가 있어야 한다. 단지 동료나 친구들보다 빨리 진급하여 나를 좀 과시하고 싶다는 마음이 조금이라도 들어간다면 이러한 목표는 애초부터 갖지 않는 것이 좋다.

이러한 목표는 자신과 타인에 대한 진실한 마음이 작용하지 않아서 자신으로부터 진정한 열정이 나오기도 힘들지만 타인에게 그 의도가 자신도 모르게 쉽게 노출되어 그들의 협조를 필요로 하는 일에 협조를 잘 받지 못하게 된다. 예를 들어 이사가 되고자 한다면 우선 자신의 능력에 대한 면밀한 관찰로 자신에게 이사가 합당한 자리인가라는 냉철한 판단이 전제가 되어야 한다. 단지 남보다 앞서려는 무리한 과시욕으로 이사가 되고자 한다면, 이러한 과시욕은 남에 대한 시기나 질투로 마음을 분산시키고, 생각파동도 이곳저곳으로 분산된다. 따라서 생각질량의 밀도도 미약해서 해야 할 일에 잦은 실수를 하게 되고 일도 잘 못하게 된다.

이처럼 '남이 하니까 나도 한다'는 식의 목표나 누군가의 압력에 의해 세운 목표는 마음 깊은 곳으로부터 우러나오는 목표가 아니므로 당연히 그 목표에 도달하기 위한 행동도 건성건성 되기 십상이고 따라서 결코 목표를 달성하지 못한다. 설사 달성되었다고 해도 잠시일 뿐이고 얼마 가지 않아 그 목표로부터 벗어나거나 탈락하고 만다.

목표가 인생헌장체계에 부합해야 열정으로 매진할 수 있다는 당위성이 실효적으로 입증되는 두 가지 사례를 소개한다. 제15기 소방간부후보생 졸업 임용식에서 대통령상을 수상한 32세의 정숙경 소방위에 관한 이야기다.

> 정숙경 씨는 2004년 결혼 후 전업주부로 지내다 2007년 1월 남편이 다니던 직장을 그만두고 소방공무원이 되면서부터 남편과 남편 동료들의 헌신과 노고에 강한 감동을 받았다. 자신도 그와 같은 헌신과 노고로 국가에 봉사해야겠다는 결심을 다지고 소방간부후보생 시험 준비에 들어갔고 충남 논산의 시댁에서 1년간 4살배기 딸을 돌보며 시험 준비에 매진하여 45.6대 1의 치열한 경쟁을 뚫고 합격했다.
>
> 시험에 합격한 1년간은 중앙소방학교에서 합숙을 하면서 수상, 산악, 항공 구조훈련을 받는 등 체력적으로 많은 힘이 들었지만 보약까지 먹고 자신의 목표의식을 불태우며 그 힘든 육체적 훈련과정을 마치고 마침내 대통령상까지 수상하였다. 훈련을 통해 자신에 대한 보람과 동료들에 대한 동료애를 다질 수 있었으며 향후 소방시설 점검과 검사에 자신의 최대의 노력을 쏟을 계획을 갖고 있다고 말한다(중앙일보, 2009.3.11.).

정숙경 씨는 남편과 그의 동료가 보여준 국가에 대한 헌신과 노고에 감동을 받았고 그것을 자신의 인생헌장으로 삼아 소방관이 되겠다는 목표를 설정했다. 이는 바로 우리에게 인생헌장체계에 따른 타당한 목표가 무엇인지를 잘 보여주고 있고 또 인생헌장에 따라 자신에게 희열을 안겨줄 뚜렷한 목표의식이 확립되면 어떠한 난관도 극복할 수 있음을 잘 설명해준다.

2008년도 사법시험 3차에 합격한 35세의 정영미 씨의 소망성취사례도 우리에게 자신만의 인생헌장에 따른 이유가 명백한 목표의 힘을 알려준다. 다리가 불편한 아버지, 봉제공장에서 일하는 어머니를 둔 정영미 씨는 가정형편상 대학 진학을 포기하고 10급 검찰 공무원 시험에 응시하여 합격한다.

1993년 서울지검 형사2부에 배치된 정영미 씨는 자신의 꿈을 바꾸게 만든 계기가 된, 그 해 초임검사로 부임한 양부남 검사를 만나게 된다. 야근을 밥 먹듯이 하며 한 달에 300건이 넘는 사건을 처리하는 양 검사가 어느 날 경찰로부터 교통사고 한 건을 접수받는다. 늘 사건을 꼼꼼하게 살피는 양 검사는 뭔가 이상함을 직감한다. 담당 경찰을 불러 조사한 결과 경찰이 뇌물을 받고 피해자와 피의자의 기록을 바꿨다는 사실의 전모를 밝혀내고 그 경찰은 징계를 받는다.

사소한 일 하나도 자기 일처럼 꼼꼼히 살피는 양 검사가 어느 날은 폭력사건으로 입건된 고아 소년범을 삼촌처럼 따뜻하게 대해주며 검사의 재량으로 최대한 선처를 베풀어 그 소년의 마음을 돌린다. 이와 같은 양 검사의 정의로운 행동에 감명받은 정영미 씨는 '검사님처럼 훌륭한 법조인이 되어 돌아올게요'라는 말을 남기고 2년여 동안 일했던 검찰을 떠난다.

낮에는 음식점에서 일하고 저녁에는 대학입시 학원에 다니며 공부하여 1996년 숭실대에 입학한다. 하지만 아버지 병세가 악화되어 보험회사 상담원 등 닥치는 대로 일을 했다. 2001년 독한 마음을 먹고 신림동 고시촌에 들어가 강의 테이프를 들으며 주경야독한 지 7년, 올해 드디어 2차 사법시험에 합격했다(동아일보, 2008.11.25.).

무슨 추가 설명이 필요하랴. 양 검사님처럼 훌륭한 법조인이 되겠다
는 인생헌장에 따른 목표의식 하나가 내면의 열정을 불러일으킨 원동
력이 아닌가? 시험에 합격하기까지 발생한 그 모든 어려움을 극복하게
만든 원동력이 아닌가?

목표가 불확실하면 현재 할 수 있는 일부터 해야 한다

내가 뚜렷하게 좋아하는 것이 무엇인
지 잘 알아도 현실적인 여건을 고려할
때 이루어질 가능성이 희박하다고 생각되거나 아직까지도 어떤 것을
목표로 삼아야 할지 잘 떠오르지 않는 경우에는 차선책으로 현실적으
로 내가 제일 잘할 수 있는 일을 멈춤 없는 끈기와 일관된 자신에 대한
믿음을 갖고 수행한다.

모든 사람이 처음부터 뚜렷한 목표를 가지고 인생을 시작하거나 살
아가지는 않는다. 어떤 연유로 단지 생계만을 위해 직업을 선택해 일
하고 있다가 어떤 일을 계기로 문득 떠오르는 자신에 대한 깨달음이
있다. 살아가다 보면 어느 순간 자신에게 적합한 무언가를 깨닫게 된
다. 이것은 멈춤 없는 끈기와 일관된 믿음으로 주어진 일을 지속했을
때 자연스럽게 찾아온다. 찾아온다기보다는 내가 그간 축적해 놓은 질
량의 힘으로 기회를 끌어오는 것이다. 따라서 그다지 열정에 부합하지
는 않다고 해도 주어진 상황에서 내가 동원할 수 있는 총 에너지를 끌
어내도록 해야 한다.

이를테면 22년간 광고업계에서 일하면서 세계 3대 광고제 중 하나

인 '칸 광고제'에서 은사자상, '뉴욕 광고페스티벌'에서 금상을 받기도 한 최혜정 씨가 광고회사를 떠나 '세이브 더 칠드런(Save the Children)'이라는 NGO로 이직한 경우가 그렇다. 최혜정 씨는 어느 날 장애인 봉사활동에 참가하여 방문자를 맞이하기 위해 교회 문 앞에 서 있었는데 교회 담당자가 다가와서는 '최혜정 씨 얼굴이 너무 긴장되고 어두워서 방문하는 사람들이 불편해 할 것 같아서 그러니 부엌에 가 있는 것이 좋겠다'는 제의를 받고 심각하게 자신에 대한 생각을 하게 된다. '내가 도대체 어떻게 살고 있나? 지금 내가 진짜 나의 모습으로 살고 있는가? 나만의 속도감으로 살고 있는가?라는 질문을 그때부터 하게 되었다.

이후 다니던 광고회사를 그만두고 마음 가는 대로 관심사를 공부하다가 우연히 신문에서 희망제작소의 '제1회 행복설계 아카데미' 모집광고를 발견하고 이 과정을 수료한다. 그녀는 희망제작소 간사의 우연한 소개로 '세이브 더 칠드런'이라는 NGO에서 일하게 된다. 애초에는 대안학교 같은 곳에서 상처받은 아이들을 가르치고 싶었다는 최혜정 씨는 광고회사를 떠날 때는 NGO를 상상도 하지 못했건만 궁극에는 자신이 평소에 하고 싶었던 길로 들어서게 되었다고 한다. '세이브 더 칠드런'이라는 NGO도 아프리카에 있는 아이들을 보살피는 일을 하는 기구이기 때문이다(동아일보, 2009.2.25.).

최혜정 씨는 광고회사에서의 일이 자신의 근원적인 열정을 끌어낼 수 있는 일은 아니었지만 현재 주어진 일에 믿음과 끈기로 지속함으로써 그 일과 관련하여 장애인 봉사활동 프로그램에 참석하는 계기를 얻게 되었다. 이는 앞에서 말한 생각질량과 행운과의 관계와 같은 것

이다. 주어진 일에 자신의 총 에너지를 동원하여 매진하면 몸이 갖는
총 질량이 우연한 기회에 자신에게 도움을 주는 행운을 끌어들이는
것이다.

목표는 글로 나타내서 매일 읽을 수 있어야 한다

글로 적은 인생헌장과 목표는 나의 생각과 의지를 더욱 분명하게 밝혀주고 숱하게 겪어야 하는 삶의 난관들 속에서 나의 의식을 또렷하게 밝힌다. 다음의 예가 이를 잘 보여준다.

서울 봉래초등학교 6학년 학생들은 졸업식을 100일 앞두고 선생님들로부터 《100일간의 행복여행》이라는 책을 받는다. 그 책을 받은 학생들은 책 곳곳에 담겨 있는 빈 칸에 자신의 장래 목표를 한 가지씩 적어가도록 돼 있다. 이 책은 학생들이 자신의 목표를 주변사람과 상의하고 글로 적는 과정을 통해 자연스럽게 자신의 미래를 설계하도록 만들어진 목표탐구 과정이라고 할 수 있다. 학생들은 책을 통해 자신을 되돌아보는 시간을 갖게 된다. 자신의 교우관계, 인사성, 돈 씀씀이, 생활태도 등에 관련된 자신의 행동반응을 살펴보면서 자신이 어떠한 사람인가를 스스로 판단하게 된다. 그리고 그 책에는 또한 의사, 경호원, 백댄서 등 각종 직업에 관한 정보도 함께 실려 있어서 자신이 그 직업들과 얼마나 어울리는지 생각하도록 이끈다.

처음 책을 받았을 때 '의사가 돈을 많이 버니까 의사가 되겠다'고 쓴 이은주 양은 '100일 여행'을 거치면서 목표가 구체화되고 이유도

분명하게 바뀌어 '심장병 어린이들을 도울 수 있게 꼭 흉부외과 의사가 되겠다'고 적는다. 평소에 막연히 음악가가 되겠다고 생각한 이혜민 양은 '100일 여행' 후에 뒤에서 연주 전체를 조율하는 것이 자신에게 적합하다는 생각이 들어 드러머가 되겠다고 한다. 6학년 담임 백혜수 교사는 100일 여행 이전에는 학생들이 무조건 돈 많이 버는 일을 하겠다는 것이 대세였으나 이 여행 이후에는 사회공헌과 자아실현이 대부분이라고 말한다(동아일보, 2009.2.16.).

이《100일간의 행복여행》은 바로 내가 주장하는 목표탐구 과정을 그대로 말해준다. 우선 자신을 되돌아보는 과정이 앞에서 말한 자신만의 인생헌장을 확립하는 과정과 흡사하다. 설명만 다른 각도로 진행되었을 뿐이지 전체적인 과정의 측면에서 보면 똑같다.

또 한 가지 더욱 강조하지 않으면 안 될 점은 자신의 목표를 글로 적어 내려가는 과정이다. 즉, 자신을 되돌아보고 주변의 상황을 이해하는 일련의 과정이 학생들의 생각을 현실적으로 이끌게 했다면, 글로 적어가는 과정이 학생들로 하여금 자신의 목표를 진지하고 구체적으로 생각하게 만들었다는 점이다. 상상 상태에서 목표를 생각하면 그저 애매모호하게 뇌 속에 남아 있지만, 목표를 글로 한 자 한 자 적어내려가면 생각이 집중되고 글을 보면서 뇌에 반영되는 글의 시각적 효과로 다시금 생각을 가다듬을 수 있다. 목표를 글로 나타내는 것은 그만큼 자신에게 확실하고 뚜렷하고 단호한 의지를 전달할 수 있다. 목표는 반드시 글로 나타내라.

**목표는 반드시
일을 중심으로
정해야 한다**

앞에 열거한 내용을 잘 살펴보면 일관되게 전개되는 한 가지 공통점이 있다. 그것은 바로 '일'이다. '무슨 일을 할 것이고, 왜 그 일이어야 하는가?'처럼 일 중심으로 목표설정이 전개되었음을 독자들은 이미 파악했을 것이다. 앞장에서 우리가 SWOT 분석을 통해서 일 중심으로 목표를 선택했음도 알 것이다. 일 중심으로 목표를 정한다는 것은 일의 결과로서 생기는 부수현상인 사회적 지위, 명예, 돈, 자동차, 집 등을 목표의 대상으로 삼아서는 안 된다는 뜻이다. 실생활에서는 물론 어떤 자동차, 무슨 집, 얼마의 돈 등을 내가 얻고 싶은 목표로 삼을 수는 있다.

그러나 이러한 목표는 진정한 내 삶의 목표로서 목표가 아니라 삶의 목표가 성취됨으로써 생겨나는 결과인 것이다. 이러한 목표는 내가 추진한 일의 결과로서 생겨나는 것이기 때문에 일과 연계되어 얻을 수 있겠다고 생각되는 범위 이내에서 바랄 수는 있다. 내가 사회적 약자를 돕고 사회악을 제거하는 데 기여하기 위해 경찰관 일을 하겠다고 삶의 목표를 정했다면 경찰관 임무를 수행하면서 수반되어 나타나는 결과들은 여러 가지가 있다.

이를테면 조직 내 지위상승, 월급, 사회적 명예, 공익을 위한 자긍심, 사회정의구현 등이 그것이다. 여기서 만약 돈을 모으는 '일'이 목표라면 한정된 월급으로 어떻게 절약하고 어떻게 돈을 모아야 하는지 결심할 수는 있으나 그 이상의 현실성이 결여된 목표는 더 이상 목표가 아니다. 현실성이 결여된 목표에 매달리다 보면 결국엔 경찰업무를 제대로 하지도 못할뿐더러 오히려 죄인이 되는 길밖에 다른 길은 없을 것이다.

　돈을 많이 벌고 싶다면 '돈 버는 일'을 목표로 삼아야 한다. 미래에 셋의 박현주 대표나 미국의 워렌 버핏처럼 투자회사를 만들거나 삼성의 이건희 회장처럼 기업가가 되어야 한다. 여기에도 원칙이 있다. '고객의 돈을 어떻게 잘 굴려서 투자자의 이익을 늘려줄까, 제품을 어떻게 잘 만들어서 고객의 마음을 행복하게 해줄까'와 같은 일에 전념해야지 투자회사를 운영하면서 투자회사의 본래 일이 아닌 '내 돈을 어떻게 하면 많이 늘릴 수 있을까'와 같은 생각에 전념하면 본래 일인 투자자들의 돈을 늘려주는 일은 잘하지 못하게 됨은 뻔하다. 이는 결국 투자회사의 부실로 이어지게 되고 나아가서는 자신의 실패로까지 이어지는 단순한 결론을 누구나 잘 알 것이다. 따라서 내가 세운 인생헌장의 범위를 벗어나지 않고 명백하고 타당한 이유를 근거로 나의 목표 일을 확정해서 그 일 자체에 전념해야 한다.

　예를 들어 '나는 현재 다니는 회사가 존속하는 한 정년까지 일하겠다'가 나의 목표 일이라고 가정하자. 그렇다면 그 이유로서 ①회사의 지속적인 성장 가능성이 크다. ②회사의 기업문화가 직원의 인격을 존중하고 자유로운 토론을 권장하며 주도적인 아이디어 제의에 개방적이다. ③나의 전문성을 계속 갈고 닦을 수 있는 교육훈련의 기회가 많다. ④매니지먼트의 의사결정이 정직과 신뢰를 바탕으로 투명하게 이루어진다. ⑤무엇보다 나의 지식과 기술을 계속 연마해서 열정을 바쳐 일할 수 있는 제도가 갖추어져 있다 등을 들 수 있을 것이다.

　그 다음 작업으로 현재 회사에서 정년까지 일하기 위해 내가 무엇을 할 것인가를 작은 목표의 형태로 개괄적으로 생각해야 한다. ①무엇보다 체력이 우선이니 체력을 지속해서 단련하는 일, ②전문성을 더 키우기 위해 업무와 관련된 기술 습득 및 공부를 하거나 책을 읽거나 전문적인 연구를 하는 일, ③심리, 소통, 설득, 협상 등과 같은 사람과 관련된 배움을 갖는 일, ④정신력 강화를 위한 훈련을 받는 일 등을 생각해 볼 수 있다.

위의 목표들은 앞의 〈주변환경과 나를 관찰한다〉편에서 도출해낸 목표들의 연장선상에 있는 목표들이다. 강점활용 기회공략, 강점이용 위험방지, 약점보강 기회공략, 약점보강 위험방지에 의해 정리된 목표들을 상기해보라. 이 중에서 '하기 쉽고 효과와 비중이 큰 목표들은 무엇인가?' '하기 어렵고 효과/비중이 큰 목표들은 무엇인가?' 이 모든 목표들을 우선 시도해야 할 일들부터 1번부터 끝까지 쭉 나열해보라.

앞장의 예에서는 강점활용 기회공략 목표로 ①베트남 지사에 적극적으로 지원한다, ②현재의 기획부서에서 인내심을 갖고 끈질기게 일한다와 강점이용 위험방지 목표로 ③몸무게를 줄이고 체력을 강화하기 위한 체력단련 운동이나 식이요법을 실행한다, ④해외영업부서에 지원이 안 될 경우 이직이나 적성에 맞는 창업을 고려한다, ⑤상사/비방직원과 각각 일대일 면담을 통해 원인을 파악하되 절대 차분히 대한다 등이 있었다.

그렇다면 일례로 베트남 지사에 지원하기 위해 내가 구체적으로 해야 할 일들은 무엇인가, 또 현재의 기획부서에서 끈질기게 버티기 위해서는 내가 무엇을 더 배워야 하고 어떤 생각과 자세로 업무에 임해야 하는지, 몸무게를 줄이기 위한 운동으로서 조깅을 30분 매일 할 것인지, 헬스장에서 보다 체계적인 지도와 훈련을 받을 것인지, 식이요법을 하려면 어떤 식이요법을 얼마의 기간 동안 행해야 하는지 등등 보다 현실적이고 구체적인 행동방안을 도출해내야 한다. 이에 대한 기술적인 방법은 〈파동함수에 따른 관찰직감으로 움직인다〉편에서 실용적으로 설명되니 인내심을 갖고 읽어나가면 좋겠다.

이 외에도 목표의 범주를 확대해서 환경운동이나 종교 활동, 그리고 친목과 이익단체와 같은 사회적 네트워크 구성 등의 사회관계의 일은 물론 가정화목, 친인척 관리, 자녀문제 등 가정관계의 일도 목표 일에 포함할 수 있다. 개인의 형편에 따라 생업을 위한 목표 일만 확정지어도 무방하지만 인생을 좀 더 폭넓게 균형을 맞추며 알차게 살아가려면 가정관계, 사회관계에서도 목표 일을 확정하는 것이 좋다.

목표는 늘 생각하되 외부에 공개해서는 안 된다

일단 세운 자신이 목표는 밖으로 드러내서는 안 된다. 그 이유는 바로 하이젠베르크의 불확정성의 원리에 기인한다. 무엇을 공개한다는 것은 곧 남에게 관측당하는 것을 말한다. 관측당하면 어떤 일이 발생하는가? 교란 당한다. 나의 목표는 외부에 알려지는 시점부터 외부의 관측자에 의해서 교란당하기 시작해 내가 본래 추구하고자 했던 목표가 방해받게 되는 현상을 불확정성의 원리는 보여주고 있다.

물론 나의 목표추구 에너지가 여타 관측자의 관측으로부터 나오는 에너지를 압도할 정도이면 괜찮지 않겠느냐고 말할 수도 있겠으나 이는 그렇게 간단한 문제가 아니다. 우선 내가 갖고 있는 무언가를 밖으로 드러내서 남에게 보여주겠다는 마음의 노출은 가슴속 깊은 곳에서 으쓱한 기분이 작용하여 과시하고자 하는 마음이 작용하기 때문이다. 이미 시작부터 관찰당하고 싶어 하는 마음가짐으로 이어지기 때문이다. 나는 안 그렇다고 아무리 우겨도 이미 내면에서 마음의 움직임은 그렇기 때문이다. 이것은 곧바로 나의 생각파동의 결맞음 상태를 어그러뜨리는 결과를 낳기 때문이다. 생각해보라. 우리 몸 안에는 끊임없이 전자가 이동하고 있고 이 전자는 광자를 흡수하거나 방출하고 있다. 이러한 전자와 광자들의 활동은 우리가 알지 못하는 아주 미세한 곳에서 생각파동의 결맞음 상태를 뒤틀리게 할 수 있다. 광자의 관찰자적인 흔들리지 않는 마음으로 갈 것이냐 전자의 피관찰자적인 흔들리는 마음으로 갈 것이냐는 순간의 마음 작용으로 결정될 수 있음을 늘 자각하고 있어야 한다.

게다가 이런 드러냄은 관찰하느냐 관찰당하느냐 하는 불필요한 마음의 긴장상태를 유발할 수 있어 이래저래 드러내는 마음과 행위는 자신에게 그다지 실질적인 이익이 되지 못한다. 이는 다음의 실험결과가 여실히 증명해주고 있다.

미국 뉴욕대학(NYU)의 피터 골비처 교수 연구팀은 뉴욕대 로스쿨 학생들을 대상으로 다음과 같은 실험을 했다. 연구팀은 피실험자들에게 '학교가 부여하는 교육적 기회를 최대한 활용할 계획이다'라는 문장을 보여준 후 이에 대해 '확실히 그렇다' 혹은 '확실히 아니다' 등 평가를 하게 하면서 A그룹은 자신의 이름을 적도록 했고 B그룹은 자신의 이름을 적지 않도록 했다. 여기서 이름을 밝혔다는 것은 곧 자신의 목표를 외부에 알린 것이고 이름을 밝히지 않은 것은 목표를 외부에 공개하지 않았다는 의미이다.

이후 연구팀은 실험과 관련이 있다는 사실을 숨긴 채, A와 B그룹 중에서 '확실히 그렇다'라고 밝힌 피실험자들을 형법 케이스 20개를 분석하는 로스쿨 프로젝트에 참여시켰다. 결과는 뚜렷한 차이를 보였다. 목표를 감춘 B그룹이 목표를 공개한 A그룹보다 월등히 열심히 공부한 것으로 나타난 것이다(조선일보, 2009.5.15.).

골비처 교수는 이와 같은 실험 결과에 비추어 "예를 들어 자식을 위해 훌륭한 일을 하겠다고 주위에 공언하는 어머니는 실제로는 그렇게 하지 않을 가능성이 크다"며 "왜냐하면 그렇게 말하는 순간 이미 자신을 이상적인 어머니로 바라보는 경향이 있기 때문"이라고 말했다고 하는데 나는 바로 여기에 하이젠베르크의 불확정성 원리가 작용하고 있다고 본다.

목표를 발표하고 공언하면 어느 시점부터 누군가로부터 관측당하기 시작하고 나의 생각을 발현시켰던 전자들의 이동은 관측자로부터 선달돼 들어오는 광자로부터 교란당해서 한결같은 생각파동의 결집이 방해되며 따라서 나의 생각질량의 밀도도 낮아져 현실적으로는 의지의 흔들림으로 나타나고 실행력이 떨어지게 된다는 사실을 우리는 위의 실험결과로부터 확실하게 깨우쳐야 할 것이다.

독자들은 앞에서 예일대학 졸업생들의 사전 목표 확립 여부와 관계된 설문조사에서 목표의 비공개는 앞뒤가 안 맞는 이야기라고 할지도 모르겠다. 분명히 여기에는 차이가 있다. 예일대 실험의 경우는 그 목표를 요란스럽게 공개한 것이 아니고 다만 명확하게 글로 작성된 목표가 있는지 여부만을 물었을 뿐이다. 목표의 내용을 설문 조사자에게 공개한 것은 아니라는 점에 유의해야 할 것이다. 또한 시간상의 차이도 있다. 골비처 교수의 실험은 설문조사를 하고 난 직후 과제를 주었지만 예일대의 경우는 20년간을 침묵한 후 추적해서 알아보았다는 점이다. 그 교란 정도가 몇 시간 며칠에 걸친 경우와 수십 년에 걸친 경우와는 당연히 차이가 있다.

5 | 파동함수에 따른 관찰직감으로 움직인다

**전자의 파동함수는
확률상황의 필연성을
밝힌다**

전자의 파동함수 붕괴와 불확정성 원리를 다시 떠올려 보자. 이쯤이면 독자는 파동함수 붕괴와 불확정성 원리에 대해 많이 식상해할지도 모르겠으나 우리의 정신세계에서 일어나는 현상은 양자역학의 입자-파동 세계에서 일어나는 현상과 아주 밀접한 관련이 있고 그 중에서도 파동함수 붕괴와 불확정성 원리는 양자역학의 핵심이론이기 때문에 이를 계속해서 주목해야 하는 이유가 있다. 게다가 전자의 확률적 존재상황이 현실 생활세계에서 우리가 관찰직감을 활용해야 하는 것과 아주 밀접한 관계가 있기 때문에도 더욱 그렇다.

'전자의 파동함수'란 전자가 파동의 형태를 취할 때는 단지 전자가 자신의 어디에 있을지 확률로 말하는 것이다. 다시 말해서 전자 파동의 진폭이 크다면 전자가 그곳에서 발견될 확률이 높음을 나타내는 것이고 전자 파동의 진폭이 작다면 전자가 그곳에서 발견될 확률이 낮은 것이다. 우리는 전자가 정확히 어느 위치에 있다고 확실하게 말할 수 없고 그저 '이곳에 있을 확률이 몇 %이고 저곳에 있을 확률이 몇 %이다'라고 확률적으로밖에 알 수 없고 정확하게 어디에 있는가를 모른다.

그러다가 전자가 어디에 있는가를 관측하는 데 성공했다손 치더라도 그 전자가 순간 어느 방향으로 어떤 속도로 갈지를 결코 알 수가 없음을 불확정성 원리는 잘 보여준다.

우리 생명체를 구성하고 있는 전자의 위치와 행동방향에 대해 그 누구도 정확히 예측할 수가 없다는 말은 이 세상에 일어나는 여러 가지 상황을 우리가 정확히 그 방향을 가늠할 수 없다는 의미이다. 이것은 한 마디로 어떤 상황 전개가 미래에 어떤 경로를 밟아 어느 지점 또는 상태에 도달할지를 예측할 수 없다는 뜻이다. 전자의 행동상태에 대한 예측불능은 특히나 우리네 사람들이 만들어내는 일, 사건 등의 발생, 유지, 소멸의 전개과정을 정확히 예측할 수 없다는 의미이다. 왜냐하면 거시세계에서 고정된 실체들은 뉴턴 물리학에서 말하는 원리대로 예측 가능하지만, 미시세계에서의 끊임없이 변동하는 입자-파동의 활동은 그대로 우리의 정신활동과 연관이 있고 우리 사람들이 만들어내는 일과 사건 등은 다 우리 사람들의 정신활동이 만들어낸 결과이기 때문이다.

그러니까 파동함수 붕괴와 불확정성 원리의 두 이론을 결합하면 사람들이 만들어내는 어느 일, 사건, 상황의 전개는 확률적으로만 파악이 가능하고 관측을 한다 해도 그 경로의 전개도 정확한 예측이 불가능하고 다만 추측할 수 있을 뿐이라는 결론이 나온다. 따라서 우리가 어떤 일이나 사건의 앞날을 예측한다 치면 '과거에 일어난 여러 상황을 종합해 볼 때 앞으로 이러 이러한 상황이 언제쯤 일어날 수 있을 것이 몇 % 정도 된다'라고밖에 예측할 수 없음을 밝혀주고 있다.

이 결론은 전자의 위치는 어디에 있는지 확인하기 전까지는 확률로서만 파악이 되고 가장 큰 확률을 갖는 위치가 제일 먼저 파악이 될 가능성이 큰 것과 마찬가지로 나의 실제행동도 여러 가지 가상행동들 중에서 가장 실현 가능성이 큰 확률을 갖는 가상행동을 선택해야 함을 말해준다.

가상행동의 단계에서는 확률로만 파악이 되고 실제행동으로 이어지면 모든 가상행동의 확률이 제로로 바뀌어 실제행동으로 에너지를 모아주는 현상은 또 다른 문제이다. 실제행동에 이르기까지는 확률적이고 거시적인 안목으로 가상행동을 살펴보아야 하지, 가상행동단계에서부터 미주알고주알 요리조리 잘게 부수고 분석할 필요가 없다는 의미를 이 양자역학 이론이 우리에게 전달해준다.

따라서 이 양자역학의 양대 이론이 현실세계에 시시히는 비를 우리의 목표와 그 달성방법에 견주어 생각하면 일단은 큰 목표부터 세우고 미시적인 방법들에 대해서는 완벽을 지향하여 세세하게 따지고 분석해서 계획을 세울 만큼 고심할 일이 아니라는 결론이 난다. 다시 말해서 전자의 파동함수나 불확정성 원리는 내가 나아갈 목표가 섰고 그 목표로 가는 길의 방향이 개략적으로 잡혔으면 현실적인 나의 입장에서 우선 실천에 옮길 수 있는 작은 움직임부터 시작해야 함을 물리과학적으로 그리고 현실적으로 시사하는 것이다. '과거에서부터 시작되어 현재까지 이르는 관찰결과를 바탕으로 관찰직감을 사용하여 가장 큰 확률을 갖는 가상행동을 찾아라.' 바로 이 뜻인 것이다.

이러한 유사한 상황이 기업전략에서도 일어난다. 기업에서 향후 사업을 어떻게 잘 해나갈 것인가를 고심할 때 흔히 단기와 중장기 전략을 세운다. 중장기 전략은 간단히 말해서 기업자체의 기본 역량이 어느 분야에서 얼마만큼 강하고 약하느냐를 분석한 다음 향후 3년 내지 5년 후에 일어날 비즈니스 환경을 예측해서 그 기업이 갖고 있는 강점은 활용하고 약점은 보강해서 어떤 일을 어떻게 할 것인가를 개략적으로 세우는 기획된 것이라고 할 수 있다. 단기 전략은 중장기 목표를 달성하기 위해 당해 연도에 무엇 무엇의 목표와 그 목표를 달성하기 위한 세부 행동은 아주 세밀한 계획이다. 그러나 기업들은 이러한 기획 전략을 갖고 있지만 실제 상황에서는 그때그때 상황에 따라 즉시적으로 맞춰서 대응하는 전략이 있다. 이를 즉응(卽應)전략이라고 할 수 있다.

나의 실제 비즈니스 경험에 의하면 중장기에 걸쳐 예측된 상황은 예측한 대로 일어나지 않는 경우가 많다. 오죽하면 세계적인 고생물학자로 주목받고 있는 닐 슈빈이 아이젠하워의 '계획은 전투를 할 때 필수적으로 짜야 하지만 정작 전투에는 쓸모가 없다'라는 말을 인용하면서 다음과 같은 말을 했을까. "우리는 가능성이 보이는 화석 매장지를 찾으려고 온갖 계획들을 세운다. 그러나 일단 현장에 당도하면 계획을 통째로 내팽개쳐야 할지도 모른다. 현장의 사실들은 최적의 계획마저 흐뜨려놓게 일쑤이다." (《내 안의 물고기》, 닐 슈빈)

따라서 중장기 전략은 기업이 장래에 가야 할 길이요 비전이고 장기적으로 직원들에게 꿈과 의욕을 갖고 맡은 일에 매진하도록 하는 데 주로 사용되고 실제로 기업은 그 해의 목표에 치중하고 그때그때 상황에 즉각적으로 대응할 수 있는 즉응전략을 마련하여 사업을 이끌어 간다. 금년도 목표가 100이면 '내년도는 15% 성장한 115다'와 같이 항시 금년도를 기준으로 한다. 금년도가 100이고 내년도는 110이고 3차 연도는 120이라는 중장기 목표가 있지만 금년도에 상황이 유리하다 싶으면 내년도는 115가 되는 것이지 여전히 110을 고수하지는 않는다.

게다가 2008년 말에 세계적 금융위기로 촉발된 세계경제불황은 기획된 전략을 무색하게 만든다. 작년에 세운 금년도, 내년도, 내후년도 목표가 지금 무슨 의미가 있겠는가? 어느 기업이 이러한 세계금융위기를 예측해서 이에 맞게 사업전략을 세울 수가 있었겠는가? 나심 니콜라스 탈레브도 《블랙스완》에서 나와 똑같은 주장을 한다. 탈레브는 1998년도에 유럽의 한 금융기관에서 일한 적이 있는데, 그 해 임원들이 수개월에 걸쳐 바르셀로나, 홍콩 등 전 세계를 누비고 다니면서 향후 전망에 관한 브레인스토밍을 통해 5개년 계획을 수립하였음에도 불구하고, 계획 수립하고 한 달 후 러시아 발 국가채무정지 사태가 일어나자, 계획을 수립하는데 참석하였던 5명의 임원들 모두가 회사를 떠나야만 했던 예를 들면서, 예측은 단지 거시적인 트렌드에 국한해야지 결코 가능할 수가 없는 세세한 미래예측에 매달리지 말 것을 조언한다.

이것은 2008년에 한국정부가 세운 연간 7% 성장, 1인당 국민소득 4만 달러, 세계경제강국 7위라는 장기목표의 경우도 마찬가지다. 2008년 말에 우리가 전혀 예측할 수 없었던 세계금융위기라는 초유의 금융대란이 발생하고 세계경기가 침체함으로 인해서, 세계의 모든 나라가 허리띠를 졸라 매어 지출을 줄이고 있는 마당에 어떻게 매년 7%의 성장을 이룰 수가 있단 말인가? 주변 경제상황의 급격한 변화는 747 국

가장기목표를 정부로 하여금 두 번 다시 거론하지 못하게 만들었고 이를 달성하기 위한 성취전략도 완전 무위로 만들었다. 2009년까지도 한국정부는 어떻게 일자리를 나눌 것인가, 어떻게 경기를 부양할 것인가 하는 즉흥적 전략의 궁리에만 몰두하고 있다.

거듭 말하지만, 막스 보른의 전자 파동함수와 하이젠베르크의 불확정성 원리에서 나타나는 인간은 확률적 상황에 있는 존재이고 관측행위로 인해 영향을 주고받는 존재다. 확률적으로 세상의 움직임을 파악해야 하는데다가 관측에 의한 영향은 1대 1의 두 개체 간 관계에서만 발생하는 현상이 아니고 불특정 다수 간에 일어나는 현상이므로 우리가 세상에 대해 진행하는 이런저런 예측은 정확할 수 없다. 따라서 장기적인 세부 행동전략은 실생활에서 거의 가치가 없다.

확률상황은 관찰직감의 활용을 요구한다

우리는 이미 주변환경을 관찰했고 나를 관찰했으며 내가 선택해야 할 목표와 방안을 개략적으로 관찰했다. 이 단계쯤 오면 어느 정도 감이 잡힌다. 바로 '관찰직감'이 생기게 된다. 이제 관찰직감을 적극 활용해야 할 차례가 왔다. 현재의 상황을 고려해서 관찰직감에 따라 지금 당장 행동에 옮길 수 있는 것들을 떠올려보자. 행동이 너무 크면 엄두가 나지 않아 쉽게 움직이지 못한다. '작은 움직임이 모여 큰 움직임을 만든다'는 '참 성취'의 대원리를 잊지는 않았을 것이다. 이를테면 앞으로 매일 10km 조깅을 하겠다고 목표를 세운 후 지금 당장 10km를 뛸 수는 없다. 1km부터 시작하는 것이 현실적인 방법이다.

장기적인 목표를 바라보고 현실적으로 우선 가능한 실천으로서 작은 움직임을 찾아보아야 한다. 미국의 유명한 흑인 인권운동가 마틴 루터 킹도 처음부터 그렇게 거창한 인권운동을 염두에 두고 인권운동을 시작하지는 않았다.

그의 아버지 마틴 루터 킹 시니어가 '미국 유색인의 발전을 위한 협회'의 애틀랜타 지부장을 맡았을 때 함께하면서 그는 흑인인권의 보호를 위한 운동에 소극적으로 참여했을 뿐이다. 그러다가 많은 신도들, 나이 많은 목사들이 킹에게 앞장설 것을 부탁하자 그에 응하기 시작하면서부터 그의 인권운동이 본격적으로 시작되었다. 점점 인권운동이 무르익어 가면서 그가 한 다음과 같은 말은 우리가 목표설정 후 행동에 옮기는 과정이 왜 단순해야 하는가를 단적으로 설명해주고 있다.

"믿음 속에서 첫 계단을 밟아라. 계단 전체를 볼 필요는 없다. 그냥 첫 계단을 밟아라."

이는 그의 생생한 경험을 바탕으로 우리에게 말하고 있는 것이다. 그러면 어떻게 생각을 해야 제대로 된 행동방안을 그려낼 수 있을 것인가? 윌리엄 더건이 저서 《제7의 감각: 전략적 직관》에서 밝힌 소원기법과 이미지 스트리밍을 일단 소개하니 양 기법의 개념을 이해하고 나서 이 양 기법에 나의 경험이 투입된 '행동발상법'을 활용하면 큰 도움이 될 것이다.

▼ 소원기법(wishing technique)

① 내가 원하는 상황을 정면으로 바라본 후, 내가 바라는 상황이 무

엇인지 구체적이고 사실적으로 정확하게 묘사한다.

② "내가 원하는 대로 이 일이 일어날 수 있게 하려면 어떻게 해야 할까?"라는 화두를 갖고 답을 찾는다.

▾ 이미지 스트리밍(image streaming)

① 나의 소망을 명확히 묘사하고 나서 눈을 감고 명상에 잠긴다.

② 떠오르는 모든 이미지와 행동을 마음속에 그린다.

③ 가장 마음을 움직이는 행동을 선택한다.

따라서 이 두 가지 기법을 종합하고 나의 생각을 덧붙이면 다음과 같다:

① 우리는 목표를 선정할 때 이미 각각의 목표에 대한 구체적 상황과 뚜렷한 이유를 밝힌 바 있다. 이 구체적 목표상황과 이유가 적힌 목록을 앞에 놓고 눈을 감은 명상 상태에서 그 상황을 세세하고 현실감 있게 그린다.

② 하나의 목표에 대해 '내가 원하는 이 상황이 일어날 수 있게 하려면 어떻게 할까?'를 생각한다.

③ 마음속에 떠오르는 모든 이미지와 행동을 묘사하고 글로 나타낸다. 막힘없이 생각나는 대로 적는다. 될까 안 될까를 따지지 말고 마음이 명하는 대로 적어 내려간다.

④ 모든 목표에 대해 이러한 행동방안을 적어 내려간다. 목표 하나에 서너 가지 행동들이 따라 붙을 것이다.

⑤ 이렇게 해서 각각의 목표에 대해 모든 행동방안의 발상이 끝났으

면 각각의 행동들을 네 가지로 분류한다. 즉 '하기 쉽고 효과가 크다'는 4점, '하기는 어려운데 효과는 크다'는 3점, '하기는 쉬운데 효과는 작다'는 2점, '하기도 어렵고 효과도 작다'는 1점으로 분류하는 것이다. 여기서 '하기 쉽다'는 실천으로 옮기는 데 아무 장애가 없이 즉시 또는 1주일 이내에 행동할 수 있음을 뜻한다. '효과가 크다'는 목표를 성취하는 데 있어 직접적이고 큰 영향을 미친다는 의미다.

⑥ 분류 목록을 보고 4점을 받은 행동부터 먼저 행동에 옮긴다. 즉시 옮긴다. 쉬운 행동부터 실천에 옮겨야 한다. 아무리 효과가 크다고 해도 어려운 행동부터 시작하면 처음부터 고난에 봉착해서 중도에 포기할 위험이 크기 때문이다. '작은 움직임이 모여 큰 움직임이 된다'는 말을 항시 명심하라.

자, 그렇다면 실제 연습을 위해서 앞장에서 예를 든 목표 일들 중에, 일단은 '기획부서에서 끈질기게 버티며 일한다'를 중심으로 위의 '행동발상법'에 따라 나의 행동방안을 도출해보자. 현재 일하고 있는 기획부서에서 계속 인정받고 일하려면 내가 무슨 일을 해야 할까?

(1) 전략이나 기획이론에 관한 책을 10권 정도 독파한다.

(2) 읽은 책의 내용을 정리하여 나의 업무에 맞는 내용을 컴퓨터에 정리한다.

(3) 전략과 기획에 관련된 석사과정을 밟는다.

(4) 유명 대학원에서 MBA과정을 이수한다.

(5) 전략-기획 세미나에 적극 참석한다.

(6) 전략-기획에 종사하는 기업체 임직원들과의 네트워크를 만들
어 지식을 교환한다.

(7) 부서 내 직원 및 상사와의 매끄러운 관계를 유지하기 위한 인간
관계론, 토의법을 배우고 실천한다.

이와 같이 목표 일 하나에도 그 실천방안은 여러 가지가 있다. 이 여러 개를 동시에 다 할 수 없으니까 4점 분류 방식에 따라 선택을 하고 일단 선택을 했으면 그 일들에 집중해야 한다. 이처럼 목표 일 하나만 해도 그 실천방안이 여러 개 있는데 목표가 10개라면 목표 일 하나에 실천방안이 평균적으로 5개라고 해도 그 실천방안만 해도 50개가 된다. 이 50개의 실천방안을 언제 무슨 수로 다 할 수가 있겠는가? 그래서 4점 분류 방식에 따라 우선 1년 이내에 할 수 있는 목표 2내지 3개 또는 목표가 많으면 목표 당 1내지 2개의 실천방안을 선택해서 행동으로 옮겨야 한다. 자신의 여건을 고려해서 최대한 노력을 할 수 있는 목표와 실천방안을 선택하고 일단 선택했으면 멈춤 없는 끈기와 일관하는 믿음으로 실천하는 움직임으로 연결하면 이는 바로 정돈되고 균질하게 응축된 생각의 결과물이 되는 것이다.

식상할 정도로 누차 말하지만 이렇게 정돈되고 균질하게 응축된 생각에 따라 행동에 옮기면 큰길이 열린다. 예기치 못했던 행운도 따르고 생물이 진화하듯이 차츰차츰 발전을 이루어 나간다. 조바심을 갖지 말고 차근차근, 한 발 한 발 인내심을 갖고 꾸준히 진행하라.

**관찰직감의 사례들은
그 효용성을 증명한다**　　　　백문불여일견(百聞不如一見)이다. 다음
　　　　　　　　　　　　　　　의 세 가지 사례를 통해 이 관찰직감에
의한 움직임의 기적을 체험해보자.

1:

　　현재 상하이 푸단대 휴학생인 황석원 씨는 중학교 졸업 후 홀로 중
국에 있는 고등학교에 진학했고 선전에서 고등학교를 마친 후 상하이
에 있는 현재의 푸단대로 진학해서 중국어와 영어를 전공한다. 경제적
으로 급성장하고 있는 상하이에는 새로운 건물들과 도로들이 들어서
는 등 급격한 변화가 일어나고 이러한 변화에 호기심과 흥미를 가진
황석원 씨는 '열정어린 행동으로' 카메라와 수첩을 들고 상하이 거리
를 돌아다니면서 보고 듣고 느낀 것들을 수첩에 적고 또 필요하면 사
진에 담았다. 이러던 중 2007년 케이블 TV의 채널 동아의 곽재우 국
장과 '우연히' 만났고, 역시 상하이에 관심이 많았던 곽 국장은 상하이
에 대해 많은 것을 기록하고 촬영한 황식원 씨에게 신신한 매력을 느
끼게 되어 황석원 씨에게 동아TV의 상하이 현지 리포터 겸 상해고사
온-라인 칼럼을 맡을 것을 제안한다.

　　이 제안을 수락함에 따라 이제 보다 전문적으로 취재 아이템을 찾아
나서게 된 황 씨는 취재 현장에서 패션 디자이너, 잡지 편집장 등 다양
한 사람들을 만나게 되었고 이러한 만남을 통해 그 사람들로부터 또
다른 제안을 받게 된다. 즉, 남성 패션지 에스콰이어와 동아일보는 황
씨에게 각각 '상하이 시티 가이드'와 '상하이 리포트'란 지면을 맡겼다.
이와 같은 활동을 하던 중 '황석원의 상해고사'를 즐겨 읽는다는 시공
사의 편집자로부터 책을 출간할 것을 제안 받고 《상하이 일기》란 책을
출간하고 그 책에 대한 책 출판기념회도 열었다(주간동아, 2008.9.).

20세의 푸단대 학생인 황석원 씨가 상하이의 이곳저곳을 돌아다니며 기록하고 사진을 찍었을 때《상하이 일기》란 책을 출판할 것을 미리 알았겠는가? 황석원 씨가 호기심과 흥미를 갖고 기록하고 사진을 찍다가 '우연히' 만난 동아TV의 곽 국장으로 인해 상해고사를 쓰고 그 상해고사로 인해 잡지와 일간신문에 기고를 하고 나아가 책까지도 발간하게 된 과정은 '관찰직감'이 이끄는 대로 움직이고 그 단계 단계에 그의 충실함이 깃들었기 때문에 가능한 것이다.

우선 곽 국장을 '우연히' 만난 기회부터가 황석원 씨의 '관찰직감'으로 태동이 되었고 부지런한 움직임이 바탕이 되었음을 기억하라. 곽 국장이 황석원 씨에게서 '왜 매력을 느꼈을까?'를 생각해보라. 그의 부지런한 정신과 몸의 움직임이 그의 생각질량을 높이고 몸의 에너지 총합을 높여서 곽 국장을 끌어들였음이다.

애초부터 '열정을 갖고', '일단 움직이고 보자' 하는 그의 관찰직감이 실질적인 움직임으로 이어지고 이러한 작은 움직임들의 꾸준한 이어짐은 그의 총에너지와 생각질량의 크기를 증대시켜 관련 있는 사람들의 생각질량을 끌어들여서 약관의 나이에 책을 출간하게 되는 실적을 이루게 된 것이다. 누군가가 나의 생각에 공감을 했다면 그것은 나의 뇌파에 그의 뇌파가 공명을 일으킨 것이요, 그래서 그 누군가가 나에게 매력을 느껴 가까워지기를 원했다면 그것은 나의 생각질량에 그의 생각질량이 이끌린 것임을 잊지 말라. 공명과 끌림이 무엇보다도 마음이나 생각의 발현은 전자기파동의 이동현상에 의한 것임을 잊지 말라.

"가끔은 저도 몰랐던 제 자신을 새롭게 발견하곤 놀라요. 신기하기도 하고 재미있기도 하죠. 어떤 땐 제 안의 이성과 감성이 서로 충돌해 헷갈리기도 해요. 좀 더 시간이 흘러 제가 어떤 사람인지에 대한 생각이 정리됐을 때 다시 말씀드리면 안 될까요?'

황석원 씨의 이 말은 일단은 관찰직감대로 꾸준히 움직이다 보면 점점 나아지는 상황을 만들어 갈 수 있음을 압축적으로 설명하고 있다.

2:

삼성생명의 최연소 '보험명인'의 자리에 오른 홍현진 씨는 현재 24세다. '보험명인'은 삼성생명의 보험설계사 가운데 월수입이 1000만 원 이상인 보험설계사에게 주는 호칭이다. 그녀는 보험설계사가 된 지 1년 만에 123건의 보험계약을 체결했다.

보험설계사라는 직업도 우연한 기회에 선택하게 되었다. 2007년 대학 4학년 1학기 등록금 400만 원을 주식에 투자했다가 반을 날린 후 이를 회복할 기회를 찾다가 삼성생명 보험설계사 인턴을 하면 월 80만 원을 준다는 데 마음이 끌려서 일하다가 자신의 영역을 발견했다. 6주간의 인턴과정이 끝나자 본격적으로 보험영업에 뛰어들었고 학교성적이나 토익 성적도 별로이지만 부지런히 발품을 팔았다.

하루에 지하철 비용으로만 3만 원을 쓸 정도로 이곳저곳을 부지런히 돌아다녔다. 자신이 잘 아는 고등학교 동창을 만나 그 동창의 남자친구를 소개받고 그 남자친구를 통해서 다시 소개를 받고 그렇게 꼬리에 꼬리를 물어 1년간 123건의 보험을 계약했다. 그녀는 사람을 만나서 소통하기를 즐긴다. '새 고객을 만나기 전에는 소개팅 하는 것처럼 설렌다'며 '사람들은 어떤 것이 좋은 것이라는 확신이 서면 그것을 자기가 좋아하는 사람과 함께 나눈다'는 믿음을 갖고 있어 고객에게 보험은 좋은 것이라고 이해시키는 데 보험영업의 역점을 두고 있다.

그녀는 A고객이 필요로 하는 것을 B고객으로부터 얻을 수 있도록 연결시켜주고 B고객이 필요로 하는 것을 A고객으로부터 얻을 수 있도록 연결시켜주는 것과 같은 '고객 니즈(needs) 복덕방' 일을 병행함으로써 고객으로부터 믿음을 얻는다. 이를테면 노트북이 필요한 디자이너는 컴퓨터 대리점 사장과 연결해주고 무료 스케일링 서비스를 하려는 치과에는 고객회사를 소개하는 식이다. 이제는 고객들로부터 '홍반장'이라고 불린다면서 "무슨 일이 생기면 틀림없이 나타난다는 믿음을 줬더니 고객들이 마음을 먼저 열었다"고 말한다(조선일보, 2009.3.26.).

홍현진 씨의 경우도 우선은 자신의 관찰직감이 이끄는 대로 움직였다가 결국엔 자신이 좋아하는 영역을 발견하고 그 영역에서 부지런히 발품을 팔아 움직여서 성공한 좋은 예다. 주식투자 실패 경험은 그녀에게 주변환경에 대한 좀 더 세밀한 관찰 기회를 제공했고 이를 바탕으로 보험인턴에 접근할 시야가 트이게 만들었다. 관찰직감이 태동된 것이다.

학교 성적이나 영어실력이 별로 안 좋은 상태에서 주식투자를 시도해서 실패를 맛본 후 자신이 좋아하는 분야 중 하나인 '사람만나 소통하기'가 무의식적으로 홍현진 씨를 삼성생명 보험인턴으로 이끌었다. 관찰직감이 작동된 것이다. '사람만나 소통하기'에 별로 관심이 없는 사람은 보험인턴 모집광고에 눈길도 보내지 않았을 것이다.

3:

방글라데시에서 낮은 이자로 가난한 사람들에게 대출하는 소액융자 은행인 '그라민' 은행을 창설하여 그들의 가내수공업에 재정적 지원을 통해 삶의 형편을 풀리게 만든 '무하마드 유누스'도 처음부터 소액융자은행을 염두에 두고 융자사업을 한 사람은 아니다.

그는 미국에서 박사학위를 받은 국립기획위원회 소속 녹색혁명 경제학자이자 치타공 대학교 교수다. 포드재단으로부터 받은 경제연구 보조금으로 우물, 모터 펌프 등을 농촌에 제공하여 농촌의 녹색혁명 사업을 지원하던 유누스는 자카타 은행으로부터 농부들이 개인 융자를 받은 후 차용한 돈의 3분의 2만 상환하고 나머지는 상환하지 못하는 상황이 의아하여 실상을 파악하기 위해 농가를 직접 방문하게 된다.

농가마다 땅이 없어서 주로 약간의 곡식만 받고 추수를 도와주고 있는가 하면 부업으로 대나무 걸상을 하루 종일 만들어 2센트를 버는 가난한 실상을 목격했고, 게다가 대다수 농가가 매일 최고 10%의 이자를 내는 고리대금으로 많은 고통을 받고 있는 비참한 실상을 목격하곤 이들을 도울 방법을 고민했다. 예를 들면 총 27달러의 빚으로 42명의 농가가 비참한 상황을 겪고 있는 것이다. 처음에는 은행을 세울 생각을 전혀 못하고 우선 자신의 돈을 빌려주어서 빚을 상환하게 했다.

그러다가 번쩍이는 생각이 일어나 그 사람들에게 융자해 줄 요량으로 자타카 은행에 자신에게 직접 융자해 줄 것을 요청했으나 거절당했고 그러자 은행더러 직접 그 사람들에게 융자해 줄 것을 요청했으나 이마저도 거절당했다. 하지만 이에 지지 않고 '내가 빌려준 돈도 다 갚는데 은행 돈을 안 갚을 리가 있느냐?'며 은행을 설득하여 그 지역책임자로부터 승낙을 받아냈다.

유누스는 자카타 은행 외부에서 소액융자 프로젝트를 계속 수행하고, 농가의 여자들은 착실하게 융자금을 제때에 다 상환하면서 점점 규모가 커지자 소액융자 프로젝트를 자카타 은행으로부터 분리하여 그라민 은행으로 독립시켰다.

　　이러한 소액융자은행은 1979년, 중앙은행과 국립상업은행의 지원을 받아 타 지역으로 확대되는 전기를 맞았고 드디어 1983년 입법절차를 거쳐 독자적인 은행으로 재탄생하게 되었다. 이 은행은 차용자들이 90%의 지분을 소유하고 있고 정부는 단지 10%의 지분만을 소유하고 있다. 이러한 공로가 세계적으로 인정되어 무하마드 유누스는 2008년 노벨 평화상을 받았다(《제7의 감각: 전략적 직관》, 윌리엄 더건).

　　우리는 위의 드라마 같은 유누스의 사업 진화 과정을 접하면서 그가 우선 자신이 처한 현실에 맞춰서 발 빠르게 움직이고 있음을 본다. 유누스는 처음엔 방글라데시의 가난을 퇴치하겠다는 사명으로 교수 겸 관료로서 농촌 일에 뛰어들었으나 가난한 사람들의 소득사업을 지원하는 소액융자은행 프로젝트에 전념하게 되었다.

　　그는 우선 많은 관찰을 했다. 농가의 비참한 현실을 직접 관찰했고 그 결과로 나온 문제 상황에서 현실적으로 문제 상황을 조금 더 개선시킬 방안을 찾아 움직였다.

　　이와 같이 관찰한 직감에 따라 일단 움직이는 것이 중요하다. 유누스가 움직이지 않고 앉아서 농가의 부채상환 내용을 하부조직으로부터 보고만 들었다면 오늘날의 그라민 은행이 탄생할 수 있었을까? 관찰에 따라 떠오른 직감대로 우선 첫발을 내디뎌야 한다. 될까 안 될까를 미리부터 촘촘하게 따지지 말고 머릿속에 하나의 직감으로 떠오르는 상에 집중해야 한다.

　　자신의 관찰직감은 전혀 근거가 없는 것이 아니다. 이 세상은 확률법칙에 따라 움직임을 잊지 말라. 자신의 관찰직감은 그간의 경험과 지식의 집적의 결과로서 발현되는 나름대로 물리법칙을 따라 형성된 분석이요 종합이요 통찰이다. 그 직감은 자신도 모르는 사이에 뇌 곳곳에 자리 잡고 있던 경험과 지식의 파편들이 뇌가 갖고 있는 통합하고 통섭하는 전뇌적인 능력에 의해 하나의 직감으로 나타난 결과이다. 자신의 직감의 힘을 믿고 그대로 돌진하면 길은 열린다. 내가 달리는 만큼 주변의 힘들이 나에게로 몰리고 내가 가는 길이 순탄하게 열리도록 도와준다. 두려워 말고 첫 발을 내디뎌라.

6 | 현재 일에 진력해야
상전이가 이루어진다

상전이 현상의 원리를 이해한다

자신이 원하는 것을 얻는 데 진력하는 것만큼 강력한 무기는 없다. 스포츠나 예능분야에서 뛰어난 기량으로 성취의 업적을 이루어낸 사람들, 세상에 이로운 기구를 발명하거나 이론을 개척해서 인류 문명의 발전에 공헌한 사람들, 기업조직에서 맡은 업무에 열성으로 매진하여 그 분야에서 최고수로 인정받는 사람들, 개인사업 분야에서 철저하게 고객을 감동시키는 서비스 정신으로 사업을 성공적으로 이끌어 가는 사람들 등 자신이 원하는 것을 성취한 사람들에게는 한 가지 공통점이 발견된다. 여러 가지 가능한 길을 탐색한 후 '이 길이 내가 갈 길이다'라고 판단이 내려지면 그 길에 전력투구한다는 점이다.

우리는 여기에서도 '파동함수 붕괴 이론'과 '경로합 이론' 그리고 '불확정성 원리'가 작동되고 있음을 보게 되는데, 앞의 두 이론은 우리가 일단 의지를 발동하여 목표를 선정해서 그 목표를 향해 움직이면 그 순간부터 우주에너지가 그 목표성취를 위한 유리한 환경을 우리에게 조성해주고 있으니 흔들림 없는 의지를 갖고 목표를 향해 노력하라는 의미를 전달하고 있고, 불확정성 원리는 자신이 할 수 없는 일에 집착을 버리고 할 수 있는 일에 선택과 집중으로 어느 한 가지 목표를 잡아 거기에 집중하면서 에너지 수준을 높이면 그에 대한 성취가 가능함을 말해주고 있기 때문이다. 그러니까 이를 일과 관련된 우리네 실생활과 연계시킨다면 앞에서 말한 '두 마리 토끼를 동시에 쫓지 말라' 외에 '과유불급(過猶不及)'이라는 의미도 전달하고 있는 것이다. 양극단을 초월하고 포괄하는 중용(中庸)의 자세를 견지하면서 '과욕을 부리지 말고 한 가지 일이라도 제대로 하라'는 메시지를 전달하고 있는 것이다.

파동함수 붕괴, 경로합 이론과 불확정성 원리는 바로 우리가 실생활에서 늘 정신의 에너지를 갈고 닦아야 하고, 갈고 닦은 에너지를 내가 원하는 곳으로 끌어 모아야 함을 우리에게 가르쳐 주고 있지만, 〈파동함수에 따른 관찰직감으로 움직인다〉편에서 말했듯이 다른 한편으로는 사람의 정신 에너지에 의해 영향을 받아 전개되는 사건, 상황들은 입자들의 확률적 성격과 맞물려 확률적 분포로서만 그 존재를 예측할 수 있기 때문에, 내가 하는 일과 관련하여 미래에 어떤 상황이 벌어질 것인가를 미리부터 세세하게 예측하려 하지 말고 오늘 일어나는 상황에 정신을 집중하여 전념하라는 메시지를 전하고 있는 것이다.

이렇게 해서 열정을 갖고 전념하는 데 에너지를 모으고 나면 그 다음에 모은 에너지를 끈기 있게 지속하여 발산해야 한다. 그래야 '진력'의 단계에 도달한다. 진력은 말 그대로 선택한 일에 멈춤 없는 끈기를 갖고 일관된 믿음에 의해 전념함을 의미한다. 물리방정식으로 표현하면 '진력 = 열정 + 일관 + 끈기'라는 등식이 성립된다. 파동-질량의 법칙이 작동되는 때가 이 때고 상전이 현상이 일어나는 때가 이 때다. 생각 에너지를 결집하고 이로 인해 형성되는 생각파동-생각질량을 일관하여 지속시키면, 생각파동-생각질량의 법칙으로 인해 주변의 여러 유사 생각파동-생각질량을 공명증폭시켜 내가 원하는 것을 성취할 수 있도록 상황변화, 즉 상전이를 위한 임계값을 축적하게 한다. 그러다가 일정 기간이 지나면 드디어 이전과는 상이하나 바로 내가 원하는 모습을 나에게 보여준다. 균질하게 응축된 생각의 에너지 총합의 크기에 따라 전과는 발전된 현상을 내가 얻을 수 있는 것이다.

'상전이'란 '임계상태'를 지나면 물체의 형상이 바뀌는 현상을 말한다. '임계상태'란 어떤 물질 또는 현상의 성질에 변화가 생기거나 그 성질을 지속시킬 수 없는 경계가 되는 상태를 말한다. 예를 들어, 기체가 액체로 바뀌거나 액체가 기체로 바뀔 때, 액체도 기체도 아니면서 같이 공존하게 되는 어떤 경계선이 있는데, 이 경계선 상태에 있을 때 이를 임계상태라 부른다. 그러니까 지극히 짧은 시간이 될 것이다. 다시 말해서 액체와 기체가 공존할 수 있는 최대한의 한계상태를 말하며, 기체와 액체의 밀도가 같아져서 물질은 기체상이나 액체상 어느 쪽에 속한다고 할 수 없는 그런 상태를 임계상태라 부른다.

이 임계상태를 일반적인 말로 바꾼다면 A상황에서 B상황으로 넘어가는 중간단계에 있는 '교집합상황'이라는 말이 적절할 것이다. 따라서 고체가 액체로 액체가 기체로 액체가 고체로 바뀌는 현상으로서 쇠가 녹아서 쇳물이 되는 것, 물이 끓어서 증기로 날아가는 것, 물이 얼어

얼음이 되는 것 등이 상전이 현상이라고 할 수 있는데, 다 임계상황을 거쳐야 가능하다. 이 상전이 현상에는 딱 한 가지 공통점이 있다. 임계 상태를 거쳐야 한다는 것, 즉 적정한 온도와 압력과 시간이 필요하다는 것이다. 쇠가 금방 쇳물이 되지 않고 물이 금방 증기로 변하지 않고 물이 금방 얼지 않는다. 쇠가 아무 온도에서나 쇳물이 되지 않고 물이 아무 온도에서나 증기로 변하지 않고 물이 아무 온도에서나 얼지 않는다.

놀랍게도 우주원리가 지구 생명현상에 작용하여 나타난 지구 진화의 법칙에서 우리는 이 상전이 현상을 발견할 수 있다. 이 지구상에서 생명체는 미세한 생명현상이 장구한 세월에 걸쳐 조금씩 발전에 발전을 거듭하다가 5억 4천만 년 전 '캄브리아기'에 이르러 폭발적인 생명체의 출현이라는 획기적인 전기를 맞았다. 지구 생명탄생 이후 무려 30억 년간을 세포단위의 생명체로 존속해오다가 이후 5억 년 사이에 다세포 동식물을 거쳐 어류, 양서류, 파충류, 포유류 등의 척추동물로 발전한 것이다. 장구한 지구역사에 비추어 볼 때, 이 캄브리아기 생명 대폭발이 '상전이' 현상에 해당한다. 그 30억 년 동안 미세한 세포들이 그때그때 돌출되는 현재의 환경에 전력을 다하여 적응에 적응을 거듭한 결과로 '임계값'을 축적해오다가 그 임계값을 지나니 폭발적인 생명체의 출현을 가능하게 한 것이다.

인간 두뇌 크기의 진화사를 보아도 '상전이' 현상의 진리를 잘 알 수 있다. 생물학계와 인류 고고학계에서는 최초 인류의 출현을 약 1800만 년 전쯤으로 보고 있는데, 1500만 년간 인류의 두뇌 크기가 거의 일정하게 400cm³를 유지하고 있다가 300만 년 전부터 급격히 커지기 시작해서 현재까지 약 4배가 커졌다고 한다. 인간의 두뇌가 갑자기 커진 이유로는 손의 활용, 도구의 사용, 언어의 사용 등 여러 가지가 있지만 이성을 유혹하기 위해 많은 생각을 해야 했기 때문이라는 주장이 최근에 설득력을 가진다. 메트 리들리는《붉은 여왕》에서 인간이 300만 년 전부터는 어떤 인식의 전환을 계기로 서로 우수한 자손을 번식시키기 위해서 경쟁적으로 우월한 이성을 유혹하고자 갖은 노력을 다 할 수밖에 없었고 이렇게 이성을 유혹하기 위한 갖가지 방법을 궁리하다보니 두뇌의 뇌세포들의 활동이 왕성해져서 머리가 월등히 커지기 시작했다고 주장한다. 원시인간들이 1500만 년 동안 먹고 살기에 급급한 그러나 현실을 개선하고자 하는 부단한 노력을 하면서 고단한 삶의 행군을 하는 동안, 뇌의 크기는 거의 제자리걸음을 하면서 임계값을 축적하고 있다가 300만 년 동안에 보다 매력 있는 궁리작용을 통해 임계값을 넘어 상전이 현상을 일으켜 폭발적으로 확장된 것이다.

캄브리아기 생명 대폭발과 인간 두뇌 크기의 폭발적 증가와 같은 현상은 우리에게 무엇을 말하고 있는가? 자신에게 주어진 환경조건에 부단하게 적응하고 나아가 극복하려는 줄기찬 움직임의 노력과 실행이 어떤 임계값을 넘으면, 그 순간에 물이 100도에서 끓어 증기로 변하는 '상전이' 현상과 같이, 폭발적이고 발전적인 변화가 일어남을 말함이다.

처음부터 허황되고 과장된 목적을 갖고 나의 환경에 변화를 추구하는 것이 아니라 주어진 오늘의 환경에 착실하고 성실하게 힘을 들여 적응하고 극복해 나아갈 때, 그 착실함과 성실함의 끈질긴 축적은 언젠가 크나큰 발전의 임계값을 축적하고 있는 것이라고 지구생명현상의 진화과정은 우리에게 준엄하게 말하고 있는 것이다.

더욱이 우주 자체도 상전이를 일으킬 수 있다는 사실을 1970년대에 물리학자들이 밝혀냈다. 우주가 탄생한 후 137억년 동안 팽창하면서 엄청나게 뜨거웠던 우주의 온도가 점차로 식어갔는데, 식어가는 와중에는 별다른 큰 변화가 없다가 어떤 임계온도에 이르렀을 때 격렬한 변화를 겪으면서, 즉 상전이를 일으키면서 그 동안 보유하고 있던 많은 대칭성(어떤 일관적이고 변하지 않는 속성 또는 원리)을 잃어 버렸고 아울러 힉스장(우주공간을 가득 메우고 있으며 모든 물체가 질량의 존재를 갖게끔 만드는 장)까지 출현시켰다는 것이다(《우주의 구조》, 브라이언 그린).

우리는 우주 자체도 상전이를 일으켰다는 중요한 사실 자체에 보다 많은 주목을 해야 한다. 우주 자체도 상전이를 일으켰다는 사실은 우주 속에서 생활하는 우리 인간을 포함한 모든 만물이 상전이를 일으킨다는 가설도 성립되기 때문이다. 인간도 어떤 상태를 지속시키면 임계상태에 도달할 수 있고 상전이를 일으킬 수 있다는 뜻이다. 독자들은 이 말을 두고두고 명심해야 할 것이다! 따라서 우리네 삶에서 '임계상태를 넘도록 현재에 진력해야 상전이가 이루어진다'라는 성취원리가 도출됨은 무척이나 당연하다.

이제까지의 이야기를 정리하면 다음과 같다:

(1) 파동함수 붕괴와 경로합 이론은 갈 길을 정하여 움직이면 우주에너지가 내 갈 길을 지원해주기 위한 기본환경을 형성해주는 현상을 알려준다.

(2) 불확정성 원리는 동시에 두 마리 토끼를 쫓지 말고 한 가지 일에 지속적으로 전념하라는 메시지를 전달하고 있다.

(3) 몸 전체를 통해 결집된 에너지로 일관하고 지속하는 생각을 일으
켜서 움직이면 파동 – 질량의 법칙에 따라 상전이를 일으키는 임
계값을 축적한다.

(4) 임계상태를 넘기면 내가 원하는 성취를 이룰 수 있다.

**상전이 현상의
사례들은 그 효용성을
증명한다**

위와 같은 내용에 따라 열정의 에너지 결집, 집중하고 일관된 생각, 끈기와 지속하는 행동으로 자신이 원하는 바를 성취해가는 네 가지 사례를 살펴봄으로써 '상전이' 원리의 가치를 입증하고자 한다.

현재 54세이고 안성시 삼죽면 계곡 장수마을에 사는 이기운 씨는 1994년 이웃에 살던 노신만 씨로부터 풍산개 5마리를 받았다. 억지로 개들을 떠안게 된 이기운 씨는 처음엔 이 개들을 별로 탐탁지 않게 여기다 마음을 고쳐 잡고 개들을 키우기로 결심한다.

그 5마리가 새끼를 낳고 그 새끼들이 다시 새끼를 낳아 1996년에는 30여 마리가 되었다. 그러다 사료파동이 일어나 사료 값을 댈 수 없게 되자 궁여지책으로 개들을 농가에 풀어 놓았다. 다행스럽게 개들은 알아서 먹이를 찾아 먹어 1차 위기를 넘겼고, 이렇게 해서 개들이 점점 불어나 2000년에는 200여 마리가 되었다. 이때 2차 위기가 찾아왔다. 가축 전염병이 돌기 시작한 것이다. 약값이 부족해서 모든 개들에게 다 약을 먹이지 못하게 되자 많은 개들이 죽어갔다.

이 씨는 밥을 먹다가도 자신이 먹던 밥을 개들에 갖다 주면서 개들을 살려 보려고 애를 썼지만 그럼에도 개들이 많이 죽어서 140여 마

리만 견디어 남았다. 부인은 팔아넘기자고 성화였지만 묵묵히 참아 넘겼고, 그는 140마리나 살아남았다는 사실은 풍산개가 그만큼 강하다는 증거라면서 개에 대한 믿음을 갖고 전염병 위기를 극복했다.

그는 이때부터 '강인한 개들을 보며 자신도 그만큼 강해질 수 있었다'라는 믿음을 공고히 했다고 한다. 이렇게 잘 자란 개들은 800여 마리로 늘어났다. 2006년에 풍산개 마을이 농림수산식품부(이하 농식품부)의 '농촌마을종합개발사업'으로 선정되고 농식품부는 3억여 원을 들여 풍산개 테마공원을 조성하는 사업을 추진했고, 2008년 10월엔 '제1회 풍산개 축제'가 개최되었으며 이 축제기간 동안에 풍산개 마을을 방문한 관람객이 3,000여 명에 이르게 되었다.

전국에서 이기운 씨의 풍산개를 분양받으려고 찾아오고 있으며 이제는 이 풍산개들이 개썰매대회에 나가 시연을 하기도 해서 이를 본 재미교포가 풍산개를 분양받아 가 해외수출의 가능성도 열어 놓고 있다(조선일보, 2009.3.23.).

이기운 씨는 1994년부터 2006년까지 12년간 그저 개 키우는 데 전심전력을 다 했다. 개 사료파동이 일어나고 개 전염병이 퍼졌을 때, 웬만한 사람 같으면 당시 누가 알아주지도 않는 그 일을 중단했을 것이다. 그럼에도 불구하고 그는 무슨 기운이 그를 이끌었는지 일을 중단하지 않았다.

이렇게 한 가지 일에 열정, 믿음, 끈기로 진력하여 움직이다보니, 2006년에는 개가 800마리로 늘어남과 동시에 개에 대한 그의 열정이 온 동네로 퍼져 '풍산개 마을'이라는 이름까지 얻은 것은 물론 풍산개 테마공원의 조성, 풍산개 동상, 풍산개 축제까지 이끌어내는 '상전이' 현상을 창출하게 되었다. 일단 임계상태를 지나 상전이 현상이 일어나

자 풍산개 분양사업은 폭발적으로 퍼져 전국적 사업이 되고 수출산업
으로까지 발전하게 되었다.

현대자동차 울산공장 엔진1부에서 근무하고 있는 46세의 윤용원
씨는 2008년 한국아이디어경영대상에서 '한국제안명인'에 선정되었
다. 이 제안명인은 한국제안활동협회가 주최하는데 역대 한국 제안왕
수상자 중 최근 3년간의 제안과 사회활동에서 최고의 실적을 올린 사
람에게 주어진다. 2006년 한국 제안왕에 오른 바 있는 윤용원 씨는
2005년부터 2008년까지 총 3,057건의 제안을 해서 100%의 제안이
채택되고 그의 제안으로 기술향상과 원가절감으로 인한 금액이 38억
여 원에 다다른다.

그러니까 이 제안명인은 왕중왕인 셈이다. 제안의 왕중왕 자리에
오른 그가 처음부터 제안에 탁월함을 보인 것은 아니라고 한다. 그는
선배들의 현장에서의 가르침을 하나하나 충실히 따르고 배웠다. 그렇
게 충실하게 배우고 실습하기를 22년, 그는 자타가 인정하는 기술의
달인이 되었다.

기술의 경지를 높여가면서도 그는 현장에서 작업상 문제에 부닥칠
때마다 '무엇이 문제일까?, 좀 더 효과적으로 대처할 수 없을까?'를
끊임없이 궁리하여 나름대로 새로운 방법을 고안하곤 했다. '더 효과
적이고 효율적인 새로운 방법이 무엇일까?'를 문제가 생기기 이전에도
공정의 개선차원에서 끊임없이 궁리했고, 문제예방, 원가절감, 공정개
선 등에 전념해서 끈질기게 궁리하다보니 그렇게 새로운 아이디어가
자꾸 나오더라는 것이다(주간동아, 2009.2.2.).

윤용원 씨의 22년 기술생활은 바로 캄브리아기 이전까지 30억 년간
축적되어온 생명현상의 임계값에 해당된다. 그 임계상태를 넘자 생명

현상이 폭발적으로 증가하듯이 윤 씨는 22년간 축적된 배우고 실습하는 기술생활을 바탕으로 제안을 시작했고 그의 제안활동은 폭발적으로 증가하게 되었다.

선배들의 가르침을 하나하나 충실히 배우고 실습하는 그의 작은 움직임은 바로 현재 일에 일관된 믿음으로 전념하는 모습, 그 자체가 아니고 무엇이겠는가? 그렇게 전념하기를 끈기로 22년이나 지속하니, 결국엔 상전이 현상을 지나 '한국제안명인'이라는 기술의 최고수에 이르게 되었다.

수맥돌침대 제조회사의 대표이고 현재 60세의 이경복 씨는 원래 조폐공사 연구원이었다. 그는 돌침대, 흙침대 등의 품질개량과 관련해 100여 개의 국내외 특허를 소유하고 있다. 최근에는 '공기정화기능을 가진 참숯흙침대'를 발명해 특허를 받았다. 이 침대는 참숯에서 발생하는 원적외선과 음이온으로 항균성과 탈취력을 작동시켜 실내공기를 쾌적하게 히어 숙면을 취하게 하는 기능을 갖고 있다.

이와 같은 성공이 있기까지 이경복 씨는 참으로 여러 가지 난관과 좌절을 겪었다. 1982년 조폐공사를 사직하고 사업을 시작했는데 슈퍼마켓을 운영하다가 실패했고 봉제공장도 운영하다가 안 되어 집어치웠다. 곧이어 문구도매상도 운영해보고 해물탕 음식점 장사도 해보았지만 번번이 실패로 끝나자 좌절과 절망감으로 삶에 회의를 느꼈다.

8년간을 그렇게 고생하며 보내던 중, 1990년 우연히 '유럽에서 온 돌방 인기'라는 신문 기사를 보고서 영감을 얻어 창업자금 350만 원으로 친구의 지하 사무실 한구석을 빌려 수맥돌침대 사업을 시작했고, 이후 20년간 기술개발에만 힘쓴 결과 그가 발명한 수맥 및 전자파 차단기술은 미국, 스위스, 일본 등에서 열린 각종 국제발명대회에서 발명상을 받았으며 전자파 차단 돌침대는 미국 식약청으로부터 의학적 효능을 인정받기까지 하였다(신동아, 2009.2.).

　이경복 씨의 목표는 어쨌든 사업을 해서 돈을 버는 것이었다. 어떤 사업을 하든 돈을 벌 수 있다는 생각이 들면 일단 뛰어들었고 자신의 직감이 이끄는 대로 이것저것 닥치는 대로 일을 벌였다.

　그러다 이경복 씨는 자신이 기계관련 기술 분야에서 우수한 재능이 있음을 뒤늦게 발견하게 되었는데, 이것은 여러 가지 실패경험이 뒤에서 받쳐준 결과임을 알 수 있다. 회의에 빠져 있다가 '우연히' 신문 기사를 읽은 것이 그의 인생의 대전환점이 되었고, '우연한 기회'는 에너지-질량의 원리상 그간의 부지런한 열정과 믿음과 몸의 움직임으로 증대된 질량의 총합이 이끈 결과이다. '우연한 기회'가 아무 이유 없이 찾아 온 것이 아니다.

　슈퍼마켓, 봉제공장, 문구도매상, 해물탕집 등은 수맥돌침대의 기술기능과 전혀 맥이 닿지 않는 분야다. 그럼에도 여러 번의 실패와 좌절을 극복하면서 포기하지 않고 꾸준히 자신이 할 수 있는 일을 찾아 움직였기 때문에 그간 쌓여진 그의 열정과 믿음으로 전념하는 생각질량의 힘이 수맥돌침대 사업이라는 그 '우연한 기회'와 만나게 만들었으리라.

　그 이후 20년간이나 기술개발에 힘쓰면서 상전이를 위한 임계값을 축적하고 있다가 결국엔 각종 국제발명대회에서 발명상을 수상하고 미국의 식약청으로부터 의약효능을 인정받는 상전이 현상을 이끌어냈다. 이경복 씨의 사례는 어느 상황이든 열정과 믿음으로 꾸준히 궁리하고 움직이면 상전이의 기회를 만날 수 있음을 알려준다. 패자 부활전에서라도 뛰어야 '상전이'라는 승자의 길로 다가갈 수가 있다. 패자부활전을 두려워말고 적극 활용하라.

현재 42세로서 독일 슈투트가르트 발레단에서 수석 발레리나로 일하고 있는 강수진 씨는 '나는 남이 아닌 나 자신과 경쟁했고, 매일 조금씩 발전하는 데 재미를 느꼈다'고 말한다. 그는 중3 때부터 시작된 새벽 4시에 일어나 남산도서관에서 공부하고 방과 후 발레 연습을 하다 저녁때는 예습·복습을 하고 10시쯤 자는 생활습관을 이어가서 현재도 새벽 4시에 일어나 공부하고, 발레 연습하고 10시에 잔다고 한다.

수십 년 동안을 한 생활습관을 견지한 셈이다. 생활 곳곳에서 어려움에 접할 때마다 '발레를 한다는 것은 아픔을 수반하지 않고는 이루어지지 않는다. 아픔을 나의 친구로 삼아야 한다. 힘들게 안 살면 나중에 기쁠 때도 얼마나 기쁜지를 모른다'와 같은 '성취신념 다지기' 기법으로 힘든 경우들을 극복한 강수진 씨는 오늘 하루 열심히 사는 것이 인생 목표라는 믿음을 갖고 있다. 나아가 나이에 대해서도 '조금씩 전진하는 느낌이라 나이 드는 게 좋다. 젊어지고 싶지 않다'라고 매우 능동적이고 진취적인 생각으로 임한다.

마지막으로 강수진 씨는 자신이 발레리나라는 직업을 이어가면서 가슴속 깊이 간직해 지금까지 견지해온 행동원칙을 공개한다. "단계를 밟아나가는 게 중요해요. 빨리 가려고 하지 말고 거북이처럼 가요. 그럼 '쨍하고 해 뜰 날'이 올 겁니다."(조선일보, 2009.4.28.)

여기서 무슨 말을 더 하겠는가? '쨍하고 해 뜰 날'은 바로 상전이가 일어나는 날을 의미한다.

　마찬가지로 우리나라 대기업의 유명한 CEO들의 이력을 봐도 그들은 매 순간 현재의 상황에 최선을 다하고 나서 자신도 모르는 사이에 상전이 현상을 겪은 사람들이다. 그들은 사장이 되겠다고 야망을 가져서 사장이 된 게 아니라고 말한다. 사장이 되겠다는 마음을 먹었으면 그 순간부터 불확정성 원리에 따라 교란당했을 것이다. 그저 주어진 분야에서 현재의 상황에 맞게 열정과 믿음으로 전력을 다하여 일하다 보니 진력의 힘으로 사장도 되고 성공했다는 소리도 듣게 되었다고 말한다.

　일례로 구학서 부회장은 애당초 CEO가 되겠다는 야망을 가져본 적이 없고 사원일 때는 사원으로, 과장이 돼선 과장으로 각각 그 지위에 맞는 역할을 열심히 하다 보니 어느덧 CEO 자리까지 왔다고 말한다. 그가 항상 새기는 말도 '부부자자군군신신(父父子子君君臣臣)'이다. 즉, 아버지는 아버지다워야 하고, 아들은 아들다워야 하고, 임금은 임금다워야 하며, 신하는 신하다워야 한다는 뜻을 마음에 새겨두고 현재 일에 진력해 왔다고 전한다.

　이들의 공통점은 무엇인가? '지금 이 순간, 사안마다 열정과 믿음의 에너지를 모아 전념하는 습관을 들여라, 다음에 전념의 에너지로 현재 일에 끈기 있게 진력해서 임계상태를 넘겨라, 임계상태를 넘겨야 상전이 현상이 일어난다! 바로 이 말이다.